高等院校财经类应用型教材

商务谈判与实务 第2版

李静玉　邢昌华　主　编
郑强国　胡晓蕾　副主编

清华大学出版社
北京

内容简介

本书根据我国经济社会的发展，结合现代商务谈判基本操作规程，围绕“备局、开局、对局、结局”的全过程，具体介绍商务谈判原则、策略、技巧，合同磋商，僵局突破，沟通礼仪，危机与风险规避等商务谈判必备知识，并附有实践实训、应用能力强化与实用技能培养。

本书具有知识系统、理论适中、案例经典、注重应用等特点，因而既可作为应用型大学和高职高专院校财经商贸类专业以及沟通类公共课的教材，也可用于工商、外贸、物流等企业员工的在职岗位培训。

图书在版编目(CIP)数据

商务谈判与实务/李静玉，邢昌华主编．—2版．—北京：清华大学出版社，2022.6
高等院校财经类应用型教材
ISBN 978-7-302-60980-3

Ⅰ.①商… Ⅱ.①李… ②邢… Ⅲ.①商务谈判－高等学校－教材 Ⅳ.①F715.4

中国版本图书馆CIP数据核字(2022)第089525号

责任编辑：聂军来
封面设计：刘 键
责任校对：刘 静
责任印制：宋 林

出版发行：清华大学出版社
　　网　址：http://www.tup.com.cn，http://www.wqbook.com
　　地　址：北京清华大学学研大厦A座　　**邮　编**：100084
　　社 总 机：010-83470000　　**邮　购**：010-62786544
　　投稿与读者服务：010-62776969，c-service@tup.tsinghua.edu.cn
　　质量反馈：010-62772015，zhiliang@tup.tsinghua.edu.cn
　　课件下载：http://www.tup.com.cn，010-83470410
印 装 者：三河市铭诚印务有限公司
经　销：全国新华书店
开　本：185mm×260mm　　**印　张**：14.75　　**字　数**：355千字
版　次：2006年12月第1版　2022年6月第2版　　**印　次**：2022年6月第1次印刷
定　价：49.00元

产品编号：089376-01

编 委 会

序言

PREFACE

随着我国改革开放的不断深入和扩大，我国经济已经连续四十多年保持着中高速稳定增长的态势，中国经济生活进入了一个活力的发展时期。2015 年 3 月，经国务院授权，国家发展改革委、外交部、商务部联合发布《推动共建丝绸之路经济带和 21 世纪海上丝绸之路的愿景与行动》。随着我国改革开放和社会主义市场经济的加速推进，我国经济正在迅速融入全球经济一体化的发展进程，中国市场国际化的特征越发凸显。

目前，我国正处于经济快速发展与社会变革的重要时期，随着经济转型、产业结构调整、传统企业改造，涌现了大批电子商务、文化创意、绿色生态及循环经济等新型产业。面对国际化市场的激烈竞争和新一轮的人才争夺，我国企业既要加快管理体制与运营模式的整改，也要注重加强经营理念与管理方法的不断创新，更加注重企业发展的本土化策略、抓紧网罗培养具有创新意识和掌握新专业知识的技能型人才。这既是企业立于不败之地的根基，也是企业可持续长远发展的重要战略选择。

需求促进专业建设，市场驱动人才培养。为适应市场对经济管理专业人才多层次、多样化的需求，保证人才结构合理，有必要开展多层次的经济管理技能培训与教育：一是加强学历教育，二是重视继续教育，三是开展有针对性的员工培训。

针对我国高等职业教育经济管理专业知识老化、教材陈旧、重理论轻实践、缺乏实用操作技能训练的问题，为了适应我国经济发展对“有思路、掌握技能、会操作、能应用”人才的需要，为了全面贯彻教育部关于“加强职业教育”的精神和“强化实践实训、突出技能培养”的要求，根据企业用人与就业岗位的实际需要，结合高职高专院校经济管理专业教学计划及课程设置与调整，我们组织北方工业大学、北京科技大学、吉林工程技术师范学院、北京财贸职业学院、黑龙江省商务学校、北京联合大学、首钢工学院、北京城市学院、北京市朝阳区职工大学、北京市西城经济科学大学、北京市石景山社区学院、北京宣武红旗业余大学、黑龙江工商职业技术学院、海南职业技术学院等三十多所本科和高职高专院校的专家教授与北京西单商场等多家工商与流通企业的业务经理，在多次研讨和深入企业实际调查的基础上，共同编写了这套适用于高职高专经济管理类专业教学的经济管理系列教材，旨在更好地服务于国家经济建设。

教材建设是我国高等职业教育教学改革重要的组成部分，也是体现职业技能培养特色的关键。本系列教材的编写，遵循科学发展观，根据学科发展、教学改革、专业建设和课程改造需要，尤其是市场对人才专业技能与能力素质的需要，结合教育部教育教学改革精神、结合国家正在启动的大学生就业工程，面向社会、面向市场、面向经济建设、面向用人单位的具体工作岗位，不仅凝聚了一大批专家教授多年教学实践总结、最新科研成果及企业家丰富的实战经验，也反映了企业用工岗位的真实需求。

本书紧密结合我国企业改革与经济发展、注重前瞻性，具有理论前沿性和实践操作性，注重实际应用和操作技能训练与培养，适应国家经济发展新常态的需要，对帮助学生尽快熟悉操作规程与业务管理、毕业后顺利走上社会就业具有特殊意义。本书既可作为应用型大学本科及高职院校经济管理专业教学的首选教材，也可以用于工商、通流、财贸等企业在职员工培训。

牟惟仲

2021 年 6 月

前 言

FOREWORD

随着经济全球化的进一步发展，大量外贸外资工商企业正在快速进入中国市场，中国市场国际化的特征日益凸显。伴随着我国经济的快速增长、对外经济往来和商务活动的日趋频繁，无论是外贸企业、内贸企业，还是金融、旅游、餐饮、交通、物流、科技等企业，在经营运作和市场开拓中越来越离不开商务谈判，商务谈判在经济商贸活动中发挥着越来越重要的作用，商务谈判已成为市场经济、流通行业发展的主题。

“三尺桌面风起云涌，八方英才唇枪舌剑”，如何在谈判桌上不辱使命、稳操胜券呢？

当前面对全球经济一体化进程的加快、国际市场的激烈竞争，需求驱动市场、社会经济发展对商务谈判人才提出新的要求，急需大量有知识、懂业务、能策划、会执行的技能型国际商务谈判人才。加强商务谈判知识与技能复合型人才的培养、提高我国外向型企业的竞争力，这既是工商、外贸企业发展的战略选择，也是本书出版的特殊意义。

商务谈判是高校工商管理、国际贸易、经济管理等专业非常重要的专业核心课程，也是毕业生就业、创业、从业所必须具备的关键知识技能。鉴于商务谈判在国际贸易和各种商务活动中发挥的重要作用，不仅一直备受企业管理者的高度关注，而且也已成为工商、外贸等企业管理者必须学习掌握的关键知识精髓。本书的出版对帮助学生尽快熟悉商务谈判操作规程、掌握职业岗位技能，毕业后能够顺利就业具有重要作用。

本书作为高职高专经济管理专业的特色教材，严格按照教育部的相关要求编写。本书自出版以来，因写作质量高、突出能力培养而深受全国高校广大师生的喜爱，已多次重印。此次再版，编者按照商务谈判新的发展和变化，审慎地对原教材进行更新案例、补充新知识、加强实训等相应修改，以期更好地为社会经济发展与教学实践服务。

商务谈判是一本集成化创新教材。全书共十一章，以学习者应用能力培养为主线，结合现代商务谈判基本操作规程，围绕着“备局、开局、对局、结局”的全过程，具体介绍商务谈判原则、策略、技巧，合同磋商，僵局突破，沟通礼仪，危机与风险规避等商务谈判必备知识，并附有实践实训、强化应用能力与实用技能培养。

由于本书融入商务谈判最新的实践教学理念、力求严谨、注重与时俱进，具有知识系统、理论适中、案例经典、注重创新、强化实际应用等特点，因此既可以作为应用型大学和高职高专院校工商管理、国际贸易等经济类相关专业的首选教材，也可用于工商、外贸、物流等企业员工的在职岗位培训，并为广大创业者提供有益的学习指导。

本教材由李大军筹划并具体组织，李静玉、邢昌华担任主编，李静玉统改稿，郑强国、胡晓蕾担任副主编，耿燕审定。作者编写分工：李静玉（第一章、第三章、第五章、第六章），邢昌华（第二章、第七章），王瑞春（第四章），郑强国（第八章、第九章），胡晓蕾（第十章、第十一章），李晓新（文字修改、版式调整、制作教学课件）。

在本书编写过程中，我们参阅了大量国内外有关商务谈判与实务的最新书刊、网站资料,以及国家近年新颁布实施的政策法规与管理制度,收集了典型案例,并得到业界专家教授的具体指导,在此一并致谢。为方便教学,本书配有教学课件,读者可以清华大学出版社官方网站获取使用。因编者水平有限,书中难免存在疏漏和不足之处,恳请专家、同行和读者批评、指正。

编　者

2022 年 1 月

目　录

CONTENTS

第一章　商务谈判概述

【学习目标】

(1) 了解商务谈判的基本类型、特征、方法等基本概念。

(2) 理解商务谈判的重要意义,深刻认识到谈判就在我们身边。

(3) 掌握商务谈判的基本原则、基本要素和商务谈判的目的。

◆ 引导案例

特殊时期下的谈判

2020年3月12日,陕西煤业新型能源神木分公司召开了一场别开生面的商务谈判。神木分公司遵照防控要求和相关安排,继续对厂区实行封闭式管理。在此情况下,公司采购招标委员会电话邀约,采取网络视频谈判的形式展开工作,所有参与谈判的供货商均远程出席。

本次商务谈判的流程与现场谈判相同。首先由主持人宣布会议流程,视频签到、对投标文件进行资格审核,然后逐家进行商务谈判。会议中,双方就各自关注的问题互相提问交流,评标委员会对送货周期、结算方式和周期、垫资能力等进行综合考评打分,对供货商进行排名。谈判结束后,由公司业务部门进行评标、宣标。至此,视频商务谈判圆满结束,达到了采购预期。

资料来源:王佼佼. 疫情下的"谈判"[EB/OL]. 2020-03-13[2020-07-08]. http://www.shccineg.com/html/xwdt/jcdt/4857.html.

启示:神木分公司通过视频谈判,积极探索电子招标新模式,利用网络技术,节约了人力、物力、财力,杜绝暗箱操作,体现了公开、公平、公正的原则,降低了经营采购成本,同时也减轻了管理压力。

第一节　商务谈判基本知识

一、商务谈判的意义

1. 增加对谈判双方的了解

当谈判双方明确表示谈判意向时,一方所了解的仅仅是对方交易的需要,其他却一无所知,或知之甚少。仅有谈判意向并不构成谈判行为,因此还需要通过谈判加强彼此的了解。

在正式谈判前,一方可以对对方的资信、经营等一般状况做一些间接的调查,但这只是一种抽象的了解,因为一项交易的内容和目的是具体的,而对方在这次交易活动中的具体态度、实力等情况必须在与对方发生联系的谈判中,面对面地观察、判断才能明确。

2. 平衡谈判双方的利益

商务谈判中，合同的签订、协议的执行，直接影响谈判双方的经济利益。成功的商务谈判会使双方获得的利益大体相同。在最初的谈判中，双方所提出的交易无一不是有利于自己或者说有意过分强调自己的利益，正所谓"买者低价，卖者高价"。

但这只不过是一种策略，因为双方都清楚地知道，最后交易很难按照任何一方提出的初始条件来达成，这样做无非是为自己在谈判中留余地。双方这种共同的交易心理会导致交易利益上的平衡。只有平衡谈判双方的利益，达到双赢结果才是成功的谈判。

3. 约束谈判双方履行义务

在现货交易中，通过短暂的讨价还价，买卖双方即按约履行义务，并获得相应权利，极少发生纠纷。但是通过商务谈判而达成的非现货交易活动大多数都是在未来某一时间进行，尤其是劳务、技术、资金转让等，履行义务都有一个较长的时间范围，为防止一方不履行义务，就要通过谈判及合同的签订加以约束。

不仅如此，在正式谈判中，任何一方的行为都具有一定的法律意义，受到某种程度的约束。《联合国国际货物销售合同公约》是照顾到不同的社会、经济和法律制度的国际货物销售合同统一规则，它有助于减少国际贸易的法律障碍，促进国际贸易的发展。该公约中对询盘、发盘、还盘、接受等做了规定，在国际商务谈判中要按该公约中相应的规定进行，并对谈判发生作用和影响。

4. 发展和开拓谈判双方合作领域

通常人们认为，一项成功的谈判活动，是己方从该项交易中获得了最大的经济利益。但真正的商务谈判成功者却并不这样想，他们所谋求的是通过每次谈判活动与对方形成长久、稳固、友好的合作关系，注重双方交易的长期利益，开拓双方新的业务合作领域，促进双方事业的共同发展。

5. 提高和改进交易双方管理水平

商务谈判是管理活动的一部分，科学地进行谈判可以提高企业的管理水平。企业管理活动主要是对企业经营过程进行计划、组织、指挥、监督和调节。通过谈判可以发现并借鉴对方管理上的先进经验，分析寻找本企业管理中存在的问题，从而采取有效措施予以纠正。

谈判具体表现为业务活动上的竞争、管理能力上的较量。有竞争、有较量，从而受到启发，进一步提高本企业的经营管理水平，是学习借鉴对方经验的良好时机。

二、商务谈判的概念

(一) 商务的含义

商务应理解为商业活动，即贸易或交易，指买卖行为。商务，是指一切有形资产与无形资产的交换，或买卖活动的泛指和总称，即通俗意义上的"做生意"。

按照国际习惯划分，商务行为可以分为以下四种。

(1) 直接媒介商品的交易活动，如批发、零售商业，直接从事商品的收购与销售活动，成为"买卖商"。

(2) 为"买卖商业"直接服务的商业活动，如代理、经纪、运输、仓储、加工、整理等，成为"辅助商"。

(3) 间接为商业活动服务的，如金融、保险、信托、租赁等，成为“第三商”。

(4) 具有劳务性质的活动，如宾馆、旅行社、美容院、影剧院以及商品信息、咨询、广告等劳务，成为“第四商”。

(二) 谈判的含义

什么是谈判？美国谈判学会会长、著名律师杰勒德·I. 尼伦伯格在《谈判的艺术》一书中指出：“谈判的定义极为简单，而涉及的范围最为广泛，每一项寻求满足的需要，至少都是诱发人们展开谈判过程的潜因。只要人们是为了改变相互关系或交换观点，只要人们是为了取得一致而磋商协议，他们就是在进行谈判。”

人们常常把“谈判”称为“洽谈”。按照我国《辞海》解释：洽，为协和、和睦之意；谈，是“讲论，彼此对话”；判，则为“评断”，谈判意为评断性的讲论。

广义的谈判包括正式场合下的谈判和一切协商、交涉、商量、磋商的活动。

狭义的谈判是指，在正式的场合下，两个或两个以上的组织或个人，对涉及切身权益的、有待解决的问题进行充分交换意见和反复磋商，以寻求结果的途径，最后达成协议的合作过程。

理解谈判的内涵，要注意把握两点：一“谈”，就是谈双方合作意向，合作的必要性，发展的前景，采取的措施和实施的手段；二“谈”，就是对合作而引起的责任承担、风险分担、亏损或赢利的分配、权利分享、义务贡献等，逐条逐句地做出数字、范围、界限标准和时限方面的判定。

(三) 商务谈判的含义

商务谈判是关于商业事务上的谈判，具体是指两个或两个以上从事商务活动的组织或个人，为了满足各自经济利益的需要，对涉及各方切身利益的分歧进行意见交换和磋商，谋求取得一致和达成协议的经济交往活动。所以也有人把商务谈判称为经济谈判。

(四) 商务谈判是科学性和艺术性的统一

1. 商务谈判是一门科学

首先，商务谈判涉及多门学科的知识。商务谈判研究的是在激烈的市场竞争中，对参与谈判的买卖双方，彼此相互制约、相互合作、相互竞争并在特定方式下体现相互的经济利益关系，以及由这样经济利益关系所决定的相应的谈判方针、原则、方式、技巧和策略。整个谈判活动，不仅涉及贸易、金融、企业管理、市场营销、法律等知识，同时又包括社会学、心理学、公共关系学、语言学、运筹学、逻辑学等广泛的知识领域。从这个意义上说，商务谈判是上述各门学科知识的综合。

其次，商务谈判具有一定的规律性。商务谈判的规律性要求谈判者在发挥主观能动作用的同时，应了解和认识商务谈判的规律，遵循规律，根据具体情况来制订方案对策。

2. 商务谈判是一门艺术

在谈判的过程中参与人员的素质、能力、经验、心理状态、情感以及临场的发挥状态对谈判进程和结果有极大影响，使谈判的结果体现出极大的不确定性。

在实践中人们常常会听到“与某某人谈判很愉快”“与某某人谈判让人生气”。其实这些都与谈判艺术有很大的关系。

无论谈判的具体内容如何，为了达到预期的目的，在实施既定方案的过程中，谈判者应注意将原则性与灵活性结合起来。以理服人、以情动人，抓住一切机会与对方沟通感情，进而影响对方的观点和立场，这就是谈判艺术的体现。

三、商务谈判基本要素

商务谈判的基本要素是指形成整个商务谈判必需的、最基本的元素，它是从静态结构来揭示商务谈判的内在基础。它包括商务谈判当事人、商务谈判标的、商务谈判背景三个方面。

1. 商务谈判当事人

商务谈判的当事人是指参与商务谈判的所有人，由谈判双方派出。另外，有些商务谈判是一种代理或委托活动，如果交易当事人因故不能参与谈判，其代理人可凭当事人委托的文件代理谈判。

在被委托权限内，代理人的意志就是被代理人的意志，对代理人行为的约束最终是对被代理人的约束。交易双方是交易过程中的行为主体，交易活动的结果直接涉及他们的经济利益和其他利益，而谈判活动是交易活动的前奏，为交易结果起定调作用，因此谈判中必须有交易双方当事人参加。

2. 商务谈判标的

商务谈判的标的是谈判双方的当事人权利与义务共同指向的客观事物，是权利和义务的基础。商务谈判的标的可能是商品，可能是劳务，也可能是工程项目技术、资金等。商务谈判的标的不同，决定了谈判参加人、各方所在企业、部门的态度，同时也决定了谈判的组织准备工作的方式及内容。

商务谈判的标的构成了商务谈判的客体。没有谈判标的，双方交易的目的是无法实现的。

3. 商务谈判背景

任何谈判都不可能孤立地进行，必然处在一定的背景下，并受其约束。因此，谈判背景对谈判的发生、发展、结局均有重要的影响，是谈判不可忽视的要件。例如，商务谈判进行前的国内、国际宏观和微观经济环境，会影响谈判，利率、汇率及国内、国际市场上商品供求关系的变化，都会对谈判产生影响。

商务谈判的背景包括环境背景、组织背景和人员背景。环境背景是指政治、经济、文化、地理、自然环境等因素；组织背景是指企业组织的章程、历史发展、企业文化、信誉和财务状况、市场占有率，谈判目标，主要利益，谈判时限等，这些因素会影响谈判议题的确立和最终结果；人员背景是指谈判人员的职务、教育背景及个人性格特点，会影响谈判策略、进程和结果。

商务谈判是由谈判当事人、谈判标的、谈判背景三个要素构成的。商务谈判的当事人构成了谈判的主体，商务谈判的标的构成了谈判的客体，商务谈判的背景构成了谈判的影响因素，三者共同作用于商务谈判，使商务谈判活动呈现出不同的特点。这三个要素是互相结合、缺一不可的，缺少任何一个要素都不能构成特定的商务谈判。

第二节 商务谈判类型与特征

一、商务谈判类型

(一)按谈判内容划分

1. 商品贸易谈判

商品贸易谈判即一般商品(有形商品)买卖谈判,主要是指买卖双方就买卖货物有关内容,如质量、数量、包装、运输、保险、交货时间、价格条件、支付方式、索赔、不可抗力、仲裁等,以及交易过程中双方的权利、责任、义务等问题进行的谈判。商品贸易谈判是商务谈判中最常见也是最多的一种谈判。

2. 技术贸易谈判

技术贸易谈判是指技术贸易中关于技术、性能、使用权益等的谈判。它包括技术服务、技术培养、专有技术保密、商标以及标准和考核验收的内容。由于技术本身的特点,使得技术贸易谈判与一般贸易谈判有很大差别。

3. 投资项目谈判

投资是指把一定的资本(包括货币形态资本、物质形态资本、所有权形态资本和智能形态资本等)投入和运用某一项目之中,以获取一定的利益。

投资项目谈判是指谈判双方就双方共同参与,并且涉及双方关系的某项投资活动,对该投资活动有关的投资项目、投资方向、投资形式、投资内容、投资项目可行性、投资者在活动中权利、义务、责任及相互之间关系进行的谈判。

近年来,随着资本市场的开放,企业资产重组、兼并、产权交易日益活跃,这类谈判也日益增多。

4. 索赔谈判

索赔谈判是指合同当事人在合同义务不能或未能完全履行时,合同当事人双方进行的谈判。在众多的合同履行实务中,由于多种原因,导致了当事人违反或部分违反合同的实践屡见不鲜,为商务谈判提供了一种特定形式。

5. 劳务贸易谈判

劳务贸易谈判是指提供劳务的人员及相应服务的双方就提供劳务的形式、服务、时间、价格、计算方法及劳务费的支付方式,当事人双方的权利、责任和义务关系所进行的谈判。

6. 工程项目谈判

工程项目谈判是工程的使用单位和工程的承建单位之间的谈判。由于此类谈判涉及广泛,通常由两方以上的人员参加,包括使用方、设计方、承包方等多方人员。因此,工程项目谈判是最复杂的谈判之一。

在工程项目谈判中,承包方(卖方)是通过对其人工成本、分包商成本、购入原材料和安装设备成本进行核算的,加上预期利润报价,标价越高,获利越大。工程使用方(买方)多数情况下使用招标的方式来选择谈判对手。因此,在谈判开始前,双方对标价有大概的估价,谈判中主要就工程的各项具体的预算进行讨论。影响谈判双方的主要因素是承包商的信誉、能力和技术人员的经验。

由于工程使用方在施工中常常会对一些设计进行调整，为避免这种情况发生时引起争议，应在合同中规定计算费用的标准或方法。

(二) 按谈判地点划分

1. 主场谈判

主场谈判是指谈判人员以东道主身份，在自己所在地进行的谈判。主场谈判比较受欢迎，主要优势是可以同时在谈判场内外或两个领域开展活动；易于建立心理优势。当然，主场谈判的缺点是需要支付较大的谈判成本，或容易被对方了解虚实、攻破防线等。

2. 客场谈判

客场谈判是指谈判人员到对方所在地进行交易的谈判。在商务谈判中，如一方为主场谈判，则另一方必为客场谈判。在客场谈判中，为客的一方有可能进一步了解东道主一方的虚实，但由于身处异地，特别是国际商务谈判，会形成客观上的劣势，诸如谈判期限、谈判授权、信息交流以及言语障碍等。所以客场是一种难度较大的谈判。在谈判中不但要审时度势反应灵活，还要做到客随主便。

3. 第三地谈判

第三地谈判是指在谈判双方所在地以外地点的谈判。在第三地进行谈判，对双方来说，没有宾主之分，这就避免了其中某一方处于客场的不利地位，为双方平等地进行谈判创造了条件。当然，采用中立地也有不足，主要是不利于双方进行实地考察，了解对方的情况等。

(三) 按谈判双方接触方式划分

1. 直接谈判

直接谈判又称面对面谈判，是指谈判双方(或多方)，进行面对面的口头磋商。双方谈判人员在一起直接进行交谈磋商，有利于双方谈判人员交流思想感情。双方谈判人员随着接触的增加，会产生互惠要求。

一般情况下，面对面交谈，实力再强的谈判者，也难以保持交易立场的不可动摇性。面对面谈判，可以观察对方的面部表情、态度，进而审查双方交易的诚实性。

2. 间接谈判

间接谈判是双方不直接见面，而通过信函、电话、电传、互联网等方式进行的谈判。这种谈判的优点是简单快捷，成本低，而且在向对方表示拒绝时，要比面对面的谈判方式容易得多。

间接谈判的缺点是不便于当事人双方的相互了解、直接交流与反馈。同时用电传、函电、传真、互联网传递的信息量有限，因此，适合交易条件比较明确规范或内容比较简单的业务。

(四) 按谈判的透明度划分

1. 公开谈判

公开谈判是指谈判主题、时间、地点、人员、谈判过程，均向外界公开的谈判。

2. 秘密谈判

秘密谈判是指谈判主题、时间、地点、人员、进程及结果，均不公开的谈判。

公开谈判与秘密谈判是相对而言的。公开谈判不是指没有秘密的谈判，尤其不是指谈判各方，不保留各自秘密的谈判。

秘密谈判的秘密也是相对，在适当的时机、秘密谈判结果也会公开，而且公开谈判和秘密谈判也可能在同一问题的过程中交叉出现。

（五）按谈判参与人划分

1. 单人谈判

单人谈判也称一对一谈判，是指谈判各方，只派一个谈判人的谈判。它的优势在于谈判规模小，谈判工作的准确及各种工作安排上都可以灵活变通。谈判方式可以灵活选择，可以克服小组谈判中相互配合不利的状况，有利于沟通，也有利于封锁信息。

它的缺点是一个人要对付多方面的问题，而且要单独做出决策，压力较大；无法使用小组谈判的某些策略。

2. 小组谈判

小组谈判也称团队谈判，是指谈判各方，派两名或两名以上的谈判者进行谈判。它的优势是可以集思广益，寻找更多的对策方案，可以运用谈判的各种策略，发挥团队优势；可以分散对手注意力，减轻个人的压力。缺点是因参与谈判的人多，彼此的协调沟通易出现问题。

（六）按谈判性质划分

1. 正式谈判

正式谈判是指从谈判场所安排到出场的人员，以及涉及的议题使双方均认识到对其言行应承担责任的谈判。谈判中就贸易、资本、技术等商务活动相关问题进行实质性的磋商洽谈。而且双方经磋商达成一致意见，所签订的协议受法律约束。

2. 非正式谈判

非正式谈判是指在比较随意、自由的环境下，双方用视为“非正式”的形式，就贸易意向进行广泛的讨论、交换意见。在非正式谈判中，可以无拘无束地谈话，也可以以活动的形式展开。这些谈话和活动，就像润滑剂一样增进情感，使问题顺利解决。

（七）按谈判方所采取的态度划分

1. 软式谈判

软式谈判是指谈判者设法避免冲突，强调互相信任、互相让步、不以甲方压倒乙方或乙方胜过甲方为出发点，而以达成互相满意的协议为将来进一步扩大合作打好基础为目的。

2. 硬式谈判

硬式谈判是指谈判方各有自己的实力，各提自己的条件，各方强调各方的意愿，申明自己的观点和立场不能改变，把谈判看作是一种意志力的竞赛，各方都想达成对己方更为有利的协议。

3. 原则式谈判

原则式谈判也称实质利益谈判，是指谈判的出发点和落脚点均在交易的关键点上，如在公正的利益目标上，友好而高效地取得谈判各方均感满意的结果。

二、商务谈判基本特征

1. 商务谈判具有利益性

商务谈判是谈判方为自己谋取较大的经济利益的谈判。因此，在商务谈判过程中，谈判者时时刻刻注意谈判的经济效益，即谈判成本和效益如何。商务谈判的利益性，决定了商务谈判是以价格为核心的谈判。谈判双方在其他利益上的得与失，拥有的多与少，在许多情况下，都可以折算为特定价格，通过价格的高低而得到体现。

商务谈判者一方面要以价格为核心坚持自己的利益，另一方面，也可在价格之外，从其他利益因素上争取更多利益，达成一致的意见。例如，对方在价格上不肯让步，那么就可以要求对方在售后服务等方面提供优惠条件，以此让对方易于接受，并且相对也比较隐蔽。

2. 商务谈判具有平等性

参加商务谈判不论组织大小还是实力强弱，在价值规律面前和相互关系上都是平等的，这是商务谈判平等性。在商务谈判中，谈判者向对方提出什么条件，如何进行讨价还价，可以做出何种最大限度的让步，根据什么标准来确定能达成协议等一系列问题的思考和解决都受价值规律和等价交换原则制约，并且迫使谈判双方既要争取自己的经济利益，又要顾及对方的经济利益。

无视商务谈判的平等性，只想要对方让步而自己不想做丝毫妥协，是不可能达成协议和取得谈判成果的。当然，这并不是说在商务谈判中双方在利益的分配是绝对平均的，而是要达到平衡，只要一方利益得到满足，另一方也得到相应补偿，双方都感到满意，就达到了利益上的平衡。

3. 商务谈判具有多样性

商务谈判多样性是指商务谈判当事人是多种多样的。既有企业或其他经济法人之间的各种商务谈判，也有个人之间进行谈判，还有各层次之间相互交叉进行的商务谈判；就商品的买卖而言，买者可以面向千家，同信用好的用户或经销商建立协作关系。

商务谈判者要正确认识自己所进行的商务谈判的特点和要求，筛选目标对象，选择具有可合作性的谈判对象，建立谈判和买卖关系。

4. 商务谈判具有组织性

早期的商务谈判大多限制在易货贸易的范围，只需要一个人就可以，而现代商务谈判为契约贸易，领域已经扩大到劳务、技术、资本、信息等方面，交易条款多而复杂，增大了谈判难度，尤其是大型、综合型等谈判，需要多方面的专业知识和人才。由于谈判人员的知识、专业背景等具有差异和局限，必须成立由各方面专家组成的谈判小组，分工协作处理谈判中的事务，发挥各自的优势。

5. 商务谈判具有约束性

商务谈判在内容和结果上受外部环境的制约，这是商务谈判的约束性。政治、法律环境对国际商务谈判影响最大；经济环境中的市场供求变化和竞争情况对商务谈判的约束性最强；社会环境如风俗习惯、宗教信仰、教育程度等因素制约着商务谈判者的沟通和交流。

为此，商务谈判人员不仅要掌握商务知识、谈判策略和技巧，而且要掌握政策法规、社会文化等知识，不断提高自身素质，这样才能驾驭复杂的谈判局势，实现预期的谈判目标。

第三节　商务谈判基本原则

一、双赢的原则

谈判不是零和游戏，它是一种妥协，是一种沟通，是双方技巧的对抗和运用。我们分析可知，由于谈判关乎双方的利益，因此谈判的最高境界是可以做到兼顾双方的利益的，也就是做到双赢。双方在谈判中应该是合作的利己主义，双方都获得利益才是谈判所应该达到的最高境界。

（一）双赢中“赢”的概念

谈判的效益可以从谈判的远期目标的实现、商务关系的维系与发展以及眼前的财务目标的实现这三个方面来加以考虑。近期的财务利益和远期的商务关系，或者长期的目标是吻合的，很多时候三者之间也会产生矛盾。这就需要在近期的财务目标和远期的商务目标之间达成妥协，寻找一个交叉点。

（二）寻求兼顾双方利益的做法和策略

在现实生活中，利益的差异总是存在，因此，合作的可能也总是存在的，关键在于如何去发现。利益有差异，而差异促成合作，合作又产生新的利益，最终达到一个双赢的结果。具体可以采用以下的方法和策略。

1. 尽量做大利益，避开利益冲突

在加大利益总量上下功夫，而不要在利益的分割上处心积虑，尽量避免双方的对立。这样，即使双方的利益分配不是最公平，但是由于蛋糕做得足够大，从各自所得利益量来看，对任何一方而言谈判也是成功的。

2. 为对方着想，最终达到自己的目的

站在对方的立场上设想谈判的方案，从对方的角度设身处地地考虑问题，就能够充分体现一方谈判的诚意，在十分友好的谈判气氛中，一方提出的设想和方案就能够比较顺利地得以采纳，从而达到谈判的目的。

3. 消除对立

策略上的妥协是必要的，即以适当的让步求得合作的继续是谈判中间不可避免的事情。一味进攻的谈判往往容易陷入僵局，而有攻有守，进行不同层次的策略妥协的谈判则比较容易取得相应的甚至超过预期的效果。

4. 求同存异，缩小不同点

求同存异是指在利益的共同之处求同，在利益的重合之处存异，尽量做大共同的蛋糕，这样谈判就能够得以顺利进行，双赢的局面才有可能产生。利益的共同之处是指双方均能获得各自不同的利益，双方都满意，从而达到双赢结果的那部分；利益的重合之处是指双方都想得到，从而产生争执的那部分。

5. 分中求合

运用分中求合要注意：不能抱着害人的心态，但是也不能一点都不提防。人不犯我，我不犯人，人若犯我，我方理所应当维护自己的利益。分是手段，合是目的。

案例 1-1

自 1967 年埃以战争以来，以色列就占领着原本属于埃及的西奈半岛。从此以后，埃及人天天想着收复失地。而以色列处于阿拉伯国家四面包围的处境之中，则视西奈半岛为他们生命换来的国防屏障。

当埃以双方 1978 年就这一问题谈判时，双方的立场是完全对立的。以色列同意归还西奈半岛,但必须保留其中的某些部分,否则就不签订和约;埃及则坚持西奈半岛是埃及的领土,每一寸土地都要回归主权国,在领土问题上不可能妥协。但是要恢复到1967年以前的情况,则又是以色列不能接受的,双方的立场处于严重的对立当中。两个国家站在各自的立场上毫不动摇,使谈判根本没办法取得突破。

当时,如果考虑一下双方的利益而不是停留在各自的立场上,突破这种僵局是有可能的。以色列坚持必须占领西奈半岛的部分地区,他们不想让埃及将坦克、大炮布置在邻近自己的边界地区,是出于国家安全防卫上的需要,他们的利益是安全。而埃及坚持要全部归还西奈半岛,是因为西奈半岛自法老王朝时代起就一直是埃及的一部分,以后被希腊人、罗马人、土耳其人、法国人和英国人占领了几个世纪,直至近代才夺回完整的主权,他们的利益是在主权上,他们绝不能再把任何一部分主权让给另一位外国征服者。

经过谈判,双方认清了彼此的利益所在,于是埃及与以色列达成了一项协议,这项协议规定把西奈半岛的主权完全归还给埃及,但大部分地区必须实行非军事化,不得在埃以边界地区布置重型武器,以此保证以色列的安全。

这样,尽管埃及的国旗可以在西奈半岛上到处飘扬,实现了埃及收复失地、维护主权的需要,但是由于规定坦克和大炮不能接近以色列边界,也实现了以色列保证国家安全的需要。

资料来源:国际商务谈判案例(1)[EB/OL]. 2020-02-01[2020-07-08]. http://www.wendangku.net/doc/c17f59db 84254b35eefd347e-2.html.

分析:双方从坚持立场僵持不下,到重视利益、各获所需,使一场困难的谈判突破了僵局,达到了各自的目的。

二、公平的原则

双赢局面的出现有赖于公平原则的贯彻。公平的概念本身包括主观的公平和客观的公平。人们所认为的客观上的公平往往存在着公平中的不公平,即形式上的公平而实际上的不公平。目前谈判中最大的公平在于机会的公平。

(一) 对于公平概念的理解

公平没有绝对的,只有相对的,那么对于公平的追逐,只能追求一种相对的平等。有些事情即使最后的结果显得很公平,但是由于认识不同,仍然不会让双方感到满意。

(二) 公平意味着机会的平等

商务谈判中,有时候过程的平等参与比结果本身更为重要。一个由你提出的觉得极为合理公平的合同不一定被对方所接受,就是因为合同的拟订缺少了对方的平等参与,使得对方觉得合同不能体现其意愿。谈判中,双方都十分看中参与过程的平等性。

(三) 公平的计量

定量的角度对公平进行分析,其中既包括心理感受的因素,也包括实际的获得,还包括博弈的结果。公平计量主要有朴素法和拍卖法两种计量方法。

朴素法由哈佛大学的谈判专家们提出,他们通过对遗产继承问题的研究,以遗产继承者对所继承的遗产的评估期望值,得出一种“公正”分配遗产的方法。拍卖法是以类似于公开递升拍卖的方式处理所有遗物,然后分配者再平分全部拍卖所得。

(四)博弈论在公平原则中的应用

1. 博弈论的定义

博弈论也称游戏理论或对策论,是一门以数学为基础,研究对抗冲突中最优解问题的学科。谈到博弈,首先想到的肯定就是棋盘上的对弈,其实博弈论最初主要是研究象棋、桥牌、赌博中的胜负问题,只是人们对博弈局势的把握只停留在经验上,没有向理论化发展。而现如今,只要存在竞争、有输赢的局面出现,就可以应用到博弈论。

博弈论从本质上来讲是研究决策问题,但与传统的决策分析相比,博弈论更加关注的是博弈决策中博弈各方的互动行为。这是由于每一场竞争的竞争结果依赖于所有局中人的抉择,每个局中人都企图预测其他人的可能抉择,以确定自己的最佳对策。所以在博弈论的研究中,关注每个人的均衡问题就成为核心。

2. 囚徒困境博弈

在商务谈判中,采取何种谈判策略有时类似于囚徒两难模型中囚徒的选择。谈判双方都有欺骗和合作两种策略,一方欺骗而另一方不欺骗时能够给欺骗方带来额外利益。

小贴士

"囚徒困境"是1950年美国兰德公司提出的博弈论模型。囚徒困境(prisoner's dilemma)是两个被捕的囚徒之间的一种特殊博弈,说明为什么甚至在合作对双方都有利时,保持合作也是困难的。囚徒困境是博弈论的非零和博弈中具代表性的例子,反映个人最佳选择并非团体最佳选择。虽然困境本身只属模型性质,但现实中的价格竞争、环境保护等方面,也会频繁出现类似情况。

囚徒困境的故事讲的是,两个嫌疑犯作案后被警察抓住,分别关在不同的屋子里接受审讯。警察知道两人有罪,但缺乏足够的证据。警察告诉每个人:如果两人都抵赖,各判刑一年;如果两人都坦白,各判刑八年;如果两人中一个坦白而另一个抵赖,坦白者被放出去,抵赖者判刑十年。

于是,两个囚徒都面临两种选择:坦白或抵赖。然而,不管同伙选择什么,两个囚徒的最优选择是坦白:如果同伙抵赖,自己坦白的话放出去,抵赖的话判一年,坦白比不坦白好;如果同伙坦白、自己坦白的话判刑八年,比起抵赖的判十年,坦白还是比抵赖好。结果,两个嫌疑犯都选择坦白,各判刑八年。如果两人都抵赖,各判一年,显然这个结果最好。但这个帕累托优化办不到,因为它不能满足人类的理性要求。囚徒困境所反映出的深刻问题是:人类的个人理性有时能导致集体的非理性——聪明的人类会因自己的聪明而作茧自缚。

囚徒到底应该选择哪一项策略,才能将自己的刑期缩至最短?两名囚徒由于隔绝监禁,并不知道对方选择;而即使他们能交谈,还是未必能够完全相信对方不会背叛。就个人的理性选择而言,检举背叛对方所得刑期,总比沉默要来得低。二人面对的情况一样,所以二人的理性思考都会得出相同的结论——选择背叛。背叛是两种策略之中的支配性策略。因此,这场博弈中唯一可能达到的纳什均衡,就是双方参与者都背叛对方,结果二人同样服刑八年。

这场博弈的纳什均衡,显然不是顾及团体利益的帕累托最优解决方案。就全体利益而言,如果两个参与者都合作保持沉默,两人都只会被判刑一年,总体利益更高,结果也比两人背叛对方、判刑八年的情况较佳。

但是根据以上假设,二人均为理性的个人,且只追求自己个人利益。均衡状况会是两个囚徒都选择背叛,结果二人判决均比合作为高,总体利益较合作为低。这就是"困境"所在。囚徒困境的例子证明了:非零和博弈中,帕累托最优和纳什均衡是相冲突的。

每个人都会遇到相关的"囚徒困境",在困境中争论人性的善恶意义并不大,因为每个人考虑的方向与因素不尽相同。但是,我们都可以通过制度创造一个和谐的社会。虽然博弈论中的参与者都是以利己为最终目的的"理性人",但博弈论本身并无所谓好坏,我们应该更好地利用它,使它更好地去探索在博弈过程中的是非判别。

博弈模型发展的过程也生动地反映了制度进化的过程,制度公平决定内容公平。良好的制度是大家在博弈和合作中形成的,大家当然应该积极遵守,从而使社会良性发展,从而形成博弈平衡的和谐社会。

三、时间的原则

时间的原则实际是要讲述谈判中时间质,结构和耐心的问题。如果在谈判中一方性情急躁,另一方表现沉稳,其结果必然是急躁者败,沉稳者胜。但当机立断也是非常重要的。

(一) 时间原则的主要内容

一般而言,人们在做任何事情都有一个事先设定的时间界限。当超过这个时间界限后,人们的活动就有可能因此而终止。从心理活动的角度可知,当人们还远离这个时间界限的时候,时间充裕,人们的心态平静,会尝试一切可能的办法去达到自己的目的。

但是当越来越接近甚至超过时间界限的时候,心情就容易慌张,变得急躁,信心产生动摇。在急于完成任务的心理驱动下,就可能做出让步和妥协。

(二) 时间原则在谈判中的运用

把握自己的时间界限和把握对方的时间界限。

(1) 尽量隐瞒自己的时间界限,同时尽可能把自己的时间设置得具有弹性。

(2) 尽量了解和探听对方的时间界限。

著名的美国谈判家荷伯·科恩的上司曾派他去东京和日本人谈一桩生意。飞机在东京降落了,荷伯·科恩快步走下舷梯。舷梯下两位日本代表热情地迎接了他,并向他客气地躬身敬礼,他心里很是受用。两位日本人帮他顺利地通过了海关,陪他坐上一辆大型豪华轿车。

荷伯·科恩舒舒服服地倚在锦绒座背上,两位日本人却笔直地坐在两个折叠椅上。他心里很是感激。在汽车行驶途中,其中一位主人问道:"您是否关心您返回去乘飞机的时间?我们可以安排汽车送您到机场。"荷伯·科恩心里想:"多么能体谅别人呀!"他从口袋里掏出返程机票给他们看,以便让他们知道什么时间开车送他去机场。

日本人并未立即开始谈判,而是先让他领略一下日本的文化。这次游览花了一周多时间,从天皇的宫殿到京都的神社,他们甚至给他安排了一次坐禅英语课,以便学习他们的宗教。每晚有四个半小时,日本人都陪着他进餐和欣赏文艺节目。而每当他要求谈判时,他们总是说:"有的是时间,先别急!"直到第 12 天,谈判总算开始了,但又提前结束,以便能打高尔夫球。

第 13 天又开始谈，又是提前结束，因为要举行告别宴会。第 14 天早上，也就是荷伯·科恩要走的当天早上，双方恢复了认真的谈判。正当他们深入问题的核心时，轿车开来接荷伯去机场。他们全部挤进车里，继续商谈条款。正好汽车到达飞机场时，他们才达成协议。

资料来源：谈判案例[EB/OL]. 2012-4-13[2020-07-08]. https://wenku.baidu.com/view/e991a70716fc700abb68fcb4.html.

分析：显而易见，这匆忙之中签订的协议，自然是对日本人有利的。日本人之所以这么有把握，是因为他们通过返程机票确切知道了荷伯·科恩的截止期，而荷伯·科恩却不知道他们的截止期。由于他们正确地预料到荷伯不会让自己空手返回去，所以他们一直不涉入主题，即使谈及主题也一直不做让步。

提问：如果你是荷伯·科恩，你会怎么办？谈判能否有其他终结的方式？

四、信息的原则

信息的原则是指谈判者在谈判中应该尽量多地了解对方的信息，对信息要有一个正确的理解、分析和反应；同时，也要注意保守自己的信息，在适当时可以给予对方假信息，扰乱对方视线。

1. 对于信息的正确理解和反应

善于捕捉信息，还要善于分析信息。信息的理解就显得尤为重要。信息虽然正确地理解了，但是没有正确的对应，那这些信息不仅起不到正面的作用，还可能造成极坏的后果。

2. 信息的收集渠道

信息收集的渠道各种各样，合法公开的手段是收集信息的主渠道。信息的收集尽管复杂，但是能否有效地收集到信息关键在于是否能够做个有心人。对各种各样的相关信息提示能够做出细致而敏锐的判断很重要。

3. 在适当的时机制造假信息

为了掩藏己方的真实信息，在适当的时机可以制造假信息以迷惑对方，真真假假，假假真真。因此，制造假信息的目的在于扰乱对方的视线，使得对方的决策基础发生动摇，导致判断和决策失误。

4. 应该重视无声或者无形信息的利用

研究表明，谈判中 55%的信息并非来自语言，而是来自肢体语言等方式的传导。因此，谈判者应该留意对方非语言信息的流露，仔细地加以研究和利用。这种能力的获得有赖于平时的多多揣摩和不断积累。

5. 统计信息中的“谎言”

利用统计数字真实性中的假象，可以很好地达到自己的目的，与此同时，要注意对方布置的数字陷阱，产生决策的误导。

五、心理的原则

（一）心理的概念

人的心理是内在的、复杂的感觉。纷繁的外界事物在人的内心会引起不同的心理体验。心理学认为，心理是人脑对客观现实的主观能动反映。人的心理活动一般包括感觉、知觉、记忆、想象、思维、情绪、情感、意志、个性等。

人们在从事各种各样的专业活动中,会产生各种与其活动相关的心理。商务谈判心理就是指谈判者在商务谈判中的各种心理活动,它是商务谈判人员在谈判活动中对各种情况、条件等客观现实的主观能动的反映。

同样的客观情况可能会在不同的谈判主体中产生相同的心理体验。例如,美好的第一印象、融洽的气氛、良好的开局等都会使谈判人员心情愉悦、情绪高涨,从而对谈判的结果抱有较大的信心和希望。相反,则可能使谈判人员情绪低落、心情压抑,从而对谈判的结果心存顾虑、丧失信心。但同样的客观情况在不同的谈判主体间也会产生不同的心理体验。

例如,同样以100元价格买到一条牛仔裤,一个人是费尽口舌,和老板几番讨价还价才得以成交。他就会感觉物超所值,心满意足。另一个人是自己出价100元后老板爽快成交。他就会产生"吃亏了"的心理感觉。

人的心理影响着人的行为,因此,研究商务谈判的心理对促成谈判的成功非常重要。首先,可以自觉运用心理规律有意培养谈判人员自身良好的心理素质,明白己方的心理活动和心理弱点,谈判中能够采取针对措施,恰当表达和掩饰我方心理;其次,知己知彼方能百战不殆,研究谈判对手的心理活动,因势利导实施心理诱导,同时,有意营造适当的谈判氛围,以实现预定的谈判目标。

小贴士

英国哲学家弗朗西斯·培根在他写的《谈判论》中指出:"与人谋事,则须知其习性,以引导之;明其目的,以劝诱之;谙其弱点,以威吓之;察其优势,以钳制之。"培根此言对于从事商务谈判至今仍有裨益。

(二)心理的特点

心理活动有其特点以及规律性,商务谈判心理也不例外。归纳起来,商务谈判心理具有内隐性、相对稳定性、个体差异性等特点。

1. 心理的内隐性

商务谈判心理的内隐性是指商务谈判心理是谈判者内心世界的活动,它隐藏于人的头脑之中,不容易为外部世界所直接感知。但尽管如此,由于人的心理会影响人的行为,行为与心理有密切的联系,因此,人的心理可以反过来从其外在的行为上加以推测。

掌握和运用这其中的规律,我们就能较为充分地了解和把握对方的心理状态,以便在商务谈判中掌握主动权,占据优势地位。

2. 心理的相对稳定性

商务谈判心理的相对稳定性是指人的某种商务谈判心理现象,产生后往往具有一定的稳定性。商务谈判毕竟是由具体的谈判人员所实施的活动,而特定的谈判人员在一定的时期内,其心理活动具有相对的稳定性。也正是由于商务谈判心理具有相对稳定性的特点,谈判人员才能够通过分析谈判对手的心理特点并加以利用。

3. 心理的个体差异性

商务谈判心理的个体差异性,就是指商务谈判的具体参加者个人的主客观情况不同,决定了每个个体在心理状态上存在着一定的差异。正是因为商务谈判心理的个体差异性,要求在研究商务谈判心理时,既要探索和把握商务谈判心理的共同性的规律,又要注意把握具体谈判对手的个体心理特点，这样才能更有针对性地加以研究和利用。

（三）需要和动机

1. 需要的含义

需要是人缺乏某种东西时产生的一种主观状态，是人类最基本、最典型的心理现象，是人对一定客观事物需求的反映，也是人的自然和社会的客观需求在人脑中的反映。所谓商务谈判需要，就是商务谈判人员的谈判客观需求在其头脑中的反映。

2. 马斯洛的需要层次理论

马斯洛的需要层次理论是需求理论的代表。在马斯洛的需要层次理论中，马斯洛将人类的需要分为五个不同的层次，并按照其需要满足的先后顺序进行排列，它们分别是生理需要、安全需要、归属需要、尊重需要和自我实现需要。只有低层次的需要得到满足或基本满足才有助于高层次需要的出现。

(1) 生理需要是人们最基本的需要，它包括对食物、水、空气和住房的需要等。马斯洛认为，生理需要是第一位的、最优先的需要，如果这一层次的需要得不到满足，那么其他的需要就没有什么意义了。

(2) 安全需要是指对于安全稳定、无忧虑和一个有结构的、有序的环境的需求。它是人们希望保护自身肉体和精神的安全与健康，或者在经济上、财产上不受威胁等的需要。这是人类的生理需要得到满足或基本满足后而产生的需要，它仍属于较低层次的需要。在现实工作中，员工的安全需要表现在安全的工作条件、公正和明确的规章、规定、工作保证、轻松自在的工作环境、退休和保险计划等方面。

(3) 归属需要也称社交需要，是指人们对社会交往、感情、爱情和友情的需要，包括在工作中的交往机会、协作机会和发展新的社会关系的机会等。后三个层次的需要称为高层需要。

(4) 尊重需要指人们需要从别人那里得到尊重，也需要自尊。这是人类较高层次的需要组织中，它包括获得能产生成就感和责任感的机会。

(5) 自我实现需要。自我实现的需要是最高层次的需要。从本质上说，这种需要是指一种能最充分地发展个人的真正潜力，表现个人的技能、才干和情绪的愿望。

马斯洛认为，人类价值体系存在两类不同的需要，一类是沿生物谱系上升方向逐渐变弱的本能或冲动，称为低级需求和生理需求。另一类是随生物进化而逐渐显现的潜能或需求，称为高级需要。人都潜藏着这五种不同层次的需要，但在不同的时期表现出来的各种需要的迫切程度是不同的。人最迫切的需要才是激励人行动的主要原因和动力。人的需要是从外部得来的满足逐渐向内在得到的满足转化。

马斯洛的需求层次理论，对分析双方谈判人员的需要是很有帮助的，成为人们在商务谈判中获胜的理论依据。尽管商务谈判的直接目的多种多样，但归根结底是为了满足人类的需要。商务谈判人员也和其他人一样，具有人们所共同经历的心理发展过程，他们同样需要生存、需要安全感、需要友谊，希望获得尊重和追求自我实现。这些需要往往要通过谈判者在谈判中的追求体现出来。

因此，在商务谈判中，要学会运用马斯洛的需要层次理论，了解和掌握谈判对方的各个层次的需要，并有意识地从低层次到高层次对其需要给予满足，为谈判营造融洽的氛围，最终圆满实现己方的谈判目标。

3. 动机的含义

动机是引起个体活动,维持并促使活动朝向某一目标进行的内部动力。商务谈判动机是促使谈判人员去满足需要的谈判行为的驱动力,是希望通过谈判获取利益的愿望期待。

商务谈判动机的产生取决于两个因素:内在因素和外在因素。内在因素是指谈判者的需要,即内心因某些东西的缺乏而引起的紧张状态和不舒服感,产生需要欲望和驱动力,引起活动。外在因素包括个体之外的各种刺激,即物质环境因素的刺激和社会环境因素的刺激,如商品的外观造型、优雅的环境、对话者的言语、神态表情等对人的刺激。

4. 动机的类型

根据引起商务谈判行为的驱动力的不同,商务谈判的动机可分为经济型动机、冲动型动机、疑虑型动机和冒险型动机四种。在商务谈判中,要研究谈判对手的动机类型,并适时加以诱导,以促成交易的达成。

(1) 经济型动机的谈判者:他们主要受经济利益的驱动,对于成交价格较为敏感。所以,在谈判中可以重调价格优势、利益、产品的额外性能、特殊的售后服务等。

(2) 疑虑型动机的谈判者:疑心大,做事谨小慎微,谈判中应有针对地强调己方的规模实力、品牌形象、良好信誉等,以消除其顾虑。

(3) 冲动型动机的谈判者:在谈判决策中易冲动,应该注意对其心理情绪方面的策略诱导。

(4) 冒险型动机的谈判者:为了追求完美的谈判成果,甘愿冒一定的风险,谈判中多畅谈美好的愿景来加以激励,例如,技术的突飞猛进、产量的大幅提升、公司规模的急速扩张等。

(四) 如何调控心理和情绪

商务谈判也是谈判对手之间的一场心理战。谈判人员要始终头脑清醒,时刻明了己方预定的谈判目标,在谈判中紧紧围绕己方的目标开展高效、务实的谈判行为。尤其当对手有意使用情绪策略来扰乱己方情绪以控制谈判氛围时,不要丧失自我,迷失方向,以致在谈判桌上被动、失利。为此,谈判人员要学会运用调控情绪的技巧。

首先,谈判人员要学会自我情绪的调控技巧。在谈判中,做到礼貌待人、通情达理。将谈判的问题与人区分开来。在阐述有关问题时,做到对事不对人,只侧重实际情况地客观阐述,而少指责或避免指责对方,切忌把对问题的不满发泄到谈判对手个人身上,对谈判对手个人指责、抱怨,甚至充满敌意。当谈判双方关系出现不协调、紧张时,表现出冷静、克制的态度,不情绪化处理问题。另外,要注意防止出现心理挫折,如出现心理挫折则要按照心理挫折调控方法进行调控。

其次,谈判人员要学会调控对方情绪的技巧。在谈判中,给予对方以充分的尊重,从态度、言语和行为举止上使对方感到受尊重。使对方的尊重需要得以满足。即使在某些谈判问题上占了上风,也不要显出很得意的神情,使对方产生对立情绪。

当在谈判中,双方有不同的意见和主张时,为了防止对方情绪的抵触或对抗,可在一致的方面或无关紧要的问题上对对方的意见先予以肯定,表现得通情达理,缓和对方的不满情绪,使其容易接受我方的看法。当对方人员的情绪出现异常时,我方应适当地加以劝说、安慰、体谅或回避,使其缓和或平息。

最后,谈判人要学会运用情绪策略的技巧。在谈判对手有意运用情绪策略时,要有所防范和及时采取相应的反调控对策。

六、谈判地位的原则

在谈判实务中，谈判地位也称架势，谁的谈判地位高，谁处于强势地位，谁的地位低，谁处于弱势地位。这里的谈判地位高与低不是自己的感觉，不是官阶或公司里的地位。谈判地位，是指谈判对手心中的地位，也即对手赋予你的地位，只有这种地位才真正代表谈判中的优势与弱势。

1. 暴露专业身份与制造竞争

为了提高己方在对方心中的地位，有以下几个策略可以运用。

首先是制造竞争。作为买者，如有多个卖者愿意把商品卖给你，你的地位就高；作为卖者，有很多进口商找你，你的地位就高。其次，利用专业身份的暴露来提高谈判地位。客户越相信你是专家，越相信你所谈的专业知识，谈判经历越丰富，自然他赋予你的权利越多，谈判中就越少争执。

2. 坚持到底和放松心情

坚持到底的耐性可提高己方的地位，很多人在谈判中缺乏耐性、缺乏贯彻原则的信心。人往往在接近时间界限时产生动摇，愿做出让步。轻松的态度是谈判成功的秘诀，保持一个轻松的态度，会使对方不自觉授予你权力，感觉到你处于强势地位。

第四节　商务谈判的 PRAM 模式

PRAM 谈判模式，就是要让谈判对方像己方一样看待谈判工作，参与谈判的双方都在为彼此达成一致而努力。它包括四个步骤：计划（plan）、关系（relationship）、协议（agreement）、维持（maintenance），简称 PRAM 模式。

一、PRAM 谈判模式的构成

1. 制订谈判计划

在制订谈判计划时，首先要明确己方的谈判目标；其次要设法理解和弄清楚对方的谈判目标。在确定两者的目标之后，应该把两者加以比较，找出在本次谈判中双方利益一致的地方。对于双方利益的共同点，应该在随后的正式谈判中首先提出，并由双方加以确认。

制订谈判计划的做法能够提高和保持双方对谈判的兴趣和争取成功的信心，同时也为后面解决利益不一致的问题奠定良好的基础。对于双方利益不一致的问题，则要通过双方发挥思维创造力和开发能力，根据“成功的谈判应该使双方的利益需要得到满足”的原则，积极寻找使双方都满意的办法来加以解决。

2. 建立关系

在正式谈判之前，要建立起与谈判对方的良好关系。这种关系不是那种一面之交的关系，而应该是一种有意识形成的、能使谈判双方的当事人在协商过程中都能够感受到的舒畅、开放、融洽的关系。换言之，就是要建立一种彼此都希望对方处于良好协商环境之中的关系。

要建立这样一种关系是因为在一般情况下，人们是不愿意与自己不了解、不信任的人签订合同的。在与一个陌生人做交易时，人们从来不敢大意，在行动之前会层层设防，在谈话中也尽量做到不轻易许诺;反之,如果双方都已相互了解,建立了一定程度的信任关系,谈判的难度就会大大降低。因此,可以说谈判双方之间的相互信赖是谈判成功的基础。

如何建立谈判双方的信任关系,增强彼此的信赖感呢?经验证明,做到以下三点至关重要。

(1) 要坚持使对方相信自己的信念。对事业与个人的关心、周到的礼仪、工作上的勤勉等都能使对方信任自己。

(2) 要表现出自己的诚意。与不熟悉的人进行谈判时,向对方表示自己的诚意是非常重要的。为了表明自己的诚意,可向对方介绍一些在过去的交易中自己与他人真诚相待的例子。

(3) 通过行动最终使对方信任自己。为了使对方信任己方,要做到有约必行、信守诺言。必须时刻牢记,无论己方与对方之间的信赖感有多强,只要有一次失约,彼此之间的信任感就会崩溃,而其一旦崩溃就将难以修复。

3. 达成使双方都能接受的协议

在谈判双方建立了充分信任的关系之后,即可进行实质性的事务谈判。在这里,首先应核实对方的谈判目标,其次应对彼此意见一致的问题加以确认,而对彼此意见不一致的问题则通过充分地交换意见,寻求一个有利于双方的利益需要和双方都能接受的方案来解决。

对谈判人员来说,应该清楚地认识到,达成满意的协议并不是协商谈判的终极目标,谈判的终极目标应该是使协议的内容能得到圆满的贯彻执行。因为,写下来的协议无论对己方多么有利,如果对方感到自己在协议中处于不利地位,他就会很少有或者根本没有履行协议条款的动机。

如果对方不遵守协议,那么协议也将变得一文不值。虽然我们可以依法提起诉讼,但是解决问题可能需要花相当长的时间,并且为此要投入大量的精力。此外,在提起诉讼的期间内,希望对方办到的事情依然得不到实现,因此,虽然己方最后可以胜诉并得到赔偿,但是同样付出了沉重的代价。

4. 协议的履行与关系维持

在谈判当中,人们最容易犯的错误是,一旦达成了令自己满意的协议就认为万事大吉,会鼓掌欢呼谈判的结束,以为对方会立刻毫不动摇地履行其义务和责任。这实在是一种错觉,因为履行职责的不是协议书而是人,协议书不管规定得多么严格,它本身并不能保证得到实施。因此,签订协议书是重要的,但维持协议书,确保其得到贯彻实施更加重要。

为了促使对方履行协议,必须认真做好以下两项工作。

(1) 对对方遵守协议约定的行为给予适当的、良好的情感反应。

经验告诉我们,对一个人的成绩给予良好的反应是最能鼓舞其干劲的。因此,在对方努力信守协议时,给予及时肯定的赞扬和感谢,其信守协议的精神就会保持下去。

情感反应的形式是多种多样的,可以是亲自拜访致以问候和表示感谢,也可以通过写信、打电话来表示。

(2) 当你要求别人信守协议时,自己首先要信守协议。

通过努力,确保了协议能认真履行,对具体一项交易来讲,可以画上一个圆满的句号,但对于一个具有长远战略眼光的谈判人员来讲,则还有一项重要的工作要做,这就是维持与对方的关系。

为以后继续进行交易往来的目的考虑，对于在本次交易协商中发展的与对方的关系，应想方设法予以保持和维护，避免以后与对方进行交易时，再花费力气重新培养与对方的关系。

维持与对方关系的基本做法是：保持与对方的接触和联络，主要是个人之间的接触。

二、PRAM 谈判模式实施的前提

PRAM 谈判模式的设计与实施有一个重要的前提。这就是必须树立正确的谈判意识。这种谈判意识是整个模式的“灵魂”。PRAM 谈判模式要树立的谈判意识包括以下几点。

(1) 谈判是协商，而不是“竞技比赛”。竞赛是以输赢为结果的，冠军永远只有一个。谈判则不同，谈判是通过信息沟通，使双方在充分认识目前和未来可判断环境的基础之上，不断调整自身的需要而形成的满足双方需要的方式选择。

(2) 谈判双方的利益关系应该是互助合作关系。谈判双方之间的关系既有合作关系又有竞争关系，是合作基础上的竞争。如果把市场比作一块蛋糕，那么，谈判双方必须首先通力合作把蛋糕做出来，其次才是蛋糕如何分割得更合理、更有效率，更能满足双方的需要。

(3) 在谈判中，双方除了利益关系外还有人际关系，后者是实现前者的基础和保障。任何交易都是有风险的，必须要付出成本的，因此，为了控制交易风险，谈判双方必须首先对交易伙伴进行评估和选择，良好的人际关系是彼此建立好感与信任的基础。

(4) 谈判者不仅要着眼于本次交易谈判，还要放眼未来，考虑今后的交易往来。商务谈判不同于其他事物的谈判，谈判的主要目的是满足双方的经济利益。对经济利益的追求是所有企业永不停息的追求，只要企业存续，企业就不可能停止商务谈判。而且每一次谈判之间并不是截然孤立的，企业实力的表现、企业诚信形象的树立是通过每一次的活动逐步形成的。寻找一个交易伙伴是有代价的，谈判方案的执行依然需要双方的共同努力与合作，因此谈判过程中必须有长远观点。

这种谈判意识会直接地影响和决定谈判者在谈判中所采取的方针和策略，决定谈判者在谈判中的行为。

课后案例

联想与 IBM 的合作

2014 年 1 月 23 日，联想集团宣布完成收购 IBM X86 架构服务器业务，这几乎是 2004 年联想买 ThinkPad 业务价格的两倍，那这笔交易值吗？

第一次收购：2004 年 12 月 8 日上午 9 时，联想集团宣布以 12.5 亿美元收购 IBM 个人计算机事业部，收购的业务为 IBM 全球的台式计算机和笔记本电脑的全部业务，包括研发、制造、采购。这一为世人所瞩目的联想与 IBM 长达 13 个月的并购谈判终于画上了句号。实际上，在这场收购中，联想收购 IBM 个人计算机部门的支出总计达到了 17.5 亿美元，其中包括 6.5 亿美元现金、价值 6 亿美元的联想集团股票以及承担 IBM 个人计算机部门 5 亿美元债务。

对于联想来说，通过对 IBM 全球个人计算机业务的并购，使联想的发展历程缩短了整整一代人，年收入从 30 亿美元进入 100 亿美元，一跃成为世界上第三大 PC 制造商，每年创造120亿美元的营业额,成为我国率先进入世界500强行列的高科技制造企业。收购完后的联想将拥有IBM的“Think”品牌及相关专利、IBM深圳合资公司(不包括其X系列生产线)、位于大和(日本)和罗利(美国北卡罗来纳州)的研发中心以及遍及全球160个国家和地区的庞大分销系统和销售网络。

在和联想的并购谈判宣布结束之后,IBM股价上升了2%,而且华尔街的分析师们也认为,IBM出让PC将有助于进一步巩固戴尔和惠普的地位,因为他们还有机会成为IBM采购选择厂商,在国际化的道路上,他们会跑得比联想更远。但是对于IBM来说,与联想的长达13个月的谈判历程进行得也相当艰苦。

由于种种原因,在后来的谈判桌上,IBM把最初计划的30亿~40亿美元出售PC业务的价格调整到了最终的17.5亿美元,当然IBM还在新联想中谋取了18.9%的股权,成为仅次于联想控股的第二大股东,与此同时,IBM当时的副总裁兼个人系统部总经理史蒂芬·沃德还登上了新联想CEO的宝座,而联想的前任CEO杨元庆则登上了新联想董事长的席位。

联想集团在收购IBM PCD之后,耗时8年时间成为全球最大PC厂商。前3年至4年进行队伍整合,扭亏为盈,在这之后的4年至5年的时间内才开始高速成长。

第二次收购:在2014年1月23日,联想集团由董事长兼CEO杨元庆先生正式宣布,斥资23亿美元收购IBM的X86 PC服务器业务。步入了PC、移动设备以及企业级三块业务全面发展的道路。而这也是继2004年收购IBM PCD之后,联想集团第二次与IBM合作。

在收购IBM X86服务器业务后,联想服务器全球市场将拥有14%以上的市场份额,国内市场份额为22%以上,成为全球市场第三位,国内市场第一位。在收购的20多亿美金中,由90%现金以及10%联想股票组成。在通过各国政府审核正式完成交易后,联想的收入将会增加近50亿美元。

联想的PC+战略就变成了同时向两个方向展开:一个方向是向着更“轻”的方向发展,发展平板电脑和手机市场,挑战苹果和三星;另一个方向则是往更“重”的方向,发展企业级服务器、网络设备等业务,继续挑战戴尔和惠普。当然,由于服务器业务是纯粹的企业业务,与联想的消费者业务有很大的不同,不排除收购完成之后,联想会将合并后的服务器业务单独运营,或者与联想的大客户业务放在一起单独运营的可能。

对于IBM来说,这也是它甩包袱的又一次行动。正如当年出售PC业务一样,如今整个硬件业务都已经无法再给IBM带来足够的利润了。过去的一年里,IBM准备出售的这块业务给IBM造成了2640万美元的净亏损。

IBM只会出售低端的、基于X86处理器的System X系列服务器业务。在这个领域,由于所有服务器厂商都采用了英特尔或者AMD的X86处理器,IBM并没有表现出明显的差异化优势,而且由于X86体系的开放性,即使IBM不做了,仍然能够通过与合作伙伴的协同补充到IBM的整体解决方案中。

资料来源:刘俊朋.中国联想集团并购美国IBM PC业务案例分析[J].智富时代,2019(3).

讨论:

(1) 分析联想与IBM两次谈判的最终结果如何。

(2) 联想与IBM能够通过谈判达成一致的原因是什么?

课后作业

一、单项选择题

1. 下列不属于商务谈判基本要素的是(　　)。

A. 商务谈判当事人　　B. 商务谈判标的

C. 商务谈判背景　　D. 行业主管部门

2. 买卖双方就买卖货物有关内容进行的谈判是(　　)。

A. 技术贸易谈判　B. 投资项目谈判　C. 商品贸易谈判　D. 劳务贸易谈判

3. 商务谈判中通常采用(　　)。

A. 软式谈判法　B. 原则式谈判法　C. 硬式谈判法　D. 软硬兼施谈判法

4. 商务谈判的目的是(　　)。

A. 合作和满足需求

B. 获取最大利益

C. 谈判中一定要占据有利地位

D. 不顾对方利益,达成最有利于自己的协议

5. 反硬式谈判措施包括(　　)。

A. 保护自己,因势利导和邀请第三者调停

B. 针锋相对,决不让步

C. 对对方施加高压和威胁

D. 不谈判则罢,要谈必胜

6. 商务谈判程序中的(　　)。

A. 还盘要承担其法律后果　　B. 询盘要承担其法律后果

C. 还盘和询盘要承担其法律后果　　D. 发盘和接受环节要承担相应的法律后果

二、多项选择题

1. 广义的谈判包括(　　)。

A. 正式场合下的谈判　　B. 协商活动

C. 交涉、商量活动　　D. 磋商活动

2. 商务谈判产生的前提是(　　)。

A. 双方(或多方)有共同的利益,也有分歧之处

B. 双方(或多方)都有解决问题和分歧的愿望

C. 双方(或多方)愿意采取一定的行动达成协议

D. 双方(或多方)都能互利互惠

3. 商务谈判的意义包括(　　)。

A. 增加对谈判双方的了解和平衡谈判双方的利益

B. 约束谈判双方履行义务

C. 发展和开拓谈判双方的合作领域

D. 提高和改进交易双方管理水平

三、简答题

1. 生活和工作都离不开谈判,举出你身边的例子,谈谈谈判和商务谈判的重要性。

2. 为什么说商务谈判是科学性和艺术性的统一？谈谈你的理解和认识。

3. 只要谈判就一定要胜利吗？谈谈在不同的场合应用什么样的谈判方法。

实践课堂

(1) 实践目的:通过比较三种不同的商务谈判方法,掌握原则谈判法是商务谈判的主要方法和正确方法。

(2) 实践内容:全班分成若干个小组,每两小组自选谈判主题,分别采取硬式谈判法、软式谈判法、原则谈判法的方式进行模拟谈判,试比较三种方法的效果,并详细记录谈判的过程进行分析。

(3) 实践要求:"三真"原则(乱真、逼真、认真)。

第二章　商务谈判的构成要素

【学习目标】

(1) 了解商务谈判人员的构成及应具备的各方面素质。

(2) 理解谈判目标的制定对谈判效果的重要影响及作用。

(3) 明确谈判信息收集的必要性以及信息获取的途径方法。

(4) 掌握谈判时间和地点的选择对谈判的影响。

◆ 引导案例

华为重启与美国公司的商务谈判

2020年5月6日晚间,美国商务部将签署一项新规,此新规将允许美国企业与华为合作,共同制定下一代5G的网络标准。受上述利好消息影响,周三美股华为概念板块普涨,涨幅分别为:美光科技2.86%,高通2.76%、科沃1.51%、英特尔1.95%,赛灵思3.41%。

一、美商务部起草新规

据路透社报道,在美国商务部2019年将华为列入“黑名单”后,一些美国科技公司的工程师停止了与华为合作制定5G网络标准,美国商务部此举让美国的一些企业也不确定他们的员工可以与华为分享哪些技术和信息。行业和政府官员称,将华为列入“黑名单”其实是让美国处于不利地位,因为这反而让华为在5G网络标准制定会议上获得了更大的话语权,美国的工程师则处于劣势。

这个所谓的“标准制定会议”,制定了5G的协议和技术规范,能让不同公司的设备能够顺利地协同工作。路透社报道中称,其实行业标准的制定对电信公司来说都是香饽饽。这些公司都竞相让自己的专利技术被认为是这项标准的关键,而网络标准一旦通过则可以为公司带来数十亿美元的利润。

在经历了长达一年的不确定性后,美国商务部已经起草了一项新规来解决这一问题。他们表示,这项规定本质上允许华为与美国公司一同参与5G网络标准的制定,但仍存在变数。知情人士称,该草案正在美国商务部接受最终的审查,如果通过,将提交到其他相关机构,目前还不清楚整个过程需要持续多长时间,也不清楚是否会遭到其他机构的反对。

代表亚马逊、高通和英特尔等公司的信息技术产业理事会亚洲政策高级总监威尔逊表示,美国政府希望美国公司在与华为的竞争中保持竞争力,“但他们的政策无意中导致美国公司在谈判桌上输给了华为和‘实体名单’上的其他公司”。这项新规只包括了华为,并没有囊括其他像海康威视等在“实体名单”中的中国公司。

美国马尔科·鲁比奥、詹姆斯·英霍夫和汤姆·科顿在内的六名参议员上个月致函美国商务部部长、国务卿、国防部部长和能源部部长,表示迫切需要发布新规,确认美国参与

5G标准制定不受“实体名单”的限制。信中称,“我们对这种(美国公司在5G网络标准制定上参与的减少)给美国在5G无线技术领域的全球领导地位带来的风险深感担忧。”

2020年4月底,路透社还援引英国外交部常务次官西蒙·麦克唐纳的话报道称,英国政府对于允许中国华为公司参与英国5G网络建设工作的决定是坚定的。西蒙·麦克唐纳表示,这一决定非常坚定并且不会复议。中国是英国重要的合作伙伴,对英方而言,继续执行有关华为的决定、保持同华为公司的战略关系具有重要意义。2020年1月,英国首相鲍里斯·约翰逊宣布,英国决定让华为在构建5G网络方面发挥“有限”作用,其市场份额将被限定在35%以内。

一位参与5G标准制定的中国厂商代表表示,在5G标准的制定中,华为一直都强势参与其中,只是不能(与美国企业)单独交流,但是可以在大会上自由交流。“即使是华为美国公司,之前也是一直不允许和华为中国公司标准同事之间电话会议、发邮件等。”5G标准制定是通过3GPP标准组织来做的,华为一直在里面,只是在禁令下双方沟通很不方便,美国的新动作重点应该是允许美国企业和华为一起共同深度参与5G讨论,让美国企业在5G建设上获益更多。

二、华为5G专利申请全球第一

美国商务部2019年5月曾将华为列入“实体名单”,禁止美国企业向华为出售相关技术和产品。路透社当时报道中称,美方此举旨在切断华为供应链,使得华为“无货可卖”。在5G芯片端,华为在被美国列入“实体清单”前就已经发布了5G基带芯片巴龙5000,将配合麒麟芯片搭载到折叠手机当中。在英特尔退出之后,5G基带芯片的玩家只剩下华为、高通、三星、联发科和紫光展锐。同时,华为还推出了用于5G基站的天罡芯片。

目前,德国的专利数据公司发布了一份关于“5G标准专利声明的实情调查”报告,截至2020年1月1日,全球共有21571个5G标准专利项声明,其中华为拥有3147项排名第一,其后分别是三星(2795)、中兴(2561)、LG电子(2300)、诺基亚(2149)和爱立信(1494)。

2019年,华为研发费用达1317亿元人民币(约合186亿美元),占全年销售收入的15.3%,2020年预计会超过200亿美元。目前,华为在全球拥有有效专利85000件,发明专利占比90%,在欧盟专利局申请专利3524件排名第一。

三、收入依赖华为,美国供应商周三开盘大涨

华为与众多硅谷大型科技公司都有业务往来,包括高通、博通、科沃以及生产智能手机芯片的英特尔和手机蜂窝数据组件和软件业务的甲骨文公司。此外,华为还从遍布全美的许多规模较小的供应商处购买产品。例如,一家名为新飞通光电公司的美国公司受利好消息影响,开盘大涨逾5%。这是一家光纤通信零件制造商,主要从事具备通信网络传输、接收和切换高速数字光信号的混合光子整合型光电产品的开发、制造、销售,以提供给下游的通信网路客户。

从新飞通光电公司不久前发布的2019年年报来看,2017年至2019年,公司分别有40%、46%和41%的收入来自华为。按照公司这三个财年对应的收入来计算,华为在报告期内分别为新飞通光电贡献了1.2亿美元、1.5亿美元和1.46亿美元,三年贡献的总收入为4.16亿美元。公司在风险因素一章节中明确写道,“我们在很大程度上依赖华为及其子公司海思半导体,任何时期华为订单的缺失或大幅减少都可能对我们的收入和运营产生负面影响。”在2019年5月,美国商务部正式将华为列入“实体清单”当天,新飞通光电公司股价暴跌 20.49%。

资料来源：华为被列“黑名单”一周年，外媒曝美国拟允许与华为合作[EB/OL]. 2020-05-07[2020-05-25]. https://tech. sina. com. cn/t/2020-05-07/doc-iirczymk0216088. shtml.

启示：在通信行业，5G 标准制定对未来行业的发展是非常重要的。5G 网络的部署也要多年的规划以及开发。并且，由行业组织以及庄家、公司共同的制定技术标准。确保统一的标准能够提高网络效率。目前全球通用的 5G 标准由全球一些涉及 5G 产业的企业共同组织与参与制定，华为始终是重要的参与者，放开美国企业和华为之间对 5G 标准的沟通限制，更利于美国 5G 网络建设。

互联网是这场新冠疫情阻击战中的一个重要武器。整体上看，网络技术为城市防控疫情蔓延、保障生产生活贡献了巨大力量，“万事上网”在疫情期间的推行，给数字城市、智慧城市的建设按下了快进键。除了互联网基础设施普及，还应加强对城市基层互联网服务能力、服务水平的提质、升级，相关企业应该抓住这个发展机遇。

第一节　谈判的主体

一、谈判人员选拔的原则

1. 谈判人员选拔的规模原则

选拔谈判人员首先要确定具体人数。商务谈判的类型和内容不同，决定了其所涉及的议题复杂程度不同，参与谈判的人员规模也各不一样。因此，谈判人员选拔的规模原则就是根据商务谈判的具体情形确定与之相适应的人数。

一般而言，小型商务谈判人员规模要小于大型商务谈判，国内商务谈判人员规模小于国际商务谈判。小型商务谈判议题大多比较简单、明确，而大型商务谈判议题关系重大，有的会影响国家的国际声望，甚至有的将影响到地方或国家的经济发展、外汇的收支平衡等，因此必须选拔阵营强大的、各种高级专家参与其中的谈判组织，才能确保谈判中没有疏漏，也才能最终确保谈判的圆满成功。国内商务谈判的双方处于相同的文化背景之下，不用考虑文化差异可能对谈判的影响。

国际商务谈判则不同。无论从谈判形式，还是从谈判内容来讲，它都比国内商务谈判复杂得多。谈判双方来自不同的国家，其语言、信仰、生活习惯、道德标准、行为规范、法律规定等存在着较大的差异，所以国际商务谈判人员的选拔上除了通常要有的专业人员外，还必须配备有翻译人员、熟悉外贸业务的人员、熟悉国外法律的人员等。

2. 谈判人员选拔的分工协作、优势互补原则

商务谈判多数以谈判小组方式进行，属于团队作战，其战绩如何不仅仅取决于单个成员的实力，更大程度上是取决于其团队的整体实力。选拔谈判人员，既要注意使掌握不同专业、具有不同特长的人员参与其中，彼此分工明确，各有担当。

另外，还要注意该人是否具有团队意识，是否有协作精神。只有谈判组成员既有分工又有协作，才能优势互补，形成合力，使己方的整体力量得以加强，才会在谈判场上一致对外，积极掌控谈判的局面。否则，即便是由一流的专家组成超豪华的谈判小组，但成员之间各执己见，不能相互配合，很容易将己方的弱点暴露给对方，这无疑会削弱甚至丧失己方谈判的

力量,被对方控制。

3. 谈判人员选拔的节约原则

从选拔谈判人员组成谈判小组,到对谈判组成员进行组织管理;从成员之间彼此分工协作,到共同参与谈判进程,最终达成谈判协议,实现谈判目的,这其中的每一步都会有费用支出,关联到谈判成本。据此,在谈判人员选拔上要贯彻节约原则,降低谈判成本,使谈判主体的效益最大化。

二、谈判人员的最佳规模

谈判人员的最佳规模是选拔人员、组成商务谈判队伍时要首先考虑的问题。从最理想的角度看应该是一个人,即所谓的个体谈判。个体谈判也称一对一的谈判,是指谈判双方各自只派出一名谈判人员而进行的谈判。个体谈判的最大好处是能保证谈判者在最短的时间内根据谈判桌上的情势变化进行及时的判断和反应,从而产生较高的谈判效率。避免了因谈判人员增多带来的角色分工、信息沟通等内部协调问题造成的低效率。

然而,在现代社会中,商务谈判往往比较复杂,通常需要涉及各方面的专业知识,所运用的资料、信息也是海量的,这些都是任何某一方面的个别专家力所不能及的,是个人的知识、能力及精力所无法独揽的。这就要求选择若干人员组成一个谈判小组,进行集体谈判。那么如何确定参与集体谈判人员的最佳规模呢?

正如前所述,谈判人员选拔的规模原则就是根据商务谈判的具体情形确定与之相适相匹配的人数。

根据国内外的谈判经验,一般的商务谈判,人数规模控制在四人左右最佳。在具体评判谈判队伍最佳规模时,主要考虑以下因素。

(1) 谈判小组的工作效率。谈判小组是一个既有分工又有协作的集体,如要有效地开展工作,内部的意见交流必须畅通。谈判要求高度的集中统一,必须能对问题做出及时而灵活的反应。谈判人员多,意见就多,不容易把不同的意见全部集中起来。在高度紧张、复杂多变的谈判活动中,要达到上述要求,谈判班子的规模过大是不可取的。从大多数的谈判实践来看,工作效率比较高时的人数规模在四人左右。

(2) 有效的管理幅度。管理学上认为任何一个领导者能有效地管理其下属的人数总是有限的,即管理的幅度是有限的。在紧张、复杂、多变的商务谈判活动中,既需充分发挥个人的独创性和独立的应变能力,又需要内部协调统一和一致对外,因此,谈判小组领导者的有效管理幅度只能在三人至四人。超出此限度,内部的协调和控制就会发生困难。

(3) 谈判涉及的专业知识范围。一项商务谈判特别是一个大型交易项目的谈判,会要求许多专业知识,但这并不意味着谈判就需要各种具备相应专业知识的人同时参加。通常情形下,一项大型谈判多采用分阶段、分内容的谈,各方组成不同的谈判小组,举行不同轮次的谈判。谈判的不同阶段所要求的主要专业知识的种类是有限的,只要谈判班子的成员具备这几种主要的专业知识就可胜任。

某些专门或具体细节谈判可以安排另外的小型谈判予以解决,或者请某些方面的专家作为谈判班子的顾问,给谈判人员献计献策或提供咨询服务,不必扩大谈判班子的规模。另外,也可以根据不同阶段的需要进行人员的调换,以控制谈判小组的规模。

三、商务谈判人员的素质要求

商务谈判是企业之间的业务沟通活动。其中，人是谈判活动的主体，因此谈判人员素质的高低是谈判成功与否的决定因素。素质是人的品质与技能的综合，是人们在先天因素的基础上，通过接受教育和客观实践锻炼，有选择、有目标、有阶段的努力训练而产生的结果。

那么，作为一名成熟的、成功的谈判者，必须具备哪些基本素质呢？我们认为，良好的道德素质、扎实的知识素质、杰出的能力素质和良好的心理素质，是获得谈判成功的基本保证。

1. 良好的道德修养

商务谈判作为一种社会经济活动，是要受到一定的社会道德和商业道德约束的，这也是社会伦理观在经济领域的体现，并有效地推动和规范了商务谈判的顺利进行。

谈判人员的职业特征，要求谈判人员必须遵循一定的职业道德。职业道德指从事商务谈判的具体谈判人员在谈判过程中应遵守的行为规范。商务人员的职业道德，主要包括道德原则、道德规范、道德范畴等，根据其内涵，可以归纳为三个字：礼、诚、信。

(1) 礼，即尊重对手，以礼待人。

尽管双方谈判有时会达到剑拔弩张的境地，但这也只局限于讨论某些具体细节，而对对手的尊重则是贯穿谈判始终的最基本的也是最重要的道德修养。

(2) 诚，即以诚相待，光明磊落地与对手谈判。

国际上有关商业的法律和守则都很明确地规定了诚实交易的原则以及要求，即在动机上不应有不可告人的目的，在事实上，不可以有故意隐瞒或者歪曲虚构的内容。谈判不能建立在欺骗的基础上，因为谈判意味着合作的开始，而合作能否进行，能否取得成功，还要取决于双方合作的诚意。就是说，谈判需要诚意，诚意应贯穿谈判的全过程。因此，要求谈判人员一定要态度坦诚，以事实为依据。

诚恳是不可能用智能、能力或者严谨的法律条款来取代的。即使是一份非常周密的合同，倘若缺少了诚意，则仍是一项没有价值的交易。要怎样才能知道对方是否诚意呢？那要看对方是否有很高的价值感、公平解决困难的决心以及履行合约内容的责任感。只要对方缺少这份诚意，谈判就无法进行。

(3) 信，即遵守信用，言而有信。

没有人愿意和那些不可靠的、随意改变主意或者不善始善终的人打交道。在曲折复杂的谈判过程中，在反复多变的辩论中，说话前后一致，出口即有凭证，言必信，行必果，是“信”的具体呈现。信口开河，说了不算，下午推翻上午的话，明天改变今天的态度，对于个人来讲，是缺乏“信”的个体表现。

“人事无信难立，买卖无信难存。”真正决定谈判发展前途的是谈判各方的彼此信任。诚实就是创造信任感。要言而有信，使对方放心。事实上，谈判者保持相互信任是很重要的，你所说出的话，必须成为往后对方所信赖的根据才行。如果有过公开的约定，就必须遵守承诺，只要谈判者说出“你放心吧！”这句话，对方便应该松懈下来才对。这就要求谈判人员一旦作出许诺，就要遵守它。

谈判者说话一定是要可以信赖的，一诺千金，绝不食言。然而，谈判者肯于开诚布公、直言表露全部的意图和目的，并不等于把己方的一切和盘托出。高明的谈判者，并不暴露全部的意图和目的，也不过早或轻易许下诺言；否则，对方将会利用这点迫使你让步。因此，既要言而有信、信守诺言,又必须讲究分寸、讲究原则。

2. 良好的心理素质

良好的心理素质是取得谈判成功的心理基础。谈判是斗智斗勇,同时承受高压的拉锯战,只有具备必胜的信念、足够的耐心、乐观的心态、坚定的意志才能使谈判者的才能得到充分发挥,使人成为谈判活动的主宰。

(1) 耐心是在心理上战胜谈判对手的一种战术与谋略,也是成功谈判的心理基础。在谈判中,耐心表现为不急于取得谈判结果,能够很好地控制自己的情绪,掌握谈判的主动权。谈判者需要耐心,通常情况下,谈判的过程发展需要时间,许多时候,谈判对手并不是直接将他的谈判目标清楚地摆在对方的面前,特别是一些比较大型的谈判项目。

相反,谈判对手的目标往往是在每一个具体的环节上不断地讨价还价,逐渐展现出来。而讨价还价需要消耗大量的精力,没有足够的耐心,可能在谈判结束之后,你都不能清楚地了解到自己获得了什么,对方获得了什么。

在谈判过程中,谈判者最关心的应当是己方的谈判目标。在谈判的进展中,要随时能够把握目前的状况与目标还有多少距离,接下来的谈判是否可能达到己方的谈判目标。坚持目标,是建立谈判耐心的基础,在这个不能动摇的基础上,谈判者需要通过各种方式,甚至是迂回的方式来达到目标。而这一切,不仅需要足智多谋,还需要足够的耐心。每一步的小目标实现了,最终的大目标也就到来了。

耐心可以使人们更多地倾听对方,了解掌握更多的信息;耐心也使人们更好地克服自身的弱点,增强自控能力,有效地控制谈判局面。

有关统计资料表明,人们说话的速度是每分钟 120 字到 180 字,而大脑思维的速度却是它的 4 倍到 5 倍。这就是为什么常常对方还没讲完,人们却早已理解了。但如果这种情况表现在谈判中却会直接影响谈判者倾听,会使思想"溜号"的一方错过极有价值的信息,甚至失去谈判的主动权。所以保持耐心是十分重要的。

耐心还可以作为谈判中的一种战术与谋略,耐心使谈判者认真地倾听对方讲话,冷静、客观地谈判,分析谈判形势,恰当地运用谈判策略与方法;耐心使谈判者避免了意气用事,融洽谈判气氛,缓和谈判僵局;耐心使谈判者正确区分人与问题,学会采取对人软、对事硬的态度;耐心也是对付脾气急躁、性格鲁莽、咄咄逼人的谈判对手的有效方法,是实施以软制硬、以柔克刚的最为理想的策略方法。

具有耐心也是谈判者心理成熟的标志,它有助于谈判人员对客观事物现象做出全面分析和理性思考,有助于谈判者做出科学决策。

(2) 意志是人自觉地确定目的,并根据这个目的,来支配、调节自己的行动,去克服各种困难,从而实现预定目的的心理过程。坚强的意志品质是人们克服困难,实现预期目标的重要条件。

人的意志品质包含四个因素,即自觉性、果断性、自制性和坚持性。其中的坚持性,就是指用坚韧的毅力、顽强的精神去实现既定目标,不达目的决不罢休的品质。意志力薄弱,遇到困难总想依赖别人,这是任何事情都做不好的。

谈判的双方在谈判的过程中,是具有敌对性的,谁都希望最后的胜利者是自己。斗争是谈判的主题,在销售谈判的过程中,购买者总是爱用挑衅或者直截了当的方式与销售者谈判,这个时候,坚持立场、坚定不移是必不可少的。坚定不移的态度是一个信号,它明确地告诉对方,目前的状态是我们能够达到的最大的让步,也是我们的心理底线。因此,坚定不移的表现,将迫使对方仔细考虑是否接受我方目前的谈判要求。

当然,衡量什么时候要坚定不移的标准还是己方的谈判目标。如果在谈判时遇到僵局,可为了达到既定的目标,做出些让步是非常重要的,它将表现出一种希望达到双赢谈判结果的积极姿态,也是一种以退为进的手段和方法。

(3) 信念是人的精神支柱,它是人们信仰的具体体现。持有什么样的信念,往往决定了人的行为活动方式。

我们坚持谈判者必须具备必胜的信念,不是仅仅指求胜心理,它有着更广泛的内涵和更深的层次。信念决定谈判者在谈判活动中所坚持的谈判原则、方针,运用的谈判策略与方法。我们认为必胜的信念是符合职业道德的。高度理性的信心、自信心,这是每一个谈判人员要想取胜的心理基础。只有满怀取胜信心,才能有勇有谋,百折不挠,达到既定目标。

3. 敏锐的观察能力

一个健康、成熟、优秀的谈判人才,应当是一个善于控制自我和善于观察别人的人。

谈判实际上是双方心理和智慧的较量过程。一个人的心理活动可以通过表情、身体姿势等方面表现出来,观察到对方的相关情况,大到遣词用句、态度立场,小到观察肢体语言的暗示,读懂对方一个手势、一个眼神的潜台词,洞察对方的心理世界,进而随机应变,及时调整己方策略和沟通技巧,取得谈判的优势。

尽管洞察力在一个人所处的环境中是这样重要,而且专家再三强调敏锐的洞察力是谈判者必不可少的能力,但是许多人却缺乏商战中应有的警惕性,特别是一些中高层管理人员。原因在于,他们太过于在意他们自己的想法,而无法倾听别人说什么。他们过于沉浸于自己的思考中,顾不上或注意不到别人做的事情。这在某种程度上大大地影响了谈判的效率,影响了谈判者臆测的准确性。

敏锐的观察能力要求谈判者在谈判中要随机应变,善于调整谈判策略。谈判人员需要根据环境的变化、对方的要求变化做出决策。既然双方能坐在谈判桌前,就说明双方有诚意来达成协议。

凡是有谈判经验的人都知道,在这之前,双方已做了大量的准备工作,包括初步询价、还价甚至寄样品并验收样品。如果仅仅在商务谈判中某方坚持不必要的立场而导致谈判破裂,实在是得不偿失,但在现实谈判中,确实有这样的情况发生。

敏锐的观察能力还要求谈判人员善于倾听谈判对手的声音、洞悉对手的特点,并善于调整己方的沟通策略,以成功实现谈判目标。谈判本身就是沟通的艺术。谈判双方的信任与合作是建立在良好的沟通基础上的。谈判是一个信息交流的过程。要胜任谈判工作,谈判者就必须具备较强的信息沟通能力,善于恰当地传递信息,及时准确地理解、接收有关信息,并充分利用有关信息类实现自己的谈判目标。

在谈判中,双方的接触、沟通与合作都是通过语言表达来实现的。沟通的方式不同,对方接受的信息、做出的反应也不同。这就是说,虽然人人都会说话,但说话的效果却取决于沟通的方式。

一家汽车公司,想要选用一种布料装饰汽车内部,有三家公司提供样品,供汽车公司选

用。公司董事会经过研究后,请他们每一家来公司做最后的说明,然后决定与谁签约。三家厂商中,有一家的业务代表患有严重的喉头炎,无法流利地讲话,只能由汽车公司的董事长代为说明。

董事长按公司的产品介绍讲述了产品的优点、特点,各单位有关人员纷纷表示意见,董事长代为回答。而布料公司的业务代表则以微笑、点头或各种动作来表达谢意,结果,他博得了大家的好感。

会谈结束后,这位不能说话的业务代表却获得了50万码布的订单,总金额相当于160万美元,这是他有生以来获得的最大的一笔成交额。事后,他总结说:如果他当时没有生病,嗓子还可以说话的话,他很可能得不到这笔大数目的订单。因为他过去都是按照自己的一套办法去做生意,并不觉得让对方表示意见比自己头头是道地说明更有效果。

资料来源:商务谈判的沟通技巧[EB/OL]. 2018-10-26[2020-05-20]. http://www.docin.com/p-916945346.html.

分析:由上面的例子我们可以看出,谈判效果某种程度上也取决于沟通方式。倾听也是一种有效的沟通方式。沟通策略正确,往往能事半功倍,取得意外的收获。

4. 优雅的风度

商务人员的优雅风度是本组织和国家形象的体现。

(1) 良好的形象。谈判者要有"形象意识",要重视自己的外在形象,作为一位商务谈判者,必须在穿着、说话和做事方面显得有教养,尊重别人。这样才能获得对手的尊重。也只有在尊重的基础上,谈判才能进行下去。

当人们与某人初次见面时,有时会留下比较深刻的印象,甚至终生难忘。在许多情况下,人们对某人的看法、见解、喜欢与不喜欢,往往来自于第一印象。如果在第一面感觉良好,很可能就会形成对对方的肯定态度,否则,很可能就此形成否定态度。

正是由于首要印象的决定作用,比较优秀的谈判者都十分注意双方的初次接触,力求给对方留下深刻印象,赢得对方信任与好感,增加谈判的筹码。谈判者在与谈判对手接触的"第一时间"里就要给对方留下良好的第一形象,从而缩短双方的心理距离,让对方对自己产生"认同感""信任感",为将来的磋商打下基础。因为端庄的仪表举止,即待人接物的风度庄重、严肃、得体,很容易为人们信赖和受人欢迎、敬慕。

人们的这种信赖或敬慕的心理,往往不单纯是对所接触的个人. 而是对其所在的组织无形的产生一种好感。因为虽然谈判是对方针锋相对的交手,但是最终只有双赢的结局才能构成谈判的成功。

在现实生活中,谈判人员端庄的容貌、美好的姿态、得体的服饰,总是使人如沐春风,所以受到欢迎。而不苟言笑、面无表情、修饰无度,最令人反感。当然,点头哈腰、奴颜婢膝也不适当。在涉外谈判活动中,谈判人员更应该讲究自己良好的风度。因为这时你的气质与风度关系到整个国家的形象。因此,在与外宾打交道时,应该表现得落落大方,和颜悦色、不亢不卑。这既是一种自尊心和自信心的体现,同时也是中华民族具有良好精神风貌、高尚道德水准的新型国家形象的体现。

除服饰外,一个人的行为举止同样表露着自身的修养风度,尤其在一些商务场合,良好的修养让对方更加尊重你,提高谈判的成功率。反之,会引起对方的轻视甚至厌恶。

案例 2-2

A与他的英国同事B陪同一位到伦敦来访的商界名人C打高尔夫球。三个人正在等待着发球。这时,C的手提电话响了起来。电话铃声使得前面一组正在挥杆的人停住了挥杆动作。

C打开了电话,热情地说:“你好,我在伦敦打高尔夫呢!这里好极了……”前面一组的人回头观望着C,等待着他关机,以便再发球。C并没有意识到英国人眼光背后的内容,继续聊天。开球处一位管理人员走过来说:“先生,球场的规矩,你们了解吗?”A尴尬地说:“对不起,我请他马上关机。”C不高兴地关了手机。

开始打球了,C的技术并不像他自己描述的那样高超。第一杆下去,他的球就非常不理想地落进了草丛。他毫不介意地说了声:“重来一次!”就再次发球。连发几次,他的球不是落在草丛中,就是落在沙坑里。他都要求“重来”,却不在自己的计分单上加上杆数。

由于C常常要求重打不理想的球,影响了他们的速度。每当A要找球,他都会豪爽地说:“别找了,别浪费时间。”一场球下来他丢了十几个球。A的英国人同伴B非常不满地说:“你应该教会他球场上的礼仪。难道他在其他国家也这么打球?”从此,A发誓再也不陪同这位商务代表打球了。

在我们的印象中,在能打高尔夫的人都是事业上非常成功的人。如果按朱熹的“循礼而行”是“成大事之人”的第一人性品格的标准,这些成功人士应该是最懂得“礼仪反映在我们所从事的任何一项活动中”这句话。然而在那种只有“成大事之人”才能够进行的活动中,这些“成大事之人”的行为却与他们应该具有的第一品质不相符合。

分析:在现代商业交往中,很多商业的谈判、前期接触及保持客户关系都在高尔夫球场进行,而不是在足球场、网球场上进行。因为高尔夫球场为承受巨大压力的商人提供了一个轻松的交流环境。但是,和餐桌上的礼仪一样,球场上的礼仪和行为是检验一个人的情绪、思想状态、性格、修养的最好时刻。这时,公司和个人的形象,是通过对高尔夫礼仪的遵循和球艺来表现的。

(2) 独特的气质。商务人员的行为举止,都将影响别人对其看法。我们常听人们说:“他做起事来和说话一样,都是十分自信”“我想她一定是对的。虽然很难形容,但是只要一站到她身旁,便让人有那种感觉”,这就是一个人的独特风貌和气质。

气质是指人生来就具有的稳定的心理特征。巴甫洛夫根据对动物和人的行为表现提出四种基本的高级神经活动类型:兴奋型、活泼型、安静型、懦弱型。而且它们分别对应:胆汁质、多血质、黏液质和抑郁质气质类型。纯粹属于这四种典型气质类型的人很少,大多都是混合型。

在谈判中,要根据谈判人员的不同的气质特征和气质类型来选择谈判人员和采取不同的谈判策略。比如胆汁质的谈判对手急躁、外向,但往往缺乏耐力。与这样的对手相遇,可以采取马拉松式的战术,避其锋芒、攻击弱点,以柔克刚就能取胜。

谈判者的独特气质,可以通过身体的各种动作,如站姿与坐姿、走路的样子、说话的姿势或一颦一笑等表现出来。自然而毫不做作的动作所流露出的权威感,就像一条无形的绳子,牵引着对方,使对方有不自觉中为你所吸引。

小贴士

人类的四种气质类型

1. 胆汁质

胆汁质的人反应速度快,具有较高的反应性与主动性。这类人情感和行为动作产生得迅速而且强烈,有极明显的外部表现;性情开朗、热情,坦率,但脾气暴躁,好争论;情感易于冲动但不持久;精力旺盛,经常以极大的热情从事工作,但有时缺乏耐心;思维具有一定的灵活性,但对问题的理解具有不求甚解的倾向;意志坚强、果断勇敢,注意稳定而集中但难于转移;行动利落而又敏捷,说话速度快且声音洪亮。

2. 多血质

多血质的人行动具有很高的反应性。这类人情感和行为动作发生得很快,变化得也快,但较为温和;易于产生情感,但体验不深,善于结交朋友,容易适应新的环境;语言具有表达力和感染力,姿态活泼,表情生动,有明显的外倾性特点;机智灵敏,思维灵活,但常表现出对问题不求甚解;注意与兴趣易于转移,不稳定;在意志力方面缺乏忍耐性,毅力不强。

3. 黏液质

黏液质的人反应性低。这类人情感和行为动作进行的迟缓、稳定、缺乏灵活性;情绪不易发生,也不易外露,很少产生激情,遇到不愉快的事也不动声色;注意稳定、持久,但难于转移;思维灵活性较差,但比较细致,喜欢沉思;在意志力方面具有耐性,对自己的行为有较大的自制力;态度持重,好沉默寡言,办事谨慎,从不鲁莽,但对新的工作较难适应,行为和情绪都表现出内倾性,可塑性差。

4. 抑郁质

抑郁质的人有较高的感受性。这类人情感和行为动作进行得都相当柔弱、缓慢;情感容易产生,而且体验相当深刻,隐晦而不外露,多愁善感;往往富于想象,聪明且观察力敏锐,善于观察他人观察不到的细微事物,敏感性高,思维深刻;常表现出胆小怕事、优柔寡断,受到挫折后常心神不安,但对力所能及的工作表现出坚忍的精神;不善交往,较为孤僻,具有明显的内倾性。

第二节　谈判的客体

谈判议题就是指在谈判中双方要协商解决的问题,是谈判者利益要求的体现。谈判议题是谈判的起因、谈判的目的、谈判的内容,是谈判活动的中心。没有谈判议题,谈判就无法进行。

一、谈判议题的特点

一个问题要成为谈判议题,大致需要以下 3 个方面。

1. 对于双方的共同性

商务谈判的议题必然涉及双方或多方的利害关系,必须是双方共同关心并希望得到解决的。否则就不能成为谈判议题，谈判也就无从谈起。

2. 具备可谈性

具备可谈性是指对双方来说时机要成熟。在现实生活中，本该坐下来谈判的事，一直未能真正去做，这主要就是因为谈判的条件尚未成熟。这样的情形是不少见的，例如，两伊战争一直打了10年，许多国家都呼吁双方不要诉诸武力，采用和平谈判的方式解决争端，然而，交战双方的代表真正坐到谈判桌上来时已经过去了10个春秋。谈判时机的成熟是谈判各方得以沟通的前提，当然，成熟的时机也是人们经过努力才可以逐步达到的。

3. 具备合法性

具备合法性是指应符合有关法律规定。一般是在公开、合法，接受有关国家监督管理或在有关国家政府批准同意的基础上进行谈判，但是在商务谈判中也存在一些违法走私的经济贸易谈判活动。例如，走私武器弹药、毒品、国家保护的文物古董等，这些活动是法律明令禁止的。所以，谈判的议题必须是法律所允许的，受到诸如法律、政策、道德等内容的制约。

在社会生活中，谈判的议题几乎没有限制，一切涉及利益的问题，都可以成为谈判的议题。谈判议题具有多样性，其谈判的复杂程度也不同。商务谈判是以经济目的为谈判议题的谈判，包括的谈判内容很多。例如，货物买卖谈判议题，包括商品的品质、数量、包装、装运、保险、检验、价格及支付、保证条款、索赔等内容。

二、确定谈判目标

（一）谈判目标的内容

(1) 确定为获得所要的东西而应付出的目标，或者说目标价格。这一价格应当是为获得所要的东西，能合理付给的那个价格。注意，这里的价格一词用的是它的通义，即用以换回一物的物。

(2) 确定可接受的谈判极限。首先应当确定哪个是可以接受的、对方利益最小的报盘。若是超过了它，就可以放弃了。与此同时，还应当对所可能获得的最佳报盘做到心中有数。

(3) 确定为达成协议可以做出哪些让步，并尽量按先后顺序把它们排列起来。如有可能，确定为获得对方的让步，可以放弃些什么。放弃并不真的是让步，那只是可以置于对方的报盘中，并当作让步来对待的那些内容。

(4) 指示达成协议应有怎样的时间限制。这包括应当考虑对方可能的时间限制。

(5) 找出决定谈判成败的来自外界的因素。

(6) 预估对方可能提出的虚假话题，并且计算如何消除这些障碍。

(7) 考虑当谈判陷入僵局时，可以提出哪些有创造性的建议。

(8) 决定应当参与谈判的人员。这不仅指谈判小组代表团成员，也包括那些顾问人员，如会计师、律师，如果涉及一些专业性很强的内容时，可以向他们提出咨询。

(9) 确定第一次谈不成时，可以提出不同的方案。

显然，不是每次谈判都要制订这样一个详细的谈判计划，但事前做些准备，总会防止在遇到意外情况时出错。谈判者还应特别注意，在谈判正式开始后，随着谈判的进展，谈判者还需不断地评估和调整目标。

（二）设定谈判目标层次

谈判目标层主要包括理想目标、可行目标、最低目标三个层次。

(1) 理想目标是谈判者希望通过谈判达成的最高目标,也是一方想要获得的最高利益。

(2) 可行目标是指通过谈判能够得到满足的比较现实的目标。

(3) 最低目标是在谈判中必须保证的利益下限,即谈判结果低于这个界限时,自己的基本利益就无法得到满足。

(三) 确定谈判目标的注意事项

确定谈判目标时应注意以下几个问题。

(1) 应当遵循实用性、合理性的要求,来确定谈判的各个目标层次。所谓实用性就是指谈判双方要根据自身的实力与条件来制定切实可行的谈判目标,离开了这一点,任何谈判的协议结果都不能付诸实施。所谓合理性,包括谈判目标的时限合理性和空间合理性。

(2) 谈判目标还应符合协调性的要求。各项具体目标之间应该是协调一致的,而不是相互矛盾、相互抵触的。

(3) 谈判目标尽可能地量化。这样的目标才容易把握和核查,当然,并非所有目标都能量化,一些目标只能定性描述。

(4) 谈判目标要严格保密,尤其是底线目标要格外注意保密。

第三节　谈判信息的准备

谈判信息是在谈判前和谈判进行中都是不可缺少的,离开了全面、准确、及时的信息,决策者便无法制定谈判策略,主谈者便无法找准最佳入题点及谈判表达方式。知己知彼是所有谈判者所追求的,正确的信息是产生正确的判断和决策的前提。信息的失真会导致决策的失误。应该把信息的获取、分析及综合视作整个谈判过程中一项十分重要的工作。

一、收集、整理信息的内容

(一) 谈判对方的主体资格

谈判对方的主体资格是指能够进行谈判,享有谈判的权利和履行谈判的义务的能力。

(二) 谈判对方的权限

谈判的一个重要法则是不与没有决策权的人谈判。一般来说,对方参加谈判人员的规格越高,权限也就越大。

(三) 对方是否将你作为唯一的谈判对手

进行商务谈判前,应判断对方是否将你作为唯一的谈判对手。因为这会对谈判对策、谈判节奏等产生重要影响。

(四) 对方的个人情况和单位现状

在商务谈判中,对方的个人情况和单位现状通常包括以下几个内容。

(1) 谈判对手的声誉及信用度。

(2) 谈判对手当前的经营状况与财务状况。

(3) 谈判对手惯于采取的付款方式和付款条件。

(4) 谈判对手的企业管理系统运作状况。

(5) 谈判对手参与本次谈判的人员情况,即对方谈判团队的人数、主谈人、谈判组长,以及谈判团队内部的相互关系。

(6) 谈判对手谈判团队成员的个人情况，包括谈判成员的知识、能力、需要、动机、个人目标、信念、爱好与兴趣、家庭状况、个人品质、性格、做事风格、心理类型等；对手对这项业务的重视程度，其所追求的谈判的主要利益和特殊利益团队。

(7) 谈判对手的最后谈判期限团队。

(8) 谈判对手对己方的信任程度，包括对己方的经营与财务状况、付款能力、信誉、谈判能力等多种因素的评价和信任。

二、信息收集的渠道

为了充分了解谈判对手，可通过多方面的调查研究，收集谈判对手的信息资料。信息收集工作首先要寻找到信息源，这样才能获得比较准确可靠的信息资料。收集信息资源通常有以下几个方面渠道。

1. 活字媒介

活字媒介是指报纸、杂志、内部刊物和专业书籍、图片和数字等。这是资料收集的主要渠道，也是最大的渠道。这些媒介均会不时刊登你所需要的资料，因此作为外向型企业，应尽可能地多订购有关杂志，并分工由专人保管和收集、整理资料，并及时向有关人员汇报。

2. 计算机网络

计算机网络是获取信息的重要渠道。在计算机网络上可以非常方便快捷地查阅国内外许多公司信息、市场信息、产品信息以及其他信息。

3. 电波媒介

电波媒介就是广播电台、电视台播放的有关国际新闻、经济新闻、金融动态、市场动态、各类记者招待会乃至各类广告。电波媒介作为重要的信息收集渠道，比活字媒介要迅速和准确。

4. 统计资料

统计资料主要包括各国及国际组织、各国有关地方政府的各类统计年鉴或月刊，也包括各大银行或国际咨询公司的统计数据和各类报表。上述资料收集方法的好处，是可以将各类资料、数据加以综合分析，能够了解有关事情的过去、现在和发展趋势；同时，通过数据的综合分析，还可以辨别资料的真伪，所以它往往比公布的单项数据可靠。

5. 驻外机构

在我国要了解有关国际商务方面的资料，可通过我国驻当地使、领馆，商务代办处；中国银行及国内其他金融机构在国外的分支机构；本行业集团或本行业在国外开设的营业、分支机构；各大企业(或公司)驻外商务机构及其他民间机构和地方贸易团体等。

6. 知情人员

通过老朋友、老客户、留学生、华侨、外籍华人、外国友好人士以及出国访问者、参观考察者等知情人士或方便人员去了解所需要的资料。这些人是直接了解，资料就更具有可靠性。当然委托的人员要可靠、负责，否则将会适得其反。

7. 会议

参加各种会议，诸如各类商品交易会、展览会、订货会、博览会等，以及有关可以进行直接商务活动的会议或商务报告会、讨论会等。在这些会议上，可以有的放矢地调查商品的生产、流通、消费乃至市场趋势和竞争现状及发展前景等，是收集资料的最好场所和了解商情的最好渠道，所以有条件的外贸部门要尽可能地举行或参加这类会议。

8. 公共场所

公共场所，诸如车站、码头、餐馆、商店、集会场地、娱乐场等公共场所。

9. 函电、名片、广告

函电不但是贸易洽谈的主要形式之一，还是日常商品市场调研的工具，通过它可以获取销售信息、生产信息、价格信息等；名片也是收集资料的重要渠道，往往可以通过名片的媒介作用扩大商务、结交朋友、获取资料；广告中都载明商品的产地、厂家、电话和电报挂号以及产品的性能乃至销售价格。

我国某冶金公司要向美国购买一套先进的组合炉，曾派一高级工程师与美商谈判，为了不负使命，这位高工做了充分的准备工作，他查找了大量有关冶炼组合炉的资料，花了很大的精力，对国际市场上组合炉的行情及美国这家公司的历史和现状、经营情况等了解得一清二楚。谈判开始，美商一开口要价 150 万美元。中方工程师列举各国成交价格，使美商目瞪口呆，终于以 80 万美元达成协议。

当谈判购买冶炼自动设备时，美商报价 230 万美元，经过讨价还价压到 130 万美元，中方仍然不同意，坚持出价 100 万美元。美商表示不愿继续谈下去了，把合同往中方工程师面前一扔，说："我们已经做了这么大的让步，贵公司仍不能合作，看来你们没有诚意，这笔生意就算了，明天我们回国了。"中方工程师闻言轻轻一笑，把手一伸，做了一个优雅的"请"的动作。

美商真的走了，冶金公司的其他人有些着急，甚至埋怨工程师不该"抠"得这么紧。工程师说："放心吧，他们会回来的。同样的设备，去年他们卖给法国只有 95 万美元，国际市场上这种设备的价格 100 万美元是正常的。"

不出所料，一个星期后美方又回来继续谈判了。工程师向美商点明了他们与法国的成交价格，美商又愣住了，没有想到眼前这位工程师如此精明，于是不敢再报虚价，只得说："现在物价上涨得厉害，比不了去年。"

工程师说："每年物价上涨指数没有超过 6%。一年时间，你们算算，该涨多少？"美商被问得哑口无言，在事实面前，不得不让步，最终以 101 万美元达成了这笔交易。

中方在谈判中取得成功的原因及美方处于不利地位的原因是什么？

资料来源：佚名. 谈判案例分析题[EB/OL]. 2016-07[2020-06-18]. http://www.doc88.com/p-2991526915142.html.

分析：对于这个案例，中方工程师对于谈判技巧的运用更为恰当准确，赢得有利于己方利益的谈判结果也是一种必然，下面我们将分别从中美各方谈判人员的表现来进行分析。

首先，从美方来看。收集、整理对方信息上没有做到准确、详尽、全面。从文中来看，重要的原因可能是：没有认清谈判对象的位置。美商方借其技术的优势性以及多次进行相类似交易的大量经验，轻视对手，谈判前就没有做好信息收集工作，于是谈判中在对方大量信息的面前一步步陷入被动，一开始就丧失了整个谈判的主动权。

其次，从中方来看，胜利的最关键一点在于对对方信息充分的收集整理，用大量客观的数据给对方施加压力，从收集的内容可看出，不仅查出了美方与他国的谈判价格（援引先例），也设想到了对方可能会反驳的内容并运用相关数据加以反击（援引惯例，如6%），对客观标准做了恰到好处的运用。真可谓做到了中国古语所说，“知己知彼，百战不殆”。

三、信息收集的方法

国际市场信息收集的方法多种多样，有传统的调研方式，也有现代的经济谍报方式，有的是两种交叉运用。概括起来主要有以下几个方面。

（一）市场调研形式（调查消费者）

根据不同调查目的和调查对象可以分为以下几种方法。

1. 观察法

观察法是指调查者亲临调查现场收集事物情景动态信息，它包括直接观察法、间接观察法、比较观察法。直接观察法即亲自到现场去观察消费者选购商品的反应及购货成交率。间接观察法即调查者围绕要调查的问题，采取各种措施，从侧面进行间接观察。比较观察法，即调查者要了解消费者最欢迎哪些种商品，就把需要比较的商品，置于同一商店或同一城市里销售以比较顾客的选择态度。

2. 访谈法

访谈法是指调查者围绕要调查的问题选择访问对象进行面对面的问答，可以是个别对手采访，也可以是召集众多人的座谈会，听取他们对有关商品或合作项目的意见和要求，了解国际市场竞争态势。这种座谈会可以定期举行，也可以根据市场变化临时召集。

这种方式的调查，在访谈之前，调查者应拟好调查提纲，根据主题有针对性地涉及一些问题，做到有的放矢。

3. 问卷法

问卷法是指调查者根据所要调查的内容事先印刷好问卷，发放给相关人士，填好后集中收集上来进行分析。可以出是非题、选择题、问答题、顺位题、评定题等。这种方法的优点是利于实现调查者的主导意象，可以广泛得到相关信息。难点是如何把被调查者的积极性充分调动起来，使填写的问卷内容真实可靠。

4. 归纳法

归纳法是一种综合的分析方法，是通过平时对各种资料（有声的、无声的信息）的收集，进行整理归类、研究、分析、去伪存真，然后推断出自己需要的信息。这种调查方法要求调查人员有较好的综合能力，头脑灵活，应变力强。

（二）专家会议调查

专家会议调查有多种形式，如讨论汇总法，即开会讨论各个专家的调查报告，然后进行汇总，提出参考性意见；征求意见法，即会前先发给专家有关课题资料，开会时，由调查者拿出调查报告，请专家分析评判；头脑风暴法，即会议上大家围绕调查课题，各抒己见，各种想法相互启发，仿佛在思想上刮起一阵旋风。

（三）文献及媒体搜集方法

通过公开发行的报纸、杂志、书籍和未公开的各种资料、文件、报告中收集，应及时把有价值的资料整理好编好目录以备今后查找。文献收集方法的特点是信息具有权威性、准确性,但应注意资料的时效性。

通过网络、电子媒体收集,例如电话、计算机、电视、传真、广播等。网络、电子媒体收集的特点是信息传播速度快、范围广,可以在短时间内收集到各国家内的重要信息。

(四)委托代理形式

委托代理收集可以通过驻外大使馆、领事馆或其他驻外机关就某些市场的变化情况和合作机遇收集专门信息;委托兄弟公司驻外的代表处或子公司将其收集的有关信息定期转送给自己做参考;委托本公司在国外的代理商作为自己的信息收集人,并按提供的信息数量及质量付给相应的报酬。

委托出国访问、开会、留学、服务的人员就近了解信息情报并及时传递给本公司或本部门参考;委托友好国家的信息情报部门将其所有的信息情报与自己分享,同时以适当的信息情报进行交换。

(五)现代化的经济谍报方式

现代商务信息情报的收集系统和收集手段十分复杂,除通过一些正常手段以外,有些国家的政府机构或公司集团甚至采取通过窃听、贿赂、欺诈、绑架等非法手段进行。这是必须加以防范的。

第四节 谈判的时间

一、谈判时间选择的基本原则

(1) 规定谈判期限。谈判有无时间限制,对参加谈判的人员造成的心理影响是不同的。如果谈判有严格的时间限制,即要求谈判必须在短时间内完成,这就会给谈判人员造成很大的心理压力,那么他们就要针对紧张的谈判时间限制来安排谈判人员,选择谈判策略。由于谈判双方所承受的时间压力不同,一方可能可供谈判的时间较紧,另一方则可能时间较宽裕或基本不受时间限制,这样双方选择的谈判策略就会有所不同。

(2) 选择有利的谈判时机,即谈判者对时机的选择与把握。时机选得好,有利于在谈判中把握主动权。相反,时机选择不当,则会丧失原有的优势,甚至会在一手好牌的情况下最后落得败局。

(3) 选择适当的谈判时间。一般来说,谈判者应当以能使自己获得最佳谈判效果作为选择谈判时间的基准。例如生理时钟,避免在身心处于低潮时进行谈判,身体不适时不宜安排谈判,连续紧张工作后不宜安排谈判。

二、时间安排

时间安排即确定谈判在什么时间举行、谈判时间的长短,如果谈判需要分阶段,还要确定分为几个阶段、每个阶段所花费的大约时间等。

(1) 合理安排好己方各谈判人员发言的顺序和时间,尤其是关键人物的重要问题的提出,应选择最佳的时机,使己方掌握主动权。

(2) 对于谈判中双方容易达成一致的议题,应尽量在较短的时间里达成协议。

(3) 对于主要的议题或争执较大的焦点问题,最好安排在总谈判时间的五分之三之前提出来。

(4) 在时间的安排上,要留有机动余地,以防意外情况发生。

(5) 适当安排一些文艺活动,以活跃气氛。

三、在确定谈判时间时应注意的问题

(1) 谈判准备的程度。如果没有做好充分准备,不宜匆匆忙忙地开始谈判。

(2) 谈判人员的身体和情绪状况。参加谈判人员的身体、精神状态对谈判的影响很大,谈判者要注意自己的生理时钟和身体状况,避免在身心处于低潮和身体不适时进行谈判。

(3) 市场的紧迫程度。市场是瞬息万变的,如果所谈项目是季节产品或是时令产品,应抓紧时间谈判,不允许稳坐钓鱼台式的长时间谈判。

(4) 谈判议题的需要。谈判的议题有不同的类型,对于多项议题的大型谈判,所需时间相对长,应对谈判中的一切可能出现的问题做好准备;对于单项议题的小型谈判,如准备得充分,应速战速决,力争在较短时间内达成协议。

(5) 谈判对手的情况。谈判是双方的洽谈,对于对手的情况也应充分考虑,只有这样双方才能合作愉快,达成双方满意的协议。

第五节　谈判的地点

谈判总是要在某一个具体的地点展开的。商务谈判地点的选择往往涉及一个谈判的环境心理因素的问题,它对于谈判效果具有一定的影响,谈判者应当很好地加以利用。有利的地点、场所能够增强己方的谈判地位和谈判力量。

商务谈判的地点选择与足球比赛的赛场安排比较相似,一般有四种选择方案:一是在己方国家或公司所在地谈判(主座)。二是在对方所在国或公司所在地谈判(客座)。三是在双方所在地交叉谈判(主客座轮流)。四是在谈判双方之外的国家或地点谈判(主客场以外场地)。

不同地点均有其各自的优点和缺点,需要谈判者充分利用地点优势,促使谈判成功。

一、在己方谈判(主座)

谈判的地点最好选择在己方地点谈判,因为人类是一种具有“领域感”的动物,他的才华的发挥、能量的释放与自己所处的环境密切相关。

在己方地点谈判的优势表现在:谈判者在自己领地谈判,地点熟悉,具有安全感,心理态势较好,信心十足;谈判者不需要耗费精力去适应新的地理环境、社会环境和人文环境,可以把精力集中地用于谈判。

在谈判中,“台上”人员与“台下”人员的沟通联系比较方便,可以随时向高层领导和有关专家请教,获取所需资料和指示;利用东道主的身份,可以通过安排谈判之余的各种活动来掌握谈判进程,从文化习惯上、心理上对对方产生潜移默化的影响,处理各类谈判事务比较主动;谈判人员免除车马劳顿,可以以饱满的精神和充沛的体力参加谈判,并可以节省去外地谈判的差旅费用和旅途时间,降低谈判成本,提高经济效益。

对己方的不利因素表现在:在己方谈判身在公司所在地,不易与公司工作彻底脱钩,经

常会由于公司事务分散谈判人员的注意力;离高层领导近,联系方便,会产生依赖心理,一些问题不能自主决断,而频繁地请示领导也会造成失误和被动;己方作为东道主要负责安排谈判会场以及谈判中的各项事宜,要负责对客方人员的接待工作,安排宴请、游览等活动,所以己方负担比较重。商务谈判活动最好争取安排在己方地点谈判。

案例 2-4

日本的钢铁和煤炭资源短缺,渴望购买煤和铁。澳大利亚盛产煤和铁,并且在国际贸易中不愁找不到买主。正常来说,日本人的谈判地位不如澳大利亚。但是,聪明的日本人把澳大利亚的谈判者请到日本去谈生意。

澳大利亚人一般都比较谨慎,讲究礼仪,而不会过分侵犯东道主的权益。澳大利亚人到了日本,使日本方面和澳大利亚方面在谈判桌上的相互地位就发生了显著的变化。

澳大利亚人过惯了富裕的舒适生活,他们的谈判代表到了日本之后不几天,就急于想回到故乡别墅的游泳池、海滨和妻儿身旁去,在谈判桌上常常表现出急躁的情绪;而作为东道主的日本谈判代表则不慌不忙地讨价还价,他们掌握了谈判桌上的主动权。结果日本方面仅仅花费了少量款待做“鱼饵”,就钓到了“大鱼”,取得了大量谈判桌上难以获得的东西。

资料来源:佚名. 日本与澳大利亚的煤铁谈判[EB/OL]. 2018-07-01[2020-07-08]. https://wenku.baidu.com/view/136bbe27866fb84ae45c8d4b.html.

分析:犹如体育比赛一样,在主场举行获胜的可能就大。有经验的谈判者,都设法把对方请到本方地点,热情款待,使自己得到更多的利益。

二、在对方地点谈判(客座)

在对方地点谈判,对己方的有利因素表现在:己方谈判人员远离家乡,可以全身心投入谈判,避免主场谈判时来自工作单位和家庭事务等方面的干扰;在高层领导规定的范围,更有利于发挥谈判人员的主观能动性,减少谈判人员的依赖性;可以实地考察一下对方公司的产品情况,获取直接信息资料;己方省去了作为东道主所必须承担的招待宾客、布置场所、安排活动等事务性的工作。

对己方的不利因素表现在:与公司本部相距遥远,某些信息的传递、资料的获取比较困难,某些重要问题也不易及时磋商;谈判人员对当地环境、气候、风俗、饮食等方面会出现不适应,再加上旅途劳累、时差不适应等因素,会使谈判人员身体状况受到不利影响。

在谈判场所的安排、谈判日程的安排等方面处于被动地位;己方也要防止对方过多安排旅游景点等活动而消磨谈判人员的精力和时间。到对方地点去谈判必须做好充分的准备,比如弄清楚领导的意图要求,明确谈判目标,准备充足的信息资料,组织好班子等。

案例 2-5

某客场谈判人在韩国谈判某出口商品的价格,主人认为客人已来我处,应顺从我的条件。结果压价很低并甩出“冷板凳”——“请你们了解一下市场再给我们答复吧!”,从而中断了谈判。客场谈判者无疑很着急,是留还是走?如果一走了之,这意味着双方的关系破裂,如果想要恢复非常困难，如果留，坐等，则还不知道对方何时重开谈判，多等一天，己方的成本就要多增加很多，如果给对方主动打电话，那将意味着己方要做出让步，但如果对方一而再再而三的这样对待己方该怎么办呢？

结果他们不是在难耐的焦虑之中被动地等待，而是在中断谈判的日子里，又开辟新客户，认真试探市场行情，掌握充分的数据、资料，从而做到了“心中有数”，不等主人恢复谈判，客场谈判人就在电话中向主人传达了自己了解到的情况，并将原来的报价抬高了10%，且请他们研究，建议于某日双方会谈。

资料来源：佚名. 国际商务谈判案例(1)[EB/OL]. [2020-07-08]. http://www.wendangku.net/doc/c17f59db84254b35eefd347e.html.

分析：客场谈判也可反客为主，以被动变主动，态度不软不硬，做法又近乎自然、合乎情理，也具有胆量、魄力。结果，客座谈判代表通过努力，维护了最初的报价目标。

三、在双方所在地交叉谈判(主客座轮流)

有些多轮大型谈判可在双方所在地交叉谈判。这种谈判的好处是对双方都是公平的，也可以各自考察对方实际情况。各自都担当东道主和客人的角色，对增进双方相互了解、融洽感情是有好处的。其缺点是这种谈判时间长、费用大、精力耗费大，如果不是大型的谈判或是必须采用这种方法谈判，应少用。

四、在第三地谈判(主客场地以外)

在第三地谈判对双方的有利因素表现在：在双方所在地之外的地点谈判，对双方来讲是平等的，不存在偏向，双方均无东道主优势，也无作客他乡的劣势，策略运用的条件相当。

对双方的不利因素表现在：双方首先要为谈判地点的确定而谈判，而且地点的确定要使双方都满意也不是一件容易的事，在这方面要花费不少时间和精力。第三地点谈判通常被相互关系不融洽、信任程度不高的谈判双方所选用。

课后案例

2010年中巴铁矿石谈判

国际卖家在强大的“中国需求”面前没有太多动摇。这多少与目前买方市场形成不少反差。“中国需求”非但没有决定价格的形成机制，反而成了中国的软肋。这不仅表现在铁矿石的谈判上，期铜已经有了先例。

国际卖家漫天要价，一再拿“中国需求”做文章的局面到改变的时候了。根本的问题还不在国内企业一时的金钱损失上，更重要的是，它关系到在新的贸易秩序中，各方能否建立长期、稳定合作关系的原则和机制问题。

巴西的淡水河谷公司在年度谈判中通过口头通知的形式向中国谈判方，要求把2010年的基准价格提高90%，不过没有给出书面提议。新的合同年始于2010年4月1日，但近年来价格谈判总是拖后很久才能结束。淡水河谷退出是因为中国的报价过低，英澳矿业公司力拓(Rio Tinto)和必和必拓(BHP)也暂停了谈判。剖析力拓近来的表现可以提供一个信号，即在今年的谈判中，该公司没有与中方进行有实质意义的沟通。

2010年,宝钢再次成为铁矿石谈判的主角,铁矿石谈判已悄然展开。力拓已与日韩完成首轮谈判,前者要求2010年铁矿石长协价格在2009年的基础上涨价40%左右。如果三大矿山对明年的长协矿供应量都进行缩减,钢厂必须在现货市场补充采购铁矿石,直接后果是现货需求猛增,现货市场价格出现节节攀升的局面。这样一来,三大矿山必然会以现货价格为基准提高谈判要价。

新一年度的铁矿石谈判正在进行中,必和必拓等矿山三巨头采取了冷处理与中方的谈判,寻求与日韩密切接触的策略,企图重走过去的老路,通过与日韩企业敲定2010年度首发价,"倒逼"中国企业接受高价。

一、2010年度铁矿石谈判背景

2009年全年进口铁矿石进口同比猛增超过四成。随着12月铁矿石进口数量的公布,2009年全年进口铁矿石的数据也最终出炉,全年进口铁矿石同比猛增超过四成,并且价格也在连创新高,这非常不利于新年度的铁矿石长期价格谈判。

海关总署公布的最新统计数据显示,2009年12月我国进口铁矿砂及其精矿6216万吨,高于11月的5107万吨,较上年同期增长也超过80%,并且创下历史次高水平。而2009年全年,我国进口铁矿砂及其精矿6.28亿吨,同比增长41.6%。

中国钢铁工业协会会长、武钢集团总经理邓崎琳在国际钢协年会间隙表示,中钢协希望确定专门针对中国的铁矿石价格,而不是跟随其他亚洲钢铁企业与国际矿山所签订的价格。协会和有关部门正在研究控制超量进口铁矿石和加强进口许可的管理。

2009年11月18日,从武汉钢铁集团公司获悉,武汉目前已与委内瑞拉矿业集团公司签署了一份"五方协议",达成了一个远低于2009年铁矿石长期协议价的价格。

2010年1月14日,力拓公布,该公司2009年第四季度铁矿石产量上升49%,铜矿开采量上升36%。力拓CEO Tom Albanese表示:"由于各国经济刺激举措规模开始下降,我们对全球经济状态继续持谨慎态度,不过我们大多数的关键大宗商品产品都已经出现复苏。"他还说:"受中国需求处于高水平推动,第四季度铁矿石产量非常强劲。"

二、谈判双方

1. 买方阵营

(1) 中钢协是中国钢铁行业全国性行业组织。有团体会员单位206个,个人会员10人。其主要会员有宝钢,鞍钢、河北钢铁集团、首钢、山东钢铁集团等。

(2) 新日铁是日本最大的钢铁公司,也是世界大型钢铁公司之一,总公司在东京。1970年3月,八幡、富士两家公司合并,诞生了新日本钢铁公司,简称新日铁。

(3) 韩国浦项制铁公司(POSCO)成立于1968年,为全球最大的钢铁制造厂商之一,每年为全球超过60个国家的用户提供2600多万吨的钢铁产品。

(4) 欧洲钢铁工业联盟是欧洲主要钢厂的代表,欧洲钢铁工业的年营业收入达2000亿欧元以上,每年可产钢2亿吨以上。2008年欧盟共进口了约1.25亿吨铁矿石。

2. 卖方阵营

(1) 力拓矿业集团于1873年在西班牙成立,总部设在英国,是一家英国和澳大利亚双重上市的公司。集团是全球第二大铁矿石供应商,目前也是中国最大的铁矿石进口商。

(2) 全球最大的矿业集团必和必拓公司成立于1885年,总部设在墨尔本。公司在澳大利亚、伦敦和纽约的股票交易所上市。目前,公司是全球第三大铁矿供应商。

(3) 巴西淡水河谷公司(CVRD)是世界第一大铁矿石生产和出口商,也是美洲大陆最大的采矿业公司,其铁矿石产量占巴西全国总产量的80%。

(4) FMG集团已和35家中国大中型钢铁企业签订了10年以上的长期供货协议,每年对华供应近1亿吨铁矿石。2007年宝钢和FMG集团成立合资公司,共同开发澳西部储量为10亿吨的磁铁矿。

三、中国力保30%底线仍被动

据了解,此次中方的谈判的价格底线是涨幅不超过30%。但考虑到国内钢铁业的实际情况,这样的目标极难实现。

2009年我国进口铁矿石6.3亿吨,同比增长41.6%,对外依存度从2002年的44%升至69%。也就是说,我国所用铁矿石近七成来自海外进口。业内专家表示,这正是我国在中外铁矿石谈判中数年来无法掌握话语权的根本原因。

中国冶金工业规划研究院院长李新创在其最新报告《2010年中国钢铁形势分析与预测》中预计,2010年国内钢铁产能将继续增加。2009年,中国钢铁产能约为7亿吨,为历史新高。牵动全国钢铁行业甚至影响到整个中国宏观经济的新一轮铁矿石谈判现在正在进行中。据悉,宝钢和武钢等钢企代表已经在新加坡和力拓等全球三大铁矿石巨头进行谈判,而2009年主导该谈判的中国钢铁工业协会(以下简称"中钢协")今年只能"退居二线"。

2009年中钢协强硬的态度并未能成功确立起一个"中国价格",2010年回到谈判桌上的宝钢等钢企要实现这一目标似乎更加困难。目前力拓、必和必拓和淡水河谷这三家全球矿业巨头只与韩国和日本等其他亚洲客户谈判铁矿石基准价格,而对中国企业采取"爱谈不谈"的姿态,冷落中国客户。而有接近上述矿业巨头的澳大利亚矿商称,在今年铁矿石谈判开始时,日韩钢企已认同铁矿石涨价趋势,双方博弈的地方在于涨价幅度。力拓目前已与日韩完成首轮谈判,前者要求2010年铁矿石长协价格在2009年的基础上涨价40%左右。而日韩目前虽未接受,但是对此也"并不排斥"。

因为中国在2009年未能与三大矿山谈出最终价格,中国钢企为此多付出了8.27亿美元,按照当前1美元折合约6.8元人民币的汇率,已达约56亿元。

四、三大矿冷对铁矿石谈判

在2010财年铁矿石谈判本该逐步火热的时候,业界却一片"风平浪静"。来自业内的消息显示,三大矿企近来明显减少了与中国地区的接触,似乎正在对中国的铁矿石谈判采取"冷处理"。此外还有媒体报道,三大矿企已预备"撇开"中国,转而将谈判的主要力量放在日本。

"从我们所感受到的情况看来,三大矿企近来与中国的钢厂和钢协方面都减少了接触。我们能感觉到,他们普遍流露出了对中国地区要'冷处理'的情绪。"一位国有钢铁企业总经理对本报记者表示,按照往年的情况,三大矿企一方面拥有自己在国内的情报系统,另一方面也会对钢厂逐个拜访,并抢在长协价达成前先与一些小钢厂签订合同。但进入2010财年的铁矿石谈判期后,这种活动明显减少。

据英国《金融时报》报道,全球矿商已在年度铁矿石价格谈判中预备"撇开"它们最大的客户中国,原因是中国钢铁业和官方机构在铁矿石问题上的僵局以及担心若谈判破裂会招致报复。与之相应的,三大矿企正转而与日本客户展开谈判,以先期达成基准价格协议。但截至发稿,三大矿企未对此消息发表评论。

值得注意的是,之前几年的铁矿石谈判,有多次均由日本率先达成"首发价",中国钢企继而跟进。这一惯例直到2009年被中钢协倡导的“中国价”打破,但2009财年的中国长协价却至今悬而未决。业内认为,从三大矿企近期的冷淡态度看来,转向日本可能性极大。而这可能导致中国话语权的又一次旁落。

由于日本对矿石的需求相对稳定,基本上100%使用长协矿,因此日本率先谈成价格为多。此外,前述钢企负责人还提及,由于日本钢企在海外的众多矿山拥有权益,因此相较于中国,日本企业更易于在矿价和收益间做出适当平衡,中国只能被动接受。

五、结局

2010年4月,由于分歧巨大,中方与三大铁矿石巨头间的价格谈判已陷入僵局。虽然宝钢作为中方代表仍在尝试与三大矿山达成协议,但在各家钢厂纷纷自行协商的局面下,传统的铁矿石谈判已名存实亡。

在经历5个月的煎熬后,铁矿石谈判“曲未终人已散”的结局令人感慨。说三大矿山凭借垄断优势、抛弃共赢原则也好,说金融资本渗入铁矿石市场、追求眼前利益最大化也罢,这些都是短期内无法更改的事实。近两年的铁矿石谈判陷入“开局给人很高期望,但结局都不甚理想”的怪圈。

资料来源:2010铁矿石谈判[EB/OL]. [2020-07-08]. https://topic.eastmoney.com/ironstone2010/.

讨论:

(1) 中巴铁矿石谈判的谈判价格受到哪些因素的影响?

(2) 中方从中需要吸取哪些教训?

课后作业

一、单项选择题

1. 一般的商务谈判人员的最佳规模是(　　)人。

A. 3　B. 4　C. 8　D. 10

2. 在技术条款谈判中,起“润滑剂”作用的人员是(　　)。

A. 商务人员　B. 法律人员　C. 金融人员　D. 翻译人员

3. 当谈判人员远离集体和上级领导而独自与对方谈判时,特别需要的素质是(　　)。

A. 专业知识　B. 个人性格　C. 年轻化　D. 主观能动性

4. (　　)是谈判各方根据主客观因素:考虑到各方面情况,经过科学论证、预测和核算后,纳入谈判计划的谈判目标。

A. 最低目标　B. 可接受目标　C. 实际需求目标　D. 最高目标

二、多项选择题

1. 商务谈判小组中的权威人员是指(　　)。

A. 主谈人　B. 专家　C. 谈判组长　D. 技术员

2. 依据谈判信息载体的不同,可将信息分为(　　)。

A. 实物信息　B. 语言信息　C. 文字信息　D. 市场信息

E. 声像信息

3. 一个国家或地区与谈判有关的政治状况因素主要有(　　)。

A. 国家对企业的管理程度　B. 经济的运行机制

C. 政治背景　　D. 政局稳定性

E. 政府间的关系

4. 按谈判信息的活动范围来划分,可把信息分为(　　)。

A. 经济性信息　B. 政治性信息　C. 产品信息　D. 社会性信息

E. 科技性信息

三、简答题

1. 商务谈判人员的选拔原则有哪些?

2. 评判商务谈判人员最佳规模的参考因素是什么?

实践课堂

(1) 实践目的:培养学生良好的心理品质和知识素质。

(2) 实践内容:

① 你听到看到过哪些凭借良好的心理素质取得不可思议的成功的例子? 你是否相信信念能战胜困难?

② 讨论一下,你认为在知识素质中,一个谈判人员的哪方面素质最重要? 原因是什么?

(3) 实践要求:内容真实、心有感悟。

第三章　商务谈判的准备阶段

【学习目标】

(1) 明确广泛收集信息的重要性，合理选定谈判人员。

(2) 掌握谈判目标的三个层次，制定切实可行的谈判策略。

(3) 做好谈判的询价比价工作，拟订好谈判计划方案。

(4) 做好谈判前的准备工作，拟订双赢的解决方案。

◆ 引导案例

商业的降租谈判技巧

目前零售行业在逐步恢复正常的生产销售秩序。但是店铺是否能生存，降租仍然是关键要素，降租如何与房东进行沟通，沟通谈判有什么技巧呢？

第一，面对面沟通。

曾经由于交通出行的限制，与房东、业主、出租方、商场甲方(以下简称甲方)的沟通只能通过微信、电话、短信等通信手段进行沟通。

首先，现阶段与甲方的沟通，要约甲方进行面对面的沟通，现场面谈沟通与通信沟通的沟通效率与沟通结果存在着巨大差距，在现场有经验的谈判高手往往可以通过行为、眼神、语气波动等来判断甲方的谈判心理，通过对这些肢体动作的捕捉，掌握着谈判的主动权。

其次，面对面的沟通，可以迅速进行互动，交换意见，现场沟通效果良好的话，有可能直接与甲方达成新的降租方案。

最后，面谈也是显示诚意的一种方式，让甲方进行降租，实际上是损害甲方的利益。

第二，知己知彼，摸清底线。

知己知彼是谈判成功的重要前提条件，在进行沟通谈判前一定要有充分的准备。要对周边同类型店铺、同行间具有可参考意义的店铺进行调研，透过他们了解整体的市场降租幅度、市场降租的行情，再结合自己的实际情况，对谈判的降租幅度有一个合理的预期，把这个作为谈判的底牌。

在谈判过程中做到有的放矢，有理有据。摆事实、讲道理的方法在哪里都是用得通的方法。谈判并不是让甲方降得越多越好、无底线的降租，甲方同样也有收益上的追求，一味地无底线地让对方降租，反而会让谈判陷入僵局。重点要做的是让甲方往你的预期上靠拢。

第三，适当造势引导，攻陷甲方的心理防线。

在疫情发生后，许多政府主管部门出台了关于降租的指导性文件，如浙江省国资委下发通知对承租国有经营性房产的租户免收2月和3月两个月房租;商业管理公司,如万达集团、新城集团、龙湖集团等,同样出台了对于自己集团旗下合作商户的降租方案;很多的房东、业主群体都或多或少地发布了相关降租的文件。

通过种种的案例去说明降租是一个社会性的行为,全行业的甲方都在进行不同程度的降租,让商户先渡过当前的难关是社会的共识。造成降租不是甲方一个人在降,而是全行业都在降的一个氛围,他不降租是"逆行倒施"。

第四,适当地以退为进。

在沟通谈判过程中,无论你如何长篇大论地分析时事,讲困难。有些甲方不为所动,对你提的困难表示十分理解,但是降租就是降不了。在这样的情况下,一定要了解甲方是否对你有留店的意愿,如果在话语言词间还是希望继续由你来承租,那可以试试以退为进这招。比如提出"疫情这么严重,生意做不下去了,你不降租我就撤店了,实在撑不住了"等撤店的想法。

一般情况下,甲方处于强势的情况居多,但是当前行情下,很多零售行业在上半年估计都会调整自己的开拓计划,现阶段商铺重新置换新的租户是有一定困难的,要让甲方明白这个道理。为了挽留优质的合作商户,甲方还是有很大可能会做退让。

第五,找到可以决策的关键人物。

在降租谈判过程中,店铺有可能碰到的是二房东,商场购物中心有招商经理、楼层主管、项目副总经理、总经理等各式各样的谈判对象。尤其是购物中心,各级别管理人员的权力是不一样的,当你费了九牛二虎去谈,发现最后这个谈判对象说他做不了决定,要向上级汇报,那等于是白谈。

在谈判过程中,一定要找到那个可以做最终决策的人,如果不能直达那个做最终决策的人,那也要做到这个中间环节越少越好,次要选项是找到这个最终决策人的代言人或授权人。如果这个超过两个以上的环节才能到达,那这样的谈判成功性会大大降低。需要更高层级的人出面去进行谈判。所以为了能高效地谈判,一定要清楚了解谈判对象的权限范围是否满足你的谈判需要。

第六,双方成为命运的共同体。

在沟通的过程中,要不断向甲方就经营上碰到的问题与困难进行充分客观的分析,分析疫情对整体零售大环境的影响、对这个商圈产生的影响、对店铺未来经营情况的影响等一系列影响。

如果店铺不租了,可能会面临多久的空置期,这个空置的损失会有多少;因无法继续经营纷纷撤店对商铺的价值冲击有多少;项目空置后商圈会不会发生转移等问题。让甲方切实了解到双方是合作互利的关系,说白点大家是一荣俱荣、一损俱损的命运共同体。说服甲方不要在短期租金问题进行纠结,要去追求双方长期稳定的合作关系。

资料来源:佚名.后疫情时代的减租降租谈判技巧[EB/OL].2020-03-24[2020-07-08].https://kuaibao.qq.com/s/20200324AZOQ9900?refer=spider.

启示:鞋服行业的终端门店,前端销售持续性地面临着压力,所以后端降低费用,降低经营成本的工作将是一项重点工作。

第一节　确定商务谈判目标

谈判的成功与否和谈判前的准备工作有直接的关系。成功的谈判应事先做好充分的准备。要了解对方的背景和意图,分析自己和对手在谈判中所处的地位,制订可行的谈判战略和战术,合理地组织和安排谈判的程序;做到"知己知彼,百战不殆"。

谈判充分体现了"商场如战场"。在商务谈判过程中只有全面收集对方信息,才能更准确地比较、权衡价格,从而掌握谈判的主动权。曾经有一些公司,疏于对外商进行深入细致的资信调查,盲目地相信外商谈大买卖、做大生意的花言巧语,轻易被骗取大量的钱财,使国家和企业遭受了巨大的损失。

以往的一些中外合资项目,出现了许多合作误区和投资漏洞,乃至少数外商的欺诈行为。这些情况在很大程度上是中方人员对外方或谈判对手了解不够所导致的。所以,谈判前一定要对选定的目标客户或谈判对手进行全面深入的调查和了解。

一、选定谈判人员

谈判的主体是人,因此,筹备谈判的第一项工作内容就是人员准备,也就是组建谈判班子。"事在人为",要想成功地开展商务谈判工作,必须选择好商务谈判的人员。商务谈判人员不仅具体承担筹划谈判方案、收集信息资料等各项准备工作,还要制订谈判策略,并在谈判中灵活运用谈判技巧。谈判人员是影响谈判成功与否的重要因素。因此,谈判前必须选定合适的商务谈判人员。

对于谈判内容简单的项目,由一个人参加谈判就可以。但是,一些复杂和重要项目的谈判,单凭谈判者个人的知识和技能,不一定能达到圆满的结果。比如世贸谈判等。因此,就需要合理地组织、配备人员,成立专门的谈判小组。选择合适的人选,组成谈判班子与对手谈判。

谈判班子人数的多少没有统一的标准,谈判的具体内容、性质、规模以及谈判人员的知识、经验、能力不同,谈判班子的人数也不同。如果谈判涉及的内容较广泛、复杂,需要由相关方面的专家参加,可把谈判人员分成两部分,一部分主要从事背景材料的准备,人数可适当多一些;其他的直接上谈判桌,进行具体的谈判。确定谈判人员的注意事项有以下几点。

1. 树立权威

谈判小组是由多方专家组成的,应各有所长。但是必须确立一个权威人士,或选出一个谈判主席,避免出现无人负责,无人决策的情况。

2. 责任明确,分工协作

谈判小组中应该注意各有分工,各有侧重。俗话讲,就是有唱红脸的,有唱白脸的。遇到一些原则性的问题,该坚持的时候必须坚持。但需要缓和时,就要有人去唱白脸,去拉近关系,消除彼此之间的障碍和隔阂。谈判小组人员的性格搭配要合理,分工明确。同时,要注意大家都要为一个共同的目标而通力合作,协同作战。

3. 知识互补,团队合作

谈判团队成员的知识结构要具有互补性,在处理谈判中涉及各种专业问题时,能驾轻就熟,并有助于提高谈判效率,在一定程度上能减轻主谈人员的压力。谈判小组中的每个成员都必须具有强烈的团队合作意识。围绕统一的目标，各司其职。

4. 谈判者的个人能力要求

谈判者要有谋划能力、清晰而敏捷的思路、有强烈成功感、对他人意见的采纳能力、自制力、了解人性、善于倾听，等等。

商务谈判在某种程度上是双方谈判人员的实力较量。谈判的效果如何，往往取决于谈判人员知识面的宽与窄，心理素质的好与坏。因此，商务谈判人员必须具备和谈判项目相关的完整的知识构成体系以及良好的心理素质。

若是国际商务谈判，其所涉及的因素广泛而又复杂，因此，通晓相关知识十分重要。

通常，除了国际贸易、国际金融、国际市场营销、国际商法这些必备的专业知识外，谈判者还应涉猎心理学、经济学、管理学、财务知识、外语，了解有关国家的商务习俗与风土人情以及与谈判项目相关的工程技术等方面的知识。较为全面的知识结构有助于增强谈判者的自信心，为谈判成功的奠定良好的基础。

此外，作为一个商务谈判者，还应充满自信、果断、富有冒险精神，只有这样才能在困难面前不低头，风险面前不回头，才能正视挫折与失败，拥抱成功与胜利。

二、广泛收集信息

谈判人员确立后，就应开展信息收集的工作。根据所收集的信息筛查客户，在目标客户确定的过程中，与对方以往的接触以及将来的合作前景都是重要的考虑因素，一般要先进行一些基本调查。

（一）调查谈判对手的资信情况

1. 对谈判对手的合法资格进行调查

商务谈判的结果是确立一定的经济法律关系，参加商务谈判的企业组织必须具有法人资格。具体包括如该公司成立的时间及组织形态，法人成立地注册登记证明，营业执照，详细掌握对方企业的名称、法人地址、注册资本、经营范围等，以及公司的市场地位、经营能力、发展前景。了解谈判对手作为自然人在该交易中的利益，个人追求、个人经历、个人爱好、婚姻状况、家庭状况、受教育程度、个性等，根据这些信息，判断出对方的优点和缺点，使己方在谈判准备时，扬长避短，因势利导，彼为我用。

2. 对谈判对手的资本、信用情况进行调查

对谈判对手的资本、信用情况进行调查主要了解对方的注册资本、资产负债表、收支状况、销售情况、资金状况等有关事项。通过公共会计组织审计的年度报告，银行、资信征询等机构出具的证明来核实。以往交货中有否欺诈、违约等行为，可以通过老客户调查或资信机构调查。

3. 对谈判对手的商业信誉及履约能力情况进行调查

对谈判对手的商业信誉及履约能力情况进行调查主要是指调查该公司的经营历史、经营作风、产品的市场信誉、金融机构的财务状况，以及在以往的商务活动中，产品质量、技术标准、技术服务、商标及品牌、广告宣传，是否具有良好的商业信誉。

4. 出口资信调查

如果是进出口业务谈判，除了上面两点外，还要了解对方的资信情况，可以通过以下三种方式：向银行调查；通过我国驻国外的商务机构调查，如向商会或同业工会调查；通过我国

的有关外贸公司调查。

（二）了解和谈判内容相关信息

诸如货币的汇率变化、通货膨胀、股市涨落、所在国经济发展快慢等。还要了解市场的地位与类型，供求关系等，这些宏观经济参数可帮助我们评估交易条件或预测对手可能成交的调节范围。经济背景直接影响交易的价格水平。

谈判前的背景调查是十分必要的，千万不能只确定了己方的目标，就盲目地开始制订方案，在了解目标客户的背景上要多花时间，研究分析对方，这样就会胸有成竹，真正做到"好的开始是成功的一半"。如果谈货物进出口，就要了解商品的质量、价格、供货能力、货物来源、数量等。如果是加工承揽项目的谈判，就要了解对方的经营范围、加工能力、人员设备情况及市场价格行情。

如我国从澳大利亚进口铁矿石，就要了解国际市场上铁矿石的主要产地、价格、质量、种类，以做出比较、判断与选择。

（三）了解有关的法律政策

了解谈判对手国家的法律、政策及国际经济组织的一般规定和惯例。如我国的对外贸易法规，有关的环境保护的法律，有关的产品国际标准，经营销售的一些制度规定等。

三、确定谈判目标与策略

（一）确定谈判目标

1. 谈判目标分类

谈判目标是谈判当事人希望通过谈判预期得到的结果。它是对谈判所要达到结果的设定，是指导谈判的核心，是企业必须明确的首要内容。按照谈判目标对企业的重要程度可分为：基本目标、争取目标、可交易目标和最佳期望目标。

(1) 基本目标是指对企业的经济利益具有实质作用的目标，是商务谈判必须达到的保证目标。在谈判中，基本目标是不可妥协的，必须保证该目标的实现。否则，就失去了谈判的意义。

(2) 争取目标(二级目标)是指对企业的利益有一定的影响，谈判具有较大弹性的目标。它是企业希望达到的目标，谈判人员应努力争取实现。在谈判中，如果基本目标达到了，一旦争取目标谈判陷入僵局时，也可以放弃争取目标。评估谈判者能力的高低及谈判结果的好坏，在很大程度上取决于争取目标的实现程度。

(3) 可交易目标是指对企业利益较少或没有实质性影响，具有很大策略性的目标。这类目标虚假成分更大，它不是硬性目标，建立这类目标的用意是：首先，在谈判中起到交易的作用，其提出或放弃是为了换取真正目标的实现，谈判者失去它不会带来任何实质性的经济损失；其次，这类目标在谈判中具有与对方交流信息的作用。

(4) 最佳期望目标是指对谈判方来说最有利的目标，也可以说是一种最优期望目标，是以最好的结果来设定的目标，因此很少有实现的可能性。尽管如此，这丝毫不意味着最佳期望目标在谈判中没有作用，它往往是开始谈判的话题。

在具体划分目标时，尽量使自己的目标和客观可能性结合起来，为了使目标划分地合理，必须考虑对方的目标。商务谈判目标的内容是关于谈判双方的利益的确定，尤其以对交易利润和价格做出规定的较为普遍，如对某笔交易除了扣除5%的意外事故的折扣外，为了补偿各项费用和管理费的开支，本企业的毛利应不低于25%。

2. 商务谈判目标的确立

在确定谈判目标时，必须以客观条件为基础，即综合企业或组织的外部环境和内部条件，一般说来，具体谈判目标的确定要考虑以下因素。

(1) 谈判的性质及其领域。

(2) 谈判的对象及其环境。

(3) 谈判项目所涉及的业务指标的要求。

(4) 各种条件变化的可能性、方向及其对谈判的影响。

(5) 与谈判密切相关的事项和问题等。

（二）确定谈判策略

每个成功的谈判都要事先制订谈判目标和策略，它是谈判的核心和主线，在谈判过程中起着主导作用，贯穿谈判的全过程，体现谈判者的谈判风格。谈判策略主要包括采用何种谈判态度及谈判做法。

1. 谈判态度

谈判态度，可有“冷”“热”和“不冷不热”的态度。所谓“冷”即在谈判全过程中表现出不感兴趣，不热情，不急不怕，“信马由缰”(一种不在乎态度，系故意表演而成)，以压住对方的傲气，挡住对方的压力。

所谓“热”，是指在不卑不亢、不乞求的前提下，热情、友好、积极、健谈、灵活，以使对方有信心、有诚意地参与谈判，消除误解，达成理解。

所谓“不冷不热”，是指礼尚往来的谈判手法，可以避免盲目性，增进相互了解，以确保谈判的准确性。

2. 具体的谈判策略

(1) 刚柔相济。在谈判过程中，谈判者的态度既不过于强硬，也不可过于软弱。前者容易刺伤对方，导致双方关系破裂，后者则容易受制于人，而采取“刚柔相济”的策略比较奏效。谈判中有人充当“红脸”角色，持强硬立场，有人扮演“白脸”角色，取温和态度。

“红脸”是狮子大开口，大刀阔斧地直指对方的敏感方面，不留情面，即使争得面红耳赤也不让步。“白脸”则态度和蔼，语言温和，处处留有余地，一旦出现僵局，便于从中斡旋挽回。

(2) 拖延回旋。在贸易谈判中，有时会遇到一种态度强硬、咄咄逼人的对手，他们以各种方式表现其居高临下。对于这类谈判者，采取拖延交战、虚与周旋的策略往往十分有效。即通过许多回合的拉锯战，使趾高气扬的谈判者感到疲劳生厌，逐渐丧失锐气，同时使自己的谈判地位从被动中扭转过来，等对手精疲力竭的时候再反守为攻。

(3) 留有余地。在谈判中，如果对方提出某项要求，即使能满足，也不必马上和盘托出，而是先答应其大部分要求，留有余地，以备讨价还价之用。

(4) 以退为进。让对方先开口说话，表明所有的要求，我方耐心听完后，抓住其破绽，再发起进攻，迫其就范。有时在无关紧要的问题上可首先做出让步，以换取对方在重大问题上的让步。

设想各种可能发生的情况，预先策划行动方案。在谈判前，争取了解对方的可能策略及谈判对手的脾气秉性、理想追求及权限等，这对谈判的圆满完成将大有益处。例如，谈判对手喜欢打球，不妨在会谈前寒暄，着意提及，将对方的戒备敌意心理先行缓和，若有时间，更可邀约一起运动，以创造宽松的谈判氛围。

(5) 还可以制订具体阶段策略，针对特定对象或目标而采取特定的谈判手段。也就是对症下药。

针对谈判开场，可以运用制造友好气氛、探索信息、收集情报、布置攻防的具体策略。例如，激将法、满意感等策略。针对谈判压力，可以有迎战、回避的策略。例如，针锋相对、虎啸计、恻隐术、小气鬼、挡箭牌等策略。针对复杂的谈判局面，可以有相持、试探、防护性的策略。例如，疲劳战、车轮战、声东击西等策略。针对讨价还价，可以有进攻、防守、相持以求最大收效的策略。例如，挤牙膏、红白脸、最大预算等策略。还有针对谈判对手个人和集体的激将法、反间计、鸿门宴、头碰头等策略，以瓦解对方阵营，扰乱对方心智，销蚀对方斗志。针对最后决战阶段的谈判，为了克服最终差距或思想障碍，争取相对平衡的条件，可以采取折中调和、谈判升格等策略。

四、了解文化背景

若是国际商务谈判，要面对的谈判对象来自不同国家或地区。由于世界各国的政治经济制度不同，各民族间有着迥然不同的历史、文化传统，各国的文化背景和价值观念也存在着明显的差异。因此，在商务谈判中的表现也各不相同。

在国际商务谈判中，如果不了解对方的文化背景，就可能闹出笑话，产生误解，既失礼于人，又可能因此而失去许多谈判的良机。因此，谈判前需要详细了解客商的所在国家的政治制度、价值观念、文化传统、风俗习惯、宗教信仰等。

案例 3-1

我国曾经派出由12名不同专业的专家组成的代表团，去美国采购约3000万美元的化工设备和技术。美方想方设法令我方满意，于是送给我方每人一个小纪念品。纪念品的包装很讲究，是一个漂亮的红色盒子，当我方高兴地按照美国人的习惯当面打开盒子时，每个人的脸色却显得很不自然——里面是一顶高尔夫球帽，但颜色却是绿色的。

美国商人的原意是想请大伙去打高尔夫，但他们哪里知道，“戴绿帽子”是中国男人最大的忌讳。最后我方没和他们签订合同，不是因为他们“骂”我们，而是因为他们的工作太粗心，连中国男人忌讳“戴绿帽子”都不清楚，怎么能购买他们几千万美元的设备和技术？现实中，因不了解文化习俗而导致谈判失败的例子比比皆是。

案例 3-2

张先生就职于我国某大公司销售部，工作积极努力，成绩显著，三年后升任销售部经理。一次，公司要与美国某跨国公司就开发新产品问题进行谈判，公司将接待安排的重任交给张先生负责，张先生为此做了大量的、细致的准备工作，双方在谈判前已经经过多次协商探讨，达成了初步意向，可就在正式谈判开始的时候，客方代表团一进入谈判厅就拂袖而去，这是为什么呢？原来，在布置谈判厅时，张先生错将美国国旗放在谈判桌的左侧。项目告吹，张先生也因此被调离岗位。

中国传统的礼宾位次是以左为上，右为下，而国际惯例的座次是以右为上，左为下；在涉外谈判时，应按照国际通行的惯例来做，否则，即使是一个细节的疏忽，也能会导致功亏一篑、前功尽弃。

例如，近十年来，我国与韩国的贸易往来增长迅速，韩国商人在长期的贸易实践中积累了丰富的经验，常在不利于己方的贸易谈判中占上风，被西方国家称为"谈判的强手"。在谈判前他们会做好充分的准备工作，谈判中注重礼仪，创造良好的谈判气氛，并善于巧妙地运用谈判技巧。与韩国人打交道，一定要选派经验丰富的谈判高手，做好充分准备，并能灵活应变，才能保证谈判的成功。

华侨分布在世界许多国家，他们乡土观念很强，吃苦耐劳，重视信义，珍惜友情。由于他们的经历和所处环境的不同，其谈判习惯既与当地人有别，也与大陆人有所不同。他们作风果断，雷厉风行，善于讨价还价，而且多数都是由老板亲自出面谈判，即使在谈判之初由代理人或雇员出面，最后也要由老板拍板才能成交。所以了解老板的个人情况，用真情打动老板就显得格外重要。

五、做好物质准备

1. 谈判物质保证

在大型谈判中物质保证尤其重要，主要包括住宿、交通、文件准备、谈判地点选择和布置会场等方面，这些物质上的保证与谈判效率直接相关，是需要事先做好的一项重要准备工作。

2. 谈判地点选择

谈判地点对于谈判成功与否有一定的影响。一般说来，大型的长期多轮谈判，双方应轮流"坐庄"；而短期的一次性谈判，地点的选择视具体情况而定。谈判地点定在对方或我方各有利弊。双方住地之间的距离以及酒店宾馆和会场之间的距离，对谈判有一定的影响。双方住地相隔太远，不易创造更多的接触机会，对谈判不利。

双方同住一处，易于接触、增加了解，但人员之间的沟通需有分寸，否则会造成谈判的被动和混乱。对此，需要提前预防。一般来说，双方住地距离谈判地点不宜太远。比较好的安排是把会场安排在某一方住地，这样，只有一方需要交通保证。或把谈判会场安排靠近一方住地，创造尽可能便利的条件，以减少路途上奔波的辛苦。

3. 会场布置

谈判会场一般采用长方形或椭圆形的谈判桌，但不是绝对的，要以谈判的规模和现有的条件来确定，因地适宜。靠门右手座位或门对面座位为尊，应让给客方。谈判时主谈人到桌子对面的直线距离，合适的距离应在 2 米以上，太近了，会显得拥挤，也不便翻阅资料、书和记笔记，不方便现场商量对策。所有这些准备必须考虑到文化、习俗上差异。

例如，场地布置方面的文化差异对合作可能会有微妙的影响。在等级观念较重的文化中，如果会场安排不当、比较随便，可能会引起对方的不安甚至恼怒。

4. 安排交通工具

为谈判配备的交通工具应充足，以保证人员的正常移动与非正常移动。正常移动多指会场与住地分开时，定点需要的交通工具，以及休息日安排的集体活动用车。要保证车的数量及时间的安排满足谈判人员的需要。非正常移动多指双方谈判人员临时需用车辆的情况。例如,生病去医院,临时汇报(向银行或政府部门等),特殊事件发生等。

客座谈判时,投入人员要少而精,专业要全。客座谈判的费用较高,投入人员不宜过多,否则会增加谈判费用,提高交易成本,降低交易竞争力。主座谈判时,人员投入的自由度较大,主要依照对方来人或己方策略要求而定。

第二节 制订商务谈判计划

在掌握了目标客户基本情况后,根据确定的谈判目标,和对自己谈判地位的判断,及对各种因素的权衡,拟订出谈判方案。具体步骤如下。

一、询价比价

通过询价比价达到心中有数,减少盲目性,为制订合同方案作好充分准备。询价的内容不一,较全面的包括合同的主要内容,如所询问商品的名称、规格、品质、数量、包装、价格条款、付款条件、保险、运输方式等。

比价就是将几家出口商或对手的发盘,以及从其他方面调查和收集的材料进行研究、整理、分析和比较。有以下几种比价方式。

1. 不同客户同期报价比较

对于不同国家或地区商人的报价,在其他条件完全相同的情况下,要进行不同外商同期报价比较。

2. 历史价格比较

历史价格比较,即是将过去进口同样商品的成交价或过去外商对同样商品的报价与现在的商品报价,在扣除各种因素的差价后进行比较。

3. 地区价格比较

地区价格比较,即是将同一外商对我国不同地区、不同公司以及对其他国家的报价或成交价,与对我们的报价进行比较。

4. 分项比较

对技术规格复杂、型号比较多的商品,要求对方分项报价,以进行比较。

在对价格和其他有关情况有了充分的了解后,要分析成本、供求、品质、数量、包装、支付方式、交货地点和交货条件等因素。分析双方的优势和劣势,找出和己方要求有出入的地方,分析哪些问题是可以谈的,哪些是没有商量余地的;该笔生意对对方重要到什么程度等,结合主客观条件制订出方案,这是方案拟订中重要的步骤,不论其项目大小,这个准备内容是不可或缺的。

二、制订方案

通常拟订谈判方案要确定哪些问题要谈判、谁来谈判以及谈判的流程,并列出双方在各个问题上可能的相同和不同之处。要记住每个争论点都要有充分和可靠的资料说明,否则谈判的效果就会大打折扣。

另外,把主场设在己方总是有利的,事先要确定谈判对手是否有决定权,必要时可以直接询问对方的权限。下面推荐一些制订谈判方案的问题清单供参考使用。

(1) 订单的主要内容是什么?

(2) 应该先谈什么?

(3) 无不涉及敏感问题。

(4) 我们了解对方哪些情况?

(5) 如果谈的是续订单,以前与对方做生意有哪些经验教训要记住?

(6) 与我们竞争这份订单的企业有哪些强项?

(7) 能否改进我们的工作?

(8) 价格条款和成交上限和下限?

(9) 对方可能会反对哪些问题?

(10) 在哪些方面我们可让步? 我们希望对方做哪些工作?

(11) 对方会有哪些需求? 他们的谈判战略会是怎样的?

(12) 与对方条件相对应的成交方案(存在上限和下限)?

(13) 最佳备选方案和让步策略?

(14) 谈判时遇到的特殊困难?

方案拟订还要根据谈判各项议题先后次序及双方互动条件进行设定。如技术、服务、价格、供货、合同条款等,谁先谈,谁后谈,各议题谈的条件,让步的条件,或各议题交错谈判的条件等,均结合谈判对象的特点、交易物、交易方式及谈判议题的内在逻辑关系予以初步设定。在拟订计划方案时,必须遵循以下一些原则。

1. 客观性

准备过程及结果应具有客观性,即符合谈判交易的实际情况,准备过程中运用资料准确,考虑问题要客观,不能感情用事。资料运用准确是要求谈判人员对搜集的相关交易的资料,不论从其表面看对己方是否有利,均应去伪存真,去粗取精地加以整理分析,使信息的使用不片面,更不能出现错误。

2. 兼容性

兼容性是指在考虑己方目标的前提下,在方案中考虑对方的立场与利益。该原则与自我性的原则貌似矛盾,实为补充,共同存在于谈判之中。只是在谈判过程中出现的时间有先后,有时还有交叉。

3. 合理合法性

合理性是指方案必须建立在周密细致的调查和准确科学的分析基础上,真正体现企业的根本利益和发展战略,并能对谈判人员起到纲领性指导作用。合法性是指要符合法律规定,不能行贿受贿,提供虚假的信息等。

拟订方案的内容还包括:谈判背景、谈判地点、场地布置、谈判单位、参加谈判人数、交流渠道、谈判时限等。

三、合理让步

在商务谈判中,谈判双方报价、还价之后,还要进行反复讨价还价,通过不断地调整己方的谈判目标,降低交易期望,使双方的利益逐步趋于一致,最终达成协议。谈判中,这种双方或单方的不断妥协,逐步降低谈判目标和利益诉求的行为过程称为让步。让步是商务谈判的重要环节,很少有商务谈判不经讨价还价和相互间的让步就直接成交的。因此,在商务谈判中,要做到合理地让步,成功地开展商务谈判。

成功商务谈判中的让步的原则是:把握好让步的时机,在最需要的时候才让步;让步要有明确的目标;让步内容的选择要有主次之分;控制好让步的次数、频率和幅度。在商务谈判中,结合谈判的内容、特点等实际情况,选择合适的让步方式。商务谈判的让步方式包括:递增式让步;递减式让步;有限的让步;进中有退的让步;快速让步;最后一次一步到位让步方式等。让步时要注意以下几点。

1. 让步底线

准备方案中要设定让步的限度。商务谈判中经常遇到的问题就是价格问题,价格是谈判利益冲突的焦点问题。如果是卖方,要确定最低价,如果是买方,要确定最高价。

在谈判前,双方都要确定一个底线,超越这个底线,谈判将无法进行。这个底线的确定必须有一定的合理性和科学性,要建立在调查研究和对实际情况了解的基础之上,如果卖方把目标确定得过高或买方把价格确定得过低,都会使谈判中出现激烈冲突,最终导致谈判失败。

2. 留有余地

作为卖方,开价应在卖方能接受的最低价和认为对方能接受的最高价之间,卖方开的价要符合实际,是可信的,合情合理的,能使对方感兴趣。有时,一个对自己很有利的开价,不一定是最合适的,它可能向对方传递了消极的信息,失去对方的信任,而采取更具进攻性的策略。

当确定开价时,应该考虑对方的文化背景、市场条件等因素。在某些情况下,可在开价后迅速做些让步,但很多时候这样对建立良好的商业关系不够认真,所以开价必须慎重,而且留有一个足够的选择余地。

3. 随机应变

当对方寻求最大利益时,会采取某些竞争策略,在谈判中采取合作与竞争相结合的策略会促使谈判顺利进行。就要求在谈判前制订多种策略,随机应变。在谈判前制订几种可供选择的竞争策略,核算好成本,必要时做出哪些让步,怎样让步和何时让步。

当对方认为己方的合作愿望是软弱的表现时,或对方咄咄逼人,就可以改变谈判策略,采取迂回策略以保证谈判的继续进行,在满足双方最大利益的基础上,如果还存在达成协议的障碍,就应坚持己方立场,不可放松允诺的条件。同时分析对方为什么坚持自己的观点,进行有针对性的谈判,以扫清达成协议的障碍。

第三节 制订双赢方案

很多人往往错误地认为谈判就是要满足自己的利益需要,为对方着想,制订的解决方案似乎是违反常规的。成功的谈判应该是互惠互利的,没有胜败之定论,成功的谈判对双方或多方来讲,他们都是胜者。

把谈判对手变成为朋友,是老练的谈判家的高招。双方在合作中各自取得自己的利益所需,资源共享,都有赢的感觉,双方或多方都是赢家的谈判,会使以后的合作持续发展下去。

一、各自获得的利益最大化

在买卖双方达成一笔交易时，双方都会竭尽全力维护自己的报价，价格通常是谈判的焦点。

例如，一位精明的卖主会把自己的产品讲得天花乱坠，尽量抬高产品的价值，提高报价；而买主也会在鸡蛋里挑骨头，从不同的角度指出产品的问题，从而将还价尽可能地压低，最后双方都会找出很多理由来支持自己的报价，使谈判陷入僵局。如果一方做出了一定的让步，或双方经过漫长的多个回合，各自都做了让步，从而达成的是一个中间价。这样的谈判方式，在商务活动中是常见的。

谈判者更多的是注重追求单方面利益，坚持固守自己的立场，不考虑对方的实际情况。为什么谈判者没有创造性地寻找解决方案，没有将谈判双方的利益实现最大化？有经验的谈判专家认为，导致谈判者陷入上述谈判误区主要有如下四个障碍。

1. 过早下结论

过早地对谈判下结论，谈判者往往在缺乏想象力的同时，看到对方坚持其立场，也盲目地不愿意放弃自己既有的立场，甚至担心寻求更多的解决方案会泄露自己的信息，削弱讨价还价的力量。

2. 只追求单一结果

谈判者往往错误地认为，创造并不是谈判中的一部分；谈判只是在双方的立场之间达成一个双方都能接受的点。

3. 缺乏正确的得失观

误认为一方有所得，即另一方有所失。许多谈判者错误地认为，谈判具有零效应，给对方所做出的让步就是我方的损失，所以没有必要再去寻求更多的解决方案。

4. 缺乏双赢观念

谈判对手的问题，始终该由对手自己解决。许多谈判者认为，谈判就是要满足自己的利益需要，替对方想解决方案似乎是违反常规的。

如果在商务活动中都遵循这样的谈判原则与技巧，往往会使谈判陷入一种误区。这样的谈判方式，最后往往会不欢而散，甚至会使双方失去今后进一步合作的机会。因此，要明确商务谈判双赢的标准。

实践表明，成功的谈判应该使双方都有赢的感觉。只有双方都是赢家的谈判，才能使以后的合作持续下去，双方才会在合作中各自取得自己的利益。因此，如何创造性地寻求双方都接受的解决方案乃是谈判的关键所在，特别是在双方谈判处于僵局的时候更是如此。

从商务角度来看，谈判应使双方都得到商务发展的机会。一个优秀的谈判者，首先要有商人的精明，要意识到谈判并不是无休止地讨价还价，也不是蛮横不讲理。谈判应是基于双方（或多方）的需要，寻求共同最大利益的过程，在这一过程中，每一方都渴望满足直接与间接的需要，但必须顾及对方的需要，谈判才能成功。

双赢的商务谈判的标准是：谈判的方式必须讲究效率；谈判可以改进或至少不会伤害谈判各方的关系；谈判要达成一个明智的协议。谈判的结果应满足双方的利益，公平地解决双方的利益冲突，同时要替对方着想，让双方容易做出决策，这就是双赢谈判。

双赢谈判是把谈判当作一个合作的过程，能和对手像伙伴一样，共同去找到满足对方需要的方案,使费用更合理,风险更小。双赢谈判强调的是,通过谈判,不仅是要找到最好的方法满足双方的需要,有效合理地分配责任和义务,如成本、资源、风险和利润的分配。双赢谈判的结果是:你赢了但我也没有输。

无论谈判成功与否,都要把对方当成朋友。实施双赢谈判有助于营销观念的更新,通过谈判达成一个双赢的协议,以保证谈判双方或多方利益的最大化;很多著名品牌不断发展扩大,开拓新的市场,是与他们采取的双赢谈判策略分不开的。

二、拟订双赢解决方案

谈判成功概率最高的方案是双赢方案,制订双赢方案,必须遵循下面的谈判思路和方法。

1. 广开思路,提出多种可能方案

可采用“头脑风暴”法,即谈判小组成员彼此之间广开思路、展开想象、畅所欲言,提出各种想法和解决方案,然后对这些想法进行评估,最终决定谈判的具体方案。如果谈判双方是长期合作的伙伴,双方也可以共同进行这种小组讨论。思维要开阔,谈判者应从多角度来分析问题。

2. 确定双赢方案

双赢存在于绝大多数的谈判之中,创造性的解决方案可以满足双方利益的需要,其前提是谈判双方应该能够识别共同的利益所在。

商务谈判的双方或多方都有潜在的共同利益,有共同的利益,就意味着存在商业机会,强调共同利益可以使谈判更顺利。要使谈判各方都有收获,必须坚持“求大同,存小异”,在各种礼仪细节问题上,要多包涵对方,一旦发生不愉快的事情应以宽容之心对待。在不损害自身利益的前提下,应尽可能地为谈判对手着想,主动为对方保留一定的利益,并在制订的谈判方案中体现出来。

3. 换位思考

换位思考就是要替对方着想,使对方能够更容易做出决策。如果利益冲突不能采用其他的方法调和,可以使用客观标准,客观标准能起到非常重要的作用。例如,出口机械设备谈判:双方就出口商向银行开具的保函,在进口商提取设备后,其质量保证问题如何解决发生争议。进口商担心出口商在交付货物后,出现机械设备不合格的情况,因此要求出口商向其银行申请开立以进口商为受益人的银行保证书,担保款项占到全部货款的5%。

一旦进口商发现出口商履行合同时出现质量问题,进口商就可以向银行提出付款的申请。而出口商不接受这样的做法,出口商担心万一进口商信誉不好,如果在银行保证书中不对进口商取得该担保款项加以限制,进口商随时都有可能提取该款,这对于出口商风险很大。

经过反复磋商,双方决定遵循一些客观的标准来解决这一双方都担心的问题,即如果出现质量问题,由第三方公证鉴定机构出具品质鉴定书,并以此作为进口商向银行索取违约款项的唯一依据。由此可见,买卖双方因采用客观标准而实现了双赢。

通常在商务谈判中,一般遵循的客观标准有:市场价值、科学的计算、行业标准、成本、有效性、对等的原则、相互的原则等。客观标准的选取要独立于双方的意愿,要公平和合法,并且在理论和实践中均是可行的。

课后案例

一汽奥迪的诞生

耿昭杰，1935年生人，祖籍安徽巢县。1954年毕业于哈尔滨工业大学，同年8月被分配到第一汽车集团，并于1959年加入中国共产党。1954—1971年，耿昭杰分别在第一汽车制造厂技术处、工艺处、中央设计室、机械处、机电分厂等单位担任技术员、设计师；1971—1981年，出任第一汽车制造厂（以下简称“一汽”）秘书处副处长、铸造厂党委副书记；1981—1985年，又任职第一汽车制造厂党委副书记、副厂长兼汽车研究所所长。1985年，49岁的耿昭杰成为一汽第六任厂长。这位“血管里都燃着汽油”的老帅，主掌中国最大的汽车工业集团长达14年，开创了一汽的一段“大唐盛世”——耿昭杰时代。

在1984年，一汽为引进轻型发动机，与美国克莱斯勒汽车公司多次接触洽谈，并于1987年8月签订购买该公司488发动机生产线合同。这一发动机可用在轿车上，实际上已为一汽上轿车做好准备。国家批准一汽轿车立项后，世界各跨国汽车公司，如美国通用、日本三菱、德国大众等都来角逐这一项目，表示与一汽合作的意向。

一汽经过谈判引进了克莱斯勒轻型轿车结构的发动机后，顺理成章也准备引起克莱斯勒的车身。为此，1987年9月22日至10月19日，一汽派出以李治国副厂长，总经济师吕福源为首的8人代表团赴美，但美方以为胜券在握，表现傲慢。克莱斯勒公司的态度来了个180°大转变，条件非常苛刻，要价非常高昂，谈判过程中，在转让车身的专用模具和夹具关键问题上美方表现顾虑重重，犹豫不决，而且技术转让费用要价很高，用吕福源的话来讲，是天方夜谭的数字。

谈判无法进行，吕福源毅然率团返回，回来后才得知克莱斯勒公司早已获得了中国政府批准一汽要上轿车的信息，所以克莱斯勒觉得无论怎样苛刻的条件一汽也得就范，非克莱斯勒一汽就一筹莫展。耿昭杰毅然决定中断一汽与克莱斯勒的谈判，这当然带有很大的冒险味道，但是耿昭杰宁肯咽下自己的苦酒也不能让别人掐脖子。

真是天无绝人之路，就在这时，德国大众公司董事长皮希博士到一汽进行礼节性拜访。皮希博士来到一汽，仿佛发现了新大陆一样惊喜：“喔，天呐，中国还有这么大的一个汽车工业基地，为什么没有早发现呢。”

他与一汽“一见钟情”，与耿昭杰一见如故，礼节性的拜访开启了合作的前奏曲。会见时，皮希博士频送好意，耿昭杰并非无动于衷，但是他有个顾虑：本来轿车的发动机是克莱斯勒公司的生产线，这已成定局，娶过来的媳妇退不回去了，如果与德国大众合作，只能要它的车身和整装技术，作为具有世界一流生产技术水平的“大众”能接受这个美国“媳妇”并与她结合为一体吗？皮希博士以特有的坦诚，当然还有精明慷慨的允诺，临走时说了这样一段话：“我们希望与一汽创造一个良好合作的先例。如果厂长先生有诚意，4个星期后请您去朗堡我们大众汽车公司所在地，我们将在那里非常高兴地接待您。”

4个星期过去，一汽总经济师吕福源身负重任飞往德国。到那一看，大众汽车公司已把克莱斯勒公司的发动机装进了奥迪的车身，这车身是为装配克莱斯勒发电机而特意加长的。大众合作的诚意和效率可见一斑！吕福源飞机到朗堡的信息立刻反馈到底特律，克莱斯勒公司总裁艾柯卡感到了这一信息的压力和内涵，立刻通知有关方面人士把和好的手又伸过来:“如果一汽和我们合作,将象征性地只收一美元技术转让费……”。此时一汽已由山穷水尽的被动位置变成货比两家的主动位置。

经过反复论证和比较,一汽终于选定大众为合作伙伴。基于双方的诚意,一汽与大众的合资谈判四五个月就完成了,比起上海大众6年的谈判时间,一汽创造了奇迹。3个月之后数以千吨计的图纸资料由沃尔夫斯堡发到长春时,一汽三万辆轿车先导厂的设备已开始安装,15万辆轿车基地开始了前期准备,第一批散件组装的奥迪100新车也源源不断地驶下总装配线。经过两年的努力,装有克莱斯勒发动机的奥迪汽车在中国备受青睐。

1988年10月,美国汽车工业巨子艾柯卡飞到北京。在北京人民大会堂,艾柯卡举行了一声场题为“世界经济新形势下的企业家精神”的报告,在这个讲话里,他有一段话使人惊诧:“我们的教训是进一步了解世界市场。以前,我只想到与通用、福特公司竞争,没想到和日本、韩国人竞争,我错了;以前,我认为最优秀的汽车设计总是底特律的,我错了;以前,我认为落后美国几代人的国家是不可能追上来的,我错了;以前,我认为企业家精神只是美国人的精神,我错了……”。

艾柯卡离开中国前专门提出要去长春看看一汽,看看耿昭杰。艾柯卡来到了一汽,耿昭杰陪着他参观了一汽。在欢迎也是欢送艾柯卡的宴会上,艾柯卡举杯对耿昭杰说:“用我们美国人的话说,你天生是干汽车的家伙。你和我一样,血管里流的不是血,而是汽油……”。

奥迪100的成功引入十分具有戏剧性,在当时我国急需吸收国外先进技术的发展期,奥迪公司给予的支持功不可没。它也是奥迪最早进入中国的车型,也成为当时最早的官方用车。后续国产的奥迪100搭载克莱斯勒发动机,也是“小红旗”的原型车。

关于一汽早期寻找国外合作伙伴的故事,新华社记者李安定留下的记录:“法国企业觉得返销和外汇平衡有问题;丰田正在热火朝天地和我国台湾的企业洽谈合资;日产只提供过时的旧车型。但唯独大众看好中国市场未来的发展。”这段历史的记录现在看上去既心酸又感叹。中国轿车业起步晚,前进道路艰辛,直到现在也不能完全用成功来形容。回头看前人铺下的路,只能说我们还在路上。

资料来源:耿昭杰:半个世纪的汽车传奇[EB/OL]. 2013-07-24[2020-07-08]. http://epaper.bjnews.com.cn/html/2013-07/24/content_452773.htm?div=-1.

讨论:

(1) 奥迪汽车诞生的过程,反映了中、美、德三方在谈判中怎样的合作态度?

(2) 用商务谈判的有关原则解释克莱斯勒公司失去这场商机的原因。

课后作业

一、概念

谈判目标　基本目标　争取目标　可交易目标　双赢方案　比价　让步

二、填空题

1. 谈判目标包括________、________、________、________。

2. 谈判态度包括________、________、________。

3. 商务谈判策略包括________、________、________、________、________、________、________。

4. 谈判的物质准备主要涉及________、________、________、________和________等方面。

5. 比较价格的方式主要有________、________、________、________。

6. 拟订计划方案时必须遵循的原则有________、________、________。

三、单项选择题

1. 参加谈判团队的人数多少应根据(　　)来确定。

A. 谈判内容的复杂和简单与否　　B. 谈判时间的长短

C. 谈判双方的熟悉程度　　D. 谈判费用的多少

2. 谈判团队人员的知识结构要有(　　)。

A. 先进性　　B. 互补性　　C. 准确性　　D. 科学性

3.(　　)是商务谈判中的让步。

A. 其他方的不断妥协,逐步降低谈判目标和利益诉求的行为过程

B. 单方的不断妥协,逐步降低谈判目标和利益诉求的行为过程

C. 双方的不断妥协,逐步降低谈判目标和利益诉求的行为过程

D. 双方或单方的不断妥协,逐步降低谈判目标和利益诉求的行为过程

4. 成功的谈判要使双方获得的利益(　　)。

A. 最小　　B. 绝对平均　　C. 中间值　　D. 最大

5. "商场如战场"意味着在商务谈判中,谈判双方是(　　)。

A. 完全对立　　B. 不能包容

C. 可以求大同,存小异　　D. 不能让步

四、多项选择题

1. 商务谈判的准备阶段的工作包括(　　)。

A. 确定谈判目标　　B. 制订商务谈判计划

C. 制订双赢方案　　D. 收集信息

2. 双赢的商务谈判标准是(　　)。

A. 谈判的方式讲究效率

B. 谈判气氛热烈

C. 谈判可以改进或至少不会伤害谈判各方的关系

D. 谈判要达成一个明智的协议

3. 商务谈判计划包括(　　)等内容。

A. 谈判的时间、地点　　B. 谈判团队人员的构成

C. 谈判目标　　D. 谈判方法与策略

E. 谈判双方的利益分析或实力对比

4. 调查谈判对手的资信情况包括对(　　)。

A. 对方参与谈判人员的家庭状况进行调查

B. 谈判对手的合法资格进行调查

C. 谈判对手的资本、信用情况进行调查

D. 谈判对手的商业信誉及履约能力情况进行调查

E. 对方参与人员的个人资产进行调查

五、简答题

1. 为什么在谈判前要做充分的准备？
2. 谈判前需要做哪些主要的准备工作？
3. 谈谈知己知彼的重要性。
4. 如何获得有关谈判对手的信息资料？

实践课堂Ⅰ

(1) 实践目的：主要了解批量订购的优惠价格以及产品的质量与到货情况。

(2) 实践内容：黑天鹅商场要从海尔集团采购海尔王子节能冰箱300台。以黑天鹅商场的身份对海尔集团进行背景和资信调查。

(3) 实践要求：品牌不用调查；新产品的使用性能和具体节能参数要细致调查，可否接受分期付款，一次付清与分3次付清的价格差别。

实践课堂Ⅱ

(1) 实践目的：检查知识的掌握程度，锻炼询价比价的能力。

(2) 实践内容：你是来自某建筑公司的采购部门主管，请就铝合金门窗产品向四个厂家询价，并做分析。

(3) 实践要求：认真、涉及面要广一些，包括门窗的规格、尺寸、质量等并列表分析。

第四章 商务谈判的开局阶段

【学习目标】

(1) 了解商务谈判开局前的礼仪,掌握商务谈判开局前的环节。

(2) 明确掌握商务谈判开局主动权的重要性,掌握开局过程的策略。

◆ 引导案例

中日韩区域经济合作谈判

2020年5月24日,中方表示要力争在年内完成中日韩自贸谈判,签署《区域全面经济伙伴关系协定》(RCEP),深化经济融合,中方继续坚持多边主义和自由贸易,减免关税、取消壁垒、相互开放市场。

当前,由于全球贸易和投资的大幅下滑,如果RCEP成功签订,将催生出世界最大的自由贸易区,这将为全球经济复苏注入动力。2019年11月,第三次RCEP领导人会议召开,会议发表了领导人声明,除印度之外的15国已经结束了协定文本的谈判,实质性结束了所有市场准入谈判,要求各方对文本进行法律审核,以便2020年能够签署协定。

在新冠肺炎疫情和中美经贸冲突的双重影响下,全球经济和中国经济都面临着巨大的下行风险,全球经济正在滑向衰退,甚至有可能触发经济危机或金融危机。但与此同时,每一次经济危机都有力地促进了区域经济合作和区域经济一体化的进程,从1997年亚洲金融危机到2008年全球金融风暴都是如此。

在当前的国际形势下,大力推动区域经济合作和区域一体化,既能够捍卫世界贸易组织多边贸易体制框架,同时,可以从区域的层面进一步提升贸易投资自由化和便利化,让所有合作伙伴享受发展的红利,享受到全球化带来的好处。

放眼当前的全球经济大格局,北美经济圈和欧洲经济圈都已经形成了一体化的发展平台,唯独东亚经济圈目前还缺乏一体化的机制性经济合作平台。因此,RCEP的签署就成为了当务之急。

1. RCEP谈判进程

RCEP由东盟10国于2012年发起,邀请中国、日本、韩国、澳大利亚、新西兰、印度6个对话伙伴国共同参加,旨在通过削减关税及非关税壁垒,建立统一市场的自由贸易协定。协定达成后,将成为全球涵盖人口最多、最具潜力的区域自贸协定之一。

2020年疫情的发生,确实对RCEP有关谈判、一些会议组织产生了影响。但是RCEP成员完善了工作计划,刚开始召开一些面对面会议,现已改为视频会议,加大了视频会议开会频率,现在RCEP相关谈判磋商还在正常进行,比如对极少量遗留问题,各方都在紧锣密鼓地谈判。

泰国贸易谈判厅副厅长兼泰国 RCEP 首席谈判代表表示，由于各国采取了旅行禁令，近期的 RCEP 会议改为通过视频进行。泰国贸易谈判代表在过去两个月中完成了许多谈判问题，速度更快，节省了时间和成本。

新加坡贸易和工业部长陈振声也表示，虽然这对有关谈判工作造成了一定的影响，但是 RCEP 贸易协定仍有望于 2020 年年底正式签署。

当前 RCEP 的谈判进展，对于文本的法律审核，现在已经完成了将近 80%，目标是在 6 月底之前能够完成。

2. RCEP 谈判的意义

RCEP 的重要性在于它将把东南亚这一极具活力的新兴市场同中国的庞大市场以及大洋洲紧密地衔接在一起，也把东北亚和东南亚有机地整合在一起，从而创造出一个人口规模最多、市场规模最大的区域经济合作平台。

全球经济正在逐渐衰退，东亚各国都有抱团取暖的紧迫需求。中、日、韩、东南亚和澳大利亚、新西兰已经构建出了全球著名的东亚生产网络体系，各国已经建立了唇齿相依的合作关系。因此，在目前的形势下，RCEP 对各方的紧迫性都是在增强的。

RCEP 成员国原本就经济发展水平参差不齐，市场差异度显著，这也是谈判进行了 8 年还没有完成的原因之一。在疫情的冲击之下，各国经济贸易受到严重冲击，这可能会给其国内法律审核进程带来影响。此外，印度是否会重返 RCEP 谈判，也是一个问题。

RCEP 对推动区域贸易和全球贸易具有重要意义。2019 年全球制造业 PMI 均值为 50%左右，靠近荣枯线，低于之前，说明全球制造业正在下行，世界经济发展已经受到严重拖累。世界贸易组织(WTO)预计 2020 年全球商品贸易将下降 13%～32%，国际货币基金组织(IMF)预测今年世界经济将出现大萧条以来最严重的衰退。

在世界经济发展动能不足的背景下，RCEP 的达成将大幅降低关税和非关税壁垒，有利于区域贸易水平的提升。在关税方面，RCEP 的签署国将在 5 年至 10 年内去除 90%以上产品的贸易壁垒。除货物贸易外，RCEP 还将带动服务贸易发展，包括跨境电商。

资料来源：益达. 中日韩自贸区有利于亚洲地区经济发展[EB/OL]. 2020-07-25[2020-11-08]. https://www.sohu.com/a/409602748_120325604.

启示：从长远发展看，RCEP 和全面与进步跨太平洋伙伴关系协定(CPTPP)将是我们走向亚太自由贸易区(FTAAP)的两个关键路径。从这个角度来讲，RCEP 将成为一个有中国参与的非常关键的亚太区域合作机制。目前，日本、澳大利亚、新西兰、新加坡等国家已经签署了 CPTPP，美国、加拿大、墨西哥也达成了新的自贸协定，这些大的区域贸易协定会给其他国家造成一定的负面溢出效应。对那些无法满足 CPTPP 要求的东盟国家来说，RCEP 是一个更加现实的选择，可以通过这个协定参与区域经济一体化。

RCEP 所在区域的贸易和投资占到全球经济的 30%左右，因此，从供应链的角度来说，这个协议对供应链更加紧密地整合也有重要意义。以电子产业为例，日本处于上游，韩国处于中游，中国处于下游，RCEP 和中日韩 FTA 将促进这一产业链向更加稳定、开放和高效的方向发展，从而提升亚洲电子产业的国际竞争力。

第一节　开局前的礼仪

商务谈判的开局就是要为成功的谈判设立良好的开端。谈判就像下棋，开局就要占据有利位置，好的开始是成功的一半，在谈判中，开局阶段往往决定了整个谈判的基调。

开局阶段主要指谈判双方见面后，在进入具体实质性交易内容讨论之前，相互介绍、寒暄，以及就谈判内容以外的话题进行交谈的那段时间和过程。

谈判的开局是谈判双方第一次亮相，是整个商务谈判的起点，它的好坏在很大程度上决定着整个谈判的走向和发展趋势。因此，一个良好的开局将为谈判成功奠定坚实的基础，谈判人员应给予高度的重视。

礼仪是在社会生活中，约定俗成的一套符合自己民族或地区特点的心理习惯和行为习惯，以此来表现的律己敬人的过程，是人们在社会交往活动中应共同遵守的行为规范和准则。礼仪涉及穿着、交往、沟通等内容。

在谈判开局，礼仪主要表现在谈判人的服饰、举止和谈吐方面。谈判人的服饰会对对方的情绪和谈判气氛产生微妙影响，拉近和对方的距离，会提高个人的魅力，谈判开局前的礼仪主要包括下几个方面。

一、谈判人员的仪容、仪表、仪态

商务谈判中，谈判人员的仪容、仪表、仪态会对谈判产生重要的影响，因此，为了商务谈判能成功地进行，谈判人员必须重视仪态、仪表。在商务活动中，仪表会首先通过人的感官作用于人的心理，形成认可或否定的判断，并由此产生愉悦或讨厌的情感活动。因此，商务人员的仪表给人留下的是第一印象，第一印象对以后的商务交往活动能够产生巨大的影响。

（一）仪容

仪容是指社交场合中，身体不着装的部位，主要指头、头发、脸、手脚等部位。在仪容方面要遵循的两个原则就是仪容干净、整洁和修饰。女性在商务谈判中，以适宜的淡妆来装扮自己，既是对宾客的尊重，也是对自我形象和人格的尊重。

（二）仪表

仪表是指人的外表，包括服饰、形体容貌、修饰（化妆、装饰品）、发型、卫生习惯等内容。在政务、商务、事务及社交场合，一个人的仪表不但可以体现他的文化修养，也可以反映他的审美趣味。

穿着得体，不仅能赢得他人的信赖，给他人留下良好的印象，而且还能够提高与人交往的能力。相反，穿着不当，举止不雅，往往会降低了你的身份，损害你的形象。仪表与个人的生活情调、文化素质、修养程度、道德品质等内在修养有密切联系。

1. 容貌、形体、表情

人的容貌应该包括两个方面的内容：一是长相，虽然说长相是天生的，但后天的修饰是必不可少的，很多时候后天的修饰更重要；二是精神面貌，乐观的情绪和饱满的精神面貌是可以感染人的。

一个人的眼睛、眉毛、嘴巴和面部表情肌肉的变化，能体现出一个人的内心，对人的语言起着解释、澄清、纠正和强化的作用。目光眼神是脸部表情的核心,能表达最微妙的表情差异。

在社交活动中,要用眼睛看着对方的三角部位,这个三角是以两眼为上线,嘴为下顶角,也就是双眼和嘴之间,当你看着对方这个部位时,会营造出一种社交气氛。切忌表情紧张、左顾右盼、眼神不定。

微笑可以表现出温馨、亲切的表情,能有效地缩短双方的距离,给对方留下美好的心理感受,从而形成融洽的交往氛围,可以反映本人高雅的修养、待人的至诚。微笑有一种魅力,在社交场合,微笑可以吸引别人的注意,也可使自己及他人心情轻松些,但要注意,微笑要发自内心。

2. 服饰、佩饰

服饰对人的仪表起到修饰作用,是首先进入人们眼帘的,特别是与人初次相识时,由于双方不了解,服饰能反映人们的地位、文化水平、审美意识、修养程度和生活态度等。服饰通过形式美,达到改变或影响人体仪表的目的,使人体趋向完美。

商务谈判中,谈判人员穿衣要得体,这是最基本的要求。服饰能显示出个人的审美和性格特征。服饰式样过时,人家会认为你刻板守旧,太过超前会让人觉得轻率固执、我行我素,这两种情况都会让人得出"此人不好接近"的结论,自然会影响社交中的形象。

服饰要与周围的环境、着装人的身份、身材协调。谈判场所男士要着深色西装,以示庄重、自尊。通常穿黑皮鞋,袜子的颜色与西装一致或深于西装。衬衫、西服领带、鞋袜,全身的颜色不应超过三种。女性在商务谈判场合,春秋季节应穿西装或西装套裙。一般的会谈中可穿普通的毛衣套装。夏季可穿长短袖衬衫配裙子或裤子、连衣裙等,裙外可加开衫。女装要注意不可以露、透、紧。

在佩戴饰品方面,一般男士不要佩戴任何首饰之类的装饰品,但可佩戴手表。

(三) 仪态

仪态指人的行为中的姿势与风度。姿势包括站立、行走、就座、手势和面部表情等,风度是内在气质的外部表现。仪态可通过适当的训练加以提高,在礼仪动作的训练中达到提高个人仪态、风度的目的。具体的站姿、坐姿、走姿,见第七章第一节。

二、谈判语言

1. 开局阶段的语言针对性要强

开局时,双方的语言都是表达自己的愿望和要求的,谈判语言的针对性要强,做到有的放矢。模糊的语言,会使对方疑惑、反感,降低己方威信而成为谈判的障碍。针对不同的商品、谈判内容、谈判场合、谈判对手,要有针对性地使用语言,才能保证谈判的成功。

例如,对脾气急躁,性格直爽的谈判对手,运用简短明快的语言可能受欢迎;对慢条斯理的对手,则采用春风化雨般的倾心长谈可能效果更好。在谈判中,要充分考虑谈判对手的性格、情绪、习惯、文化以及需求状况的差异,恰当地使用有针对性的语言。

2. 谈判中的语言要委婉

比如,在否决对方要求时,可以这样说:"您说的有一定道理,但实际情况稍微有些出入。"然后不露痕迹地提出自己的观点。这样做既不会有损对方的面子,又可以让对方心平气和地认真倾听自己的意见。其间,谈判高手往往努力把自己的意见用委婉的方式伪装成对方的见解，以增强说服力。在自己的意见提出之前，先问对手如何解决问题。

当对方提出问题以后，若和自己的意见一致，要让对方相信这是他自己的观点。在这种情况下，谈判对手有被尊重的感觉，就会认为反对这个方案就是反对他自己，因而容易达成一致，获得下一步的谈判成功。

3. 注意辨别语言上的差异

语言差异会导致信息被错误地理解。一般人只能理解相同文化背景的讲话者讲话内容的 80%～90%，这意味着 10%～20%的信息被误解或听错了。可以想象，当一个人讲第二语言时，误解或听错的百分比将会急剧上升。当第二语言能力有限时，甚至整个会话有可能全部被误解。

4. 注意非语言信息的差异

行为方面的文化差异往往较为隐蔽，很难意识到。当外国谈判者发出不同的非语言信号时，具有不同文化背景的谈判对手极易误解这些信号，而且意识不到所发生的错误。商务谈判中，谈判者通过姿势、手势、眼神、表情等非发音器官来表达的无声语言，往往在谈判过程中发挥重要的作用。在有些特殊环境里，有时需要沉默，恰到好处的沉默可以取得意想不到的良好效果。

5. 巧妙地说服改变他人的想法

说服也是谈判语言中的一种技巧。但是，人们对说服的认识、说服方式的选用往往因文化而异。在注重垂直型地位关系的文化中，人们往往趋向于将较多的时间和精力花在寒暄以及与工作相关的信息交流上，说服阶段要“争论”的内容就很少。即便进行说服，出于保全面子的心理，往往会选择含蓄或私下的交流方式，而且说服的方式和结果还与地位关系有关。

三、谈判举止

谈判开局时谈判人员立、坐、行、握手的态度和表现会对谈判产生一定的影响。谈判人的举止也是谈判的非语言表现形式。谈判开局时人的举止能够表现出不同的情绪和心态，诸如信心、兴趣、疲惫、失望、冷漠、热情等。进入室内场所均应摘去帽子和手套，脱掉大衣、风雨衣等。在室内外，一般不要戴墨镜。

1. 宾客的举止

参加谈判一方的全体人员为宾客时，应缓步进门，环视房间所有人并依主人的位置安排确定自己的走向。可反映出谈判人员的修养、稳重与成熟。当室中无人时，自己可在陪同面前漫步房间，或选择面对门的一边中间位置坐下，等主人进门后，可站起来隔桌伸手相握，若桌子很宽，可与主人同时绕桌子相对而行，在中间相遇握手致敬，这样可表达礼貌、自信与自重。

2. 主人的举止

站在门前迎宾，引导客人入座，自己走在后边轻步入席。表现出礼貌、尊重和热情。若晚到会场，应疾步入门，眼睛搜寻主宾，边走边伸手向主宾致意。这反映歉意、诚意与合作的意思，同时不因迟到，让来宾感到冷淡、怠慢而影响谈判情绪。

小贴士

如果在谈判前与人交谈,要注意角度和距离,西欧一些国家认为,两个人交谈的最佳距离为一米,但意大利人经常保持在0.3～0.4米。然而,从卫生角度考虑,交谈距离应超过一米。

另外,在交谈中,如偶然咳嗽要用手帕遮住口鼻,不要随地吐痰。谈判双方接触的第一印象十分重要,言谈举止要尽可能创造出友好、轻松的谈判气氛。手是形体语言最丰富的部位,因此,在谈判中应该很好地运用手势语言。

在谈判开始时,握手的力度、时间、先后、眼神和个性对谈判的气氛均会产生影响。关于握手的力度,除极少数谈判手的个性特征——握手使劲大的以外,一般均有讲究。在一般情况下,握一下即可,不必用力。对待老朋友,握手力度会大些,对于异性谈判对手,除了老朋友可以握手重一些外,一般不宜过重,应只轻轻地握到为止,这反映了一种绅士风度。

对于握手的时间,一般老朋友之间握手的时间较长,长辈与晚辈握手时间可略长,年轻者对年长者、身份低者对身份高者应稍稍欠身,双手握住对方的手,以示尊敬。握手通常是由主持谈判者先握手,旁边的助手不能先握手致敬。

作为主谈人,握手一定不要遗漏对方成员,以表现礼貌周到,对人平等。握手时,双眼应看着对方以交流感情,切忌握手时两眼看别处,这是不敬的行为。

自我介绍时要自然大方,不可露傲慢之意。被介绍到的人应起立一下微笑示意,可以礼貌地说"幸会""请多关照"等。询问对方要客气,如"请问尊姓大名"等。如有名片,要用双手接。介绍完毕,可选择双方共同感兴趣的话题进行交谈。

稍作寒暄,以沟通感情,创造和谐的气氛。此外,有些国家还有一些传统的见面礼节,如在东南亚信仰佛教的国家,见面时双手合十致意;日本人行鞠躬礼;我国传统的拱手行礼。这些礼节在一些谈判开局时也可使用。

小贴士

商务活动中的个人形象六要素

(1) 仪容:指一个人形体的基本外观。

(2) 表情:通常指一个人的面部表情。

(3) 举止:指的是人的肢体动作。

(4) 服饰:是对人们穿着的服装和佩戴的首饰的统称。

(5) 谈吐:指一个人的言谈话语。

(6) 待人接物:是指与他人相处时的表现,即为人处事的风格。

第二节 谈判开局的环节

谈判开局期又称破冰期,对整个谈判过程有着重要的影响。开局前,要根据谈判任务的需要,对谈判人员进行合理的分工,根据参加谈判人员的专业、能力、特长等分配角色,使每个参加谈判的人员明确自己承担的角色和所起的作用。

谈判进行中，可根据谈判需要对人员进行调整，以谈判效果最佳为原则。每个角色要明确谈判中应完成的工作任务，如开始谈什么，由谁切入主题，怎样提出问题，取得什么样的效果等。

谈判开局应抓好这几个环节：介绍、入座、开场白和创造气氛。

一、相互介绍

可以自我介绍，也可由双方的主谈人向对方介绍己方的谈判人员。

交换名片也是相互介绍的一种形式，在介绍时完成。有人说，名片像一个人的履历表，递送名片的同时，也是在告诉对方自己是谁、公司具体名称及如何联络等。由此可知，名片是每个人最重要的书面介绍材料。

除非对方要求，否则不要在主谈人之前主动出示名片。在送给别人名片时，应双手递出，面露微笑，眼睛看着对方；在接受对方名片时，也应双手接回，还应轻声将对方的姓名等读出，然后郑重地收存好。交换名片时如果名片用完，可用干净的纸代替，在上面写下个人资料。

介绍次序为：主人先介绍自己一方人员，可按职位从高到低进行介绍，也可从资格最老的先介绍起，并从外单位(其他公司/企业)介绍到本单位。可总结为三个次序原则：职位次序、资历次序、内外次序原则。

介绍应以真心赞扬和充满敬重的语气，例如：这是×××专家，他将负责与贵方谈判某方面的问题；那是×××前辈，在××方面经验丰富，将负责我方××××方面的技术问题。借以抬高参加人员的地位，表达出主持人的修养和信心，同时也是一种铺垫，使对方不敢小看助手，使助手在心理上鼓起独立作战的信心。

二、入座

安排谈判人员入座时，应注意以下三点。

1. 排座

主谈人应居中，其他人依职务高低向两边扩展而坐。靠桌边的座位不够时，主要助手坐第一排，其他人员安排在后一排。而不宜安排到对方身后去坐。偶尔与对方同排而坐时，先征求一下意见或打个招呼，例如，“贵方人少，我方人多，可否让这几位坐到贵方一边”，一定要在对方同意后，再落座为佳。

2. 距离

双方主谈人入座应正面相对，不宜斜对。斜对距离较远，不适合对话。对面而坐的距离虽然依谈判桌而定，但不宜太窄，否则太近了，既显得拥挤，也不便翻阅资料、书写笔记，若想现场商量对策几乎不太可能，感觉回旋余地小，另外笔记本上的记录容易被对方窥视。一般性会见，双方主谈人可并排落座沙发，距离仅咫尺之隔。

3. 面向

选择座位朝向的原则是有利于集中注意力。与宴会上的“正座”有不同之处，选择标准也不同，字画、屏风、门厅可以区别正座与次座。在多次谈判的情况下，开局谈判座位定下后，在以后谈判时就自动按原位入席。

三、开场白

谈判开始的第一席话称为开场白。谈判开局时,开场白很重要,它直接反映主持人的水平和角色。好的开场白有两个标准:作用的发挥与时间的适度。原则上,开场白可长可短,但有个恰到好处的问题。太长,让人感到不切正题、浪费时间;太短,会失去渲染气氛的机会,使人觉得仓促,意犹未尽。

一般来说,若双方为老朋友,稍事叙旧之后即可进入具体内容的会谈;若是初次见面,时间会长些,因为先要彼此认识、寒暄,然后需相互沟通对所谈问题的理解,有时还要做宏观背景介绍(公司情况、交易性质、意义等)。

有时必要的寒暄也是不可缺少的,是为了建立关系或者彼此相识而进行的与谈判"正事"有关的所有活动,如安排参观游览,看特色演出等,目的是借此了解客户的背景和兴趣,从而为选择适当的后续沟通方式提供重要线索。

发表谈判的开场白时,表情要自然,语言和气亲切,表达得体。

松下在寒暄中失去先机

日本松下电器公司创始人松下幸之助先生刚"出道"时,曾被对手以寒暄的形式探测了自己的底细,因而使自己产品的销售大受损失。

当他第一次到东京,找批发商谈判时,刚一见面,批发商就友善地对他寒暄说:"我们第一次打交道吧?以前我好像没见过你。"批发商想用寒暄托词,来探测对手究竟是生意场上的老手还是新手。松下先生缺乏经验,恭敬地回答:"我是第一次来东京,什么都不懂,请多关照。"

正是这番极为平常的寒暄答复却使批发商获得了重要的信息:对方原来只是个新手。批发商问:"你打算以什么价格卖出你的产品?"松下又如实地告知对方:"我的产品每件成本是 20 元,我准备卖 25 元。"

批发商了解到松下在东京,人地两生,又暴露出急于要为产品打开销路的愿望,因此趁机杀价,"你首次来东京做生意,刚开张应该卖得更便宜些。每件 20 元,如何?"结果没有经验的松下先生在这次交易中吃了亏。

资料来源:邢誉严.商务谈判经典案例[EB/OL].2013-11-26.[2020-07-08].https://wenku.baidu.com/view/1caa69265f0e7cd1842536e9.html.

启示:一个有经验的谈判者,能透过相互寒暄时的那些应酬话去掌握谈判对象的背景——对方的性格爱好、处事方式,谈判经验及作风等,进而找到双方的共同语言,为相互间的心理沟通做好准备,这些都对谈判成功有着积极的意义。该案例说明,在谈判前营造良好的氛围对于成功地进行谈判是十分必要和有效的。

四、创造良好的气氛

谈判开局的要求之一是创造良好气氛,使谈判双方均能一开始就满怀善意,抱着乐观、友好的态度与对手谈判，友好和谐的气氛能使谈判双方相互信任，对谈判的进展起到有效的推动作用。谈判气氛对谈判进程是极为重要的，谈判人员要善于运用灵活的技巧来影响谈判气氛的形成。只有建立一种诚挚、轻松、合作的洽谈气氛，谈判才能获得理想的结果。

（一）商务谈判气氛的类型

在商务谈判的实践中，洽谈气氛各具特色，主要有以下几种类型。

(1) 积极友好、和谐融洽的谈判气氛。

(2) 平静、严肃、拘谨的谈判气氛。

(3) 冷淡、对立、紧张的谈判气氛。

(4) 松弛、缓慢、旷日持久的谈判气氛。

不同的洽谈气氛对谈判效果的影响是不言而喻的。某种谈判气氛可以在不知不觉中把谈判朝某个方向推进。比如，热烈、积极、合作的气氛，会把谈判向达成一致意见的方向推进；而冷淡、对立、紧张的气氛则会把谈判推向一个严峻而困难的境地。

谈判人员应很好地研究、分析谈判气氛的类型特点，并结合己方的谈判目标加以灵活运用。

气氛会影响谈判人员的心理、情绪和感觉，从而引起谈判双方相应的反应，如果不加以调整和改变，双方的反应不一定有利于谈判。因此，在谈判一开始，建立起一种合作的、诚挚的、轻松的、认真的和解决问题的气氛，对谈判可以起到十分积极的作用。

谈判双方刚见面时寒暄、客套并不能完全决定谈判的气氛，这仅仅是表面现象而已。谈判人员的指导思想才是决定谈判气氛的实质内容，正是谈判人员整体策划决定的谈吐、目光、姿态、各种动作的形式造成了各不相同的谈判气氛。

（二）商务谈判开局气氛的营造

影响谈判气氛的因素很多，但谈判开始的瞬间状况对谈判气氛的影响最为强烈，它奠定了谈判的基调。此后，谈判的气氛波动比较有限。因此，为了创造良好的合作氛围，谈判人员应当注意以下几点。

1. 有所准备

谈判前，谈判人员应安静下来再一次设想谈判对手，设想即将见面的情况。谈判双方是什么样的人？若是从未见过面的人，则可根据已掌握的情况来设想一下。诸如，他的工作和个人生活有什么特点？他需要什么？他在企业中处于什么地位？他属于哪种类型的人？是心胸开阔、慷慨大方、小心谨慎、墨守成规、不守信用还是妄自尊大、盛气凌人？谈判前，这些问题应该在脑中过一遍，有助于调整自己的心态。

2. 注意行为与态度

谈判人员应该径直步入会场，以开诚布公、友好的态度出现在对方面前。肩膀要放松，目光的接触要表现出可信、可亲和自信。心理学家认为，谈判人员心理的微妙变化都会通过目光而表现出来。

3. 保持轻松自信

行为和说话都要轻松自如，不要慌慌张张，可适当谈些轻松的、非业务性的中性话题，如来访者旅途的经历，体育表演或天气情况，私人问候以及以往的共同经历和取得的成功等，此时应不带任何威胁的语调，不要涉及个人的隐私，使双方找到共同语言，为心理沟通做好准备。

有些人认为主动制造友好、合作的气氛是多余、求人的表现。其实这是误解。态度冷漠、生硬,不能表现出自己会高出对方一筹,并获得利益。无数事实证明,在需要各方认可的交易中,高傲自大、不注重礼仪的言行只会把对手拒于千里之外,使双方的谈判立场更难接近。

所以,努力创造良好气氛,表现出来的是双方良好的文化修养、谈判的诚意,其回报将是相互尊重和配合。谈判桌上风云变幻,谈判者要在复杂的局势中左右谈判的发展,则必须要在谈判前研究好对策,争取在谈判开局时有个良好的开端,只有主动创造良好气氛,才能在谈判开局中占据主动权,随机应变,灵活应对,抓住主要问题,选择气氛和谐时开诚布公地提出。

切忌在气氛比较冷淡或紧张时询问,言辞不可过激或追问不休,以免引起对方的反感甚至是恼怒。但对原则性问题应当力争不让。对方回答问题时不宜随意打断,答完时要向解答者表示谢意。避免谈判一开始就出现利益冲突的尴尬局面,影响整个谈判的进程。

谈判之初的姿态动作,对谈判气氛会产生影响,目光注视对方时,应停留于对方双眼到前额的三角区域正方,这样使对方感到被关注,觉得谈判对手诚恳严肃。手心向上比向下好,手势自然,不宜乱打手势,以免造成轻浮之感。切忌双臂在胸前交叉,那样会显得十分傲慢无礼。

第三节　掌握开局的主动权

进入正式商务谈判之前,人们一般都对商务谈判的进程有一种预期,这种预期往往影响着对谈判进程的控制和谈判策略的选择。要掌握谈判开局的主动权,使谈判从开始就进入到预期的程序中来,一定要考虑到来自不同文化的谈判者在语言及非语言行为、价值观和思维方式等方面的差异,谈判双方的谈判预期也不尽相同,不同的预期又会使这些谈判者在谈判各阶段所花费的时间和精力不同。

一、耐心倾听了解对方

开局时,一般由东道主开谈,要先谈比较容易取得一致的话题,创造良好的谈判氛围,逐渐转入正题,寻求共同点。为此,要认真听取对方陈述,细心观察对方举止表情,思量谈判对手的真正需要和自己的需要,并适当给予回应。这样既可了解对方意图,又可表现出尊重与礼貌,寻求两者结合的路径。

谈判之初的重要任务是摸清对方的底细。缺乏经验的谈判者,其最大弱点是不能耐心地听取对方发言,认为自己的任务就是谈自己的情况,说自己想说的话和反驳对方的反对意见。因此,在谈判中,尤其是开局时,他们总在心里想自己下面该说的话,不注意听对方发言,许多宝贵信息就这样失去了。

成功的谈判者,在谈判时会把50%以上的时间用来耐心倾听对方发言。边听、边想、边分析,并不断向对方提出问题,以确保自己能准确地理解对方。仔细倾听对方说的每一句话,而不仅是听取他们认为重要的,或想听的话,因此能获得大量宝贵信息,增加了谈判的筹码。

有效地倾听可以了解对方的需求，找到解决问题的办法，修改发盘或还盘。“谈”是任务，而“听”则是一种能力。“会听”是任何一个成功的谈判者都必须具备的条件。

在谈判开局中，要尽量鼓励对方多说话，并提问题请对方回答，使对方多谈他们的情况，尽可能多地了解对方的目的、要求。另外，彼此都应维护和促进和谐的气氛，应诚恳地交流思想，求同存异，且莫因小失大，适当选择中性话题，以求缩短双方感情距离。

谈判的目的是要达成双赢方案。然而在现实生活中，一个要榨橘子汁，而另一个要用橘子皮烤蛋糕的情况毕竟太少见了。讨价还价事关双方利益，容易因情急而失礼，因此更要注意保持风度，应心平气和，求大同，容许存小异。

谈判中的语言应文明礼貌。既要在谈判桌上占上风，同时让对方觉得自己也赢了。谈判和下棋最大的区别在于，谈判开局时，对方不知道这些规则，只能推测各自的思路。棋手把象棋中的这几步战略性走法称为“棋局”。开局时要让棋盘上的局势有利于己方。中局要保持己方的优势。进入残局时利用己方的优势，将住对方，用在谈判上就是要对方同意自己的条件。

二、巧提问题进行观察

开局谈判的一个重要技巧是巧提问题。通过提问不仅能获得平时无法得到的信息，而且还能证实以往的判断。如在国际商务谈判中，出口商用开放式的问题（即答复不是“是”或“不是”，而是需要特别解释的问题）来了解进口商的需求，因为这类问题可以使进口商自由畅谈他们的需求。

例如：“Could you tell me more about your company?”“What do you think of our proposal?”对外商的回答，要把重点和关键问题记下来备用。接下来己方可继续发问，直到完全了解竞争对手的发盘，然后可向对方说明己方的发盘是不同的，实际上要比竞争对手发盘的条件更优惠。

如果对方给予模糊的回答，如：“No problem.”，己方不要接受，而应请对方做具体回答。此外，在提问前，尤其在谈判初期，应征求对方同意，这样做有两个好处：一是若对方同意己方提问，就会在回答问题时更加合作；二是若对方的回答是“Yes”，这个肯定的答复会给谈判制造积极的气氛并带来一个良好的开端。

谈判开局形势的变化有时是难以预料的，往往会遇到一些意想不到的尴尬事情，要求谈判者具有灵活的语言应变能力，并采用合适的应急手段，巧妙地摆脱困境。当遇到对手逼你立即做出选择时，你若是说“让我想一想”“暂时很难决定”之类的语言，便会被对方认为缺乏主见，从而在心理上处于劣势。此时可以看看表，然后有礼貌地告诉对方：“真对不起，我得出去一下，与一个约定的朋友通电话，请稍等五分钟。”于是，便可以很得体地赢得五分钟的思考时间。

三、谨慎对待对手的诚意

谈判开局是一项很复杂的人类交际行为，它是伴随着谈判者的言语互动、行为互动和心理互动等多方面、多维度、错综复杂的人际交往行为。谈判行为从某种意义上说可以看成是人类众多游戏中的一种既严肃而又充满智趣的游戏行为。参与者在遵守一定的游戏规则中，各自寻找那个不知会在何时、何地、何种情况下出现的谈判结果。

美国谈判学会主席、谈判专家尼尔伦伯格说,谈判是一个"合作的利己主义"的过程。寻求合作的结果双方必须按一个互相均能接受的规则行事,这就要求谈判者应以真实身份出现在谈判过程的每一环节中,谈判开局尤为重要,从一开始就要去赢得对方的信赖,继而把谈判活动进行下去。

谈判行为是一个寻求互相合作的过程,坐在谈判桌前进行磋商,双方都应是带着诚意而来,否则谈判活动没必要也不可能开展。

根据马斯洛和尼尔伦伯格的需要理论,谈判目标是属于人类的自我实现的需要,它是建立在满足较低层次的需要的前提下,才得以实现。因此,作为东道主的热情接待,安置舒适安全的环境,谈判前的寒暄、私下的友好往来,谈判过程中的温、谦、礼、让都应是真诚的。除非想刺伤对方,故意造成谈判破裂,才会把这些事情往坏了做。

在谈判活动中,谈判人员承受真诚的能力是因人而异的。一些老练的谈判者会利用谈判对手在真诚面前的脆弱心理承受力,假意逢迎迷惑对手。据说日本商人在一些商务谈判中就经常运用此策。他们派专人到机场恭迎你,然后带你到高级宾馆下榻,又非常热情地宴请款待,在谈判对手需要洗漱休息时,又会特意安排一些娱乐活动。每一句话,每一个行动看上去都是极其真诚的,让人盛情难却,直到谈判对手疲惫至极,还没充分恢复时,他们又提出进行谈判。往往使对手哑巴吃黄连,有苦说不出。不能抱怨什么,因为他们的盛情,既难以推却又难以承受。

在谈判中我们还经常看到一些对手,他们富有"涵养""修养",对我们极其尊重。他们不仅没有提出异议,甚至还口口声声"按您的意思很好""就您的威望来说我们不敢提出异议"等,毕恭毕敬。这种情况貌似对方顺从我意,实则是假意逢迎,利用满足对手的自尊心,滋长对手的虚荣心,在不给对手任何实惠的掩藏下,实现其目的。言多必失,一旦失口你还迫于维护面子,只得拱手相送。所以在谈判中我们应提高警惕,不能被表面的虚情假意所迷惑。

在谈判中,人的情感表露对谈判能产生重要影响。当然,我们期待谈判对手的感情表露能有助于谈判的顺利进行。例如,你的谈判对手刚刚达成一笔交易,使他在谈判中不禁喜形于色。对方高昂的情绪可能就使得谈判非常顺利,很快达成协议。然而,有时会碰到个别不如意的对手,情绪低落,甚至可能对你大发雷霆。我们偶尔在商店也会碰到,个别顾客由于售货员出售的货物质量问题或其他的原因而发生争执,大发脾气,售货员觉得不是自己的问题试图解释,而客户却根本听不进去,不但要求退货,而且继续大吵大闹,有时甚至双方会发生激烈的口角。

在谈判中有时双方都难以抑制感情泄露。人的情绪还有一定的传染性。有时处理不当,矛盾激化,使谈判陷入僵局。双方为了顾及"脸面"而绝不让步,结果双方很难再合作下去。在商务交往中,人的情绪高低可以决定谈判的气氛,如何对待谈判者的情感表露,特别是处理好谈判者低落的情绪,甚至是愤怒的情绪,对今后双方的进一步合作有深远的影响。

因此,正确对待和把握谈判者的感情表露,是谈判人员应注意的问题。在谈判中要关注和了解对方的情绪,控制自己的情绪,让对手的情绪得到发泄,使用象征性的体态语言缓解情感冲突,在对方情绪激动时,采取合理的方法平息他过激的情绪,不要刺激对方,以保证谈判能如期顺利地进行。

总结:开局阶段也通常被称为"破冰"阶段,谈判双方在这段时间内相互熟悉、了解,对于正式谈判的开始起到了铺垫作用和充分的准备。"破冰"期的长短要根据谈判性质和谈判期限的长短来确定。

一般说来,“破冰”期控制在谈判总时间的5%之内是比较合适的。比如,在长达5个小时的谈判中,用15分钟的时间来“破冰”应该是足够了。如果需要进行多轮谈判,并要持续数日,则“破冰”的时间相应也要增加。

商务谈判双方,有时会因为彼此的目标、对策相差甚远而在一开局就陷入了僵局。这时,双方应努力先就会谈的目的、计划、速度和人物达成一致意见,这是掌握好开局过程的基本策略和技巧。

若对方因缺乏经验,而表现得急于求成,即开局一开始就喋喋不休地大谈实质性问题,这时应巧妙地避开其要求,把话题引到谈判的目的、计划、速度和人物等基本内容上来,这样双方就很容易合拍了。

当然,有时候谈判对手出于各种目的,在谈判一开始就唱高调,我方可以利用其高调让其拿出行动来,也可推动谈判。总之,不管出现什么情况,谈判者应有意识地创造出“一致”感,以免造成开局即陷入僵局的局面,创造良好的开局气氛。

课后案例

锦江国际收购卢浮酒店的谈判

2014年11月12日,锦江国际和美国喜达屋资本集团联合公布,双方已就喜达屋资本出售卢浮集团和全资子公司卢浮酒店集团100%股权签署相关协议。

这是继2010年,锦江国际集团成功收购北美洲最大的独立酒店管理公司洲际酒店之后,其谋求全球布局跨国经营的又一重大步骤。经此一役,锦江国际旗下酒店数将超过2800家,34万间客房,分布全球52个国家和地区,并由此跻身全球酒店排名前8位。

卢浮酒店集团成立于1976年,是欧洲和法国第二大连锁酒店集团,其100%股权由喜达屋资本通过旗下私募股权基金持有,截至2014年6月,卢浮酒店集团布局全球46个国家,拥有、管理和特许经营1115家酒店,91154间客房。6大酒店品牌覆盖1～5星级,在欧洲的核心市场具有高知名度,位于全球领先地位。

锦江国际与其谈判完成后,向旗下经营酒店的上市公司锦江股份发函征询是否作为收购方参与该项目。锦江股份决定收购并在上市公司履行完成法定程序后即与喜达屋签署了《股份购买协议》。

一、寻找资产

2011—2014年,锦江国际频繁寻找海外酒店资产,将眼光转向了欧洲市场。欧元区债务危机过后,诸多中国投资者加大了对欧洲的投资,许多中国企业看到了收购西方消费品牌然后在本土市场扩张的商机。德意志银行整理的数据显示,2010—2012年,中国在欧盟的直接投资存量翻了两番,接近270亿欧元。

2011年,锦江股份旗下的锦江之星连锁酒店和卢浮酒店下的经济型酒店开始品牌联盟。所谓“品牌联盟”,即在约定的范围内,锦江之星和卢浮酒店集团将各自的品牌互相许可给对方,供其在协议规定的期限内无偿使用。为了保证联盟酒店的品质,合作双方都对联盟酒店进行了实地考察和严格的甄选。

根据联盟计划,有15家锦江之星在法国的巴黎、尼斯、里昂、马赛、普罗旺斯、波尔多6

个城市同时亮相。法国成为中国经济型酒店走出国门的第二站，也是锦江之星进入欧洲的首站。锦江之星则在连锁酒店内介绍卢浮品牌，将卢浮酒店品牌引入中国。

2014年，卢浮酒店全资控股方喜达屋集团需要退出。喜达屋集团进入卢浮酒店时有一个合约安排，7年之后必须退出，2014年是其最后一年。锦江国际认为，卢浮酒店与锦江之星战略匹配，本已是全球合作伙伴，在原来合作的基础上达成并购是现实的愿望。但仅仅依仗前期合作基础，他们并无完全胜算。

喜达屋一宣布退出，当时就有66家潜在对手参与竞争，最后经过几轮筛选，留下来6家，而锦江国际是在这6家之外半路进去的。据了解，参与此次竞购的对手包括欧洲第一大酒店集团雅高和众多私募机构。

作为第7家潜在收购方的锦江国际并不愿意同台参加竞价投标过程，国际并购的竞价，非常复杂，价格并不是决定因素，最后的结果往往是，叫价越来越高，但收购成功与否却并不一定。锦江国际决定另辟蹊径，与喜达屋资本单独直接进入实质性股权转让合同谈判。

二、谈判突破

直接进入股权合同转让谈判，这是锦江国际在并购法律流程上的重大突破，也充分利用了现代商业社会的契约原则。

锦江国际避开了一般国际并购过程中先签订备忘录、意向书，然后进行尽职调查，再签订合约最后股权交割的传统流程，如果这样走一遍，就与其他6家没有区别，而可能项目早已被别人收入囊中。喜达屋认为，锦江国际有很强并购诚意，且因有前期合作基础，他们对锦江国际的团队、管理和实力高度认可。即便如此，喜达屋资本与其他6家潜在买家的谈判则并不放弃。

锦江国际与喜达屋资本约定5天5夜连续昼夜实质性谈判，喜达屋的计划是，如果与锦江国际的谈判不成，他们马上就确定其他买家。

2013年3月21日，锦江国际与喜达屋资本签署保密协议，对卢浮酒店集团信息备忘录做初步估值分析。

2013年5月8日，项目取得上海市国资委的项目备案通知，2014年6月，项目取得了国家发改委《境外收购或竞标项目信息报告确认函》。

但问题是，如直接启动股权谈判，如何避免资产交割时的风险？为此，锦江国际同时进行了资产尽职调查。但其方法与传统习惯截然不同。

"我们有两个法律技术条件保证，一是合约谈判的同时，请对方开放数据库，数据库中包括的是资产状况、权属登记、品牌状况、财务状况等。鉴于酒店的全球分布，各国的法律法规又不一样，情况比较复杂，为此，我们邀请国际专业中介分别进入这些数据库，进行验证性尽职调查。二是我们在合约里设计了保证性托底条款及高额违约金，如果对方资产不实，或有其他违约行为，将承担高达10亿美元的违约金，这样确保并购资产的稳定性和合法性，确保收购资产的安全。"锦江国际集团副总裁、总法律顾问王杰介绍。

锦江国际延请财务顾问调查财务和税收数据，法律顾问对品牌和物业权属进行检查，机构从不同的立场，在谈判的同时，对开放的数据库进行尽职调查，弥补前期现场不足。王杰认为，"跨国经营的企业有其信誉体系，数据库的真实性是其企业信誉的证据体现"。

而高额的违约责任条款进一步锁定了并购标的资产真实性。这两项措施也让锦江国际获得各级监管部门的快速批复。

从 2014 年 10 月 29 日起，锦江国际参与喜达屋资本昼夜连续实质性谈判，11 月 3 日，双方终于就协议达成一致，锦江国际集团与喜达屋资本正式签署了《卖出期权协议》和《保证金托管协议》。

谈判完成后，锦江国际立即发函给旗下 2 家经营酒店的上市公司锦江酒店与锦江股份，锦江股份认为这项资产符合该公司发展战略，因此，随后的《股份购买协议》则是由锦江股份与喜达屋资本签署。

锦江国际曾经参与若干项目的收购谈判，但由于各种原因没有最终成功。而对于卢浮酒店，谨慎的锦江国际也于 3 年前开始跟踪。锦江国际最终收购成功，是得益与双方此前的合作基础。喜达屋资本集团是锦江国际旗下香港上市公司锦江酒店 2006 年 H 股上市时的基石投资人，双方高层保持着多年的密切沟通。而卢浮酒店集团和锦江股份在 2011 年即建立了业务合作关系。更重要的是，锦江国际志在必得的决心和其谈判中使用的独辟蹊径的过人技巧，终让其在众多国际竞购者中脱颖而出。

资料来源：锦江国际如何成功并购法国卢浮？[EB/OL]. 2016-05-06[2020-07-08]. https://www.sohu.com/a/73869790_355076.

讨论：

(1) 分析锦江国际与法国卢浮酒店并购谈判成功的原因。

(2) 此案例给中国资本走出国门带来什么启示？

课后作业

一、概念

商务谈判开局　个人形象　开场白　开场陈述

二、填空题

1. 谈判人员的仪表包括________、________、________、________、________。
2. 谈判开局的环节包括________、________、________、________。
3. 谈判开局时要考虑的因素有________、________、________、________、________、________。
4. 仪态是指人的行为中的________与________。
5. 介绍的次序原则是________、________、________。

三、单项选择题

1. 为了创造良好的合作氛围，谈判人员不应该(　　)。

A. 有所准备　　B. 注意行为与态度

C. 保持轻松自信　　D. 冷若冰霜，严阵以待

2. "这笔交易是我们双方的第一次业务交往，希望它能够成为我们双方发展长期友好合作关系的一个良好开端。"这样的语句通常作为谈判双方是(　　)的开场白。

A. 友好关系　　B. 一般关系　　C. 陌生关系　　D. 冷峻关系

3. 开局阶段又称(　　)期。

A. 破冰　　B. 初见　　C. 会晤　　D. 沟通

4. 一般来说，"破冰"期控制在谈判总时间的(　　)之内是比较合适的。

A. 10％　　B. 5％　　C. 20％　　D. 30％

四、多项选择题

1. 开场陈述的内容通常包括(　　)。

A. 我方认为这次会议涉及的问题

B. 我方通过谈判取得的利益

C. 我方的首要利益

D. 我方希望对方做出的让步和商谈事项，我方可采取何种方式为双方共同利益做出贡献

E. 未来的打算

2. 开局谈判的技巧包括(　　)。

A. 要有感染力　　B. 起点高　　C. 不动摇　　D. 沉着应对

E. 咄咄逼人

3. 安排谈判人员入座时，应注意的是(　　)。

A. 排座　　B. 就座　　C. 距离　　D. 面向

4. 谈判语言运用要注意(　　)。

A. 开局阶段的语言针对性要强　　B. 谈判中的语言运用要委婉

C. 辨别语言上的差异　　D. 非语言信息的差异性

E. 巧妙地利用说服改变他人的想法

五、简答题

1. 谈判开局时应注意什么问题？

2. 商务谈判为什么要注重个人形象？生活中你养成注重形象的好习惯了吗？

3. 如何掌握谈判开局的主动权？

4. 开场陈述的内容有哪些？如何表述？

实践课堂

(1) 实践目的：通过模拟初步掌握谈判开局的环节、礼节和策略，锻炼谈判的实际操盘能力。

(2) 实践内容：美国某公司准备直接从陕西机械进出口公司大批进口家庭式割草机，该公司曾经2次小批量进过此货，这次准备订购5种不同规格的割草机。如果你作为主谈人员，请模拟开局谈判。

(3) 实践要求：双方谈判人员不少于6人，多方面沟通了解美方的经营能力和订购的数量金额，并在模拟谈判后分析各自的不足和优点。

第五章 商务谈判的磋商阶段

【学习目标】

(1) 熟悉商务谈判磋商中的报价、还价、让步的基本原则。

(2) 掌握商务谈判磋商中的报价、还价、让步的策略和方式。

(3) 学会运用一定的方法排除谈判障碍。

◆ 引导案例

美英贸易谈判

2020 年 5 月 5 日,美国和英国以远程会议的形式正式启动首轮贸易谈判,并誓言将迅速达成协议。分析人士指出,这是一场不对等的谈判,英国的诉求远多于美国,但同时它又需要在表面上维系两国之间的地位平等,避免被视为一离开欧盟就沦为美国的附庸。

一、校准政治时钟

美国贸易代表莱特希泽和英国贸易大臣特拉斯 5 日发表声明,希望尽快达成贸易协议,来抵御疫情对贸易流动和两国经济的巨大拖累。继 5 日的谈判揭幕大会后,两国代表将于 6 日至 15 日举行首轮谈判,约有 100 名官员参与,涉及商品和服务贸易、电子贸易、双边投资以及扶持中小企业等。今后每 6 周启动新一轮谈判,涉及近 30 个谈判小组的 300 多名美英官员。在疫情解除前都将以虚拟会议形式进行。

其实,美英两国政府就贸易谈判早有共识。早在 2017 年 7 月,两国贸易官员便组建了美英贸易工作组,为正式谈判做准备。2020 年 2 月下旬,英国首相约翰逊放出风声,准备在未来两周内启动与美国的贸易谈判。不过,汹涌而来的疫情打乱了原有日程。

莱特希泽把谈判列为他 2020 年的首要任务之一。过去一年多里,他多次公布美方谈判目标:争取美国农产品的全面市场准入、降低美国制成品关税、争取医疗保健领域的一定准入等。这也是华盛顿方面今年以来参加的首场重大贸易谈判。

伦敦方面自 2020 年 1 月 31 日正式“脱欧”后,它一直在与最大贸易伙伴欧盟谈判贸易条款。伦敦的目标是借助两项谈判之间的积极动态,速战速决。英国希望降低对美出口的汽车、陶瓷、三文鱼和奶酪等商品的关税,并达成服务行业的一揽子安排。

二、面临诸多障碍

按照双方早先设想,英美贸易谈判有望在年底前取得成果。不过 5 日,两国代表没有给出完成谈判的具体期限。

双方围绕关税问题仍存诸多分歧。其一,美国 2018 年对欧盟进口钢铝产品加征关税,当时仍属欧盟的英国至今仍受约束。其二,美欧围绕飞机补贴争端互用关税手段,其中英国苏格兰威士忌也在关税制裁清单中。其三,美国与法国曾就数字服务税僵持不下,而英国政府3月暗示可能重新考虑引入数字税。

首先,农业将是谈判最棘手的问题之一。英国此前反对美国的转基因作物和家禽抗菌疗法。怀疑者担心,英美之间的协议可能会迫使英国接受美国更宽松的食品安全和环境保护标准。约翰逊否认上述说法,誓言将在谈判中强硬地讨价还价。不过,特朗普政府也暗示,将在农产品方面采取强硬路线。

其次,公共服务领域"温差"明显。美国政府去年发布的谈判立场文件称,希望英国进一步开放公共服务领域。莱特希泽表示,希望美国药品、医疗设备获得一定的市场准入。但英国官员坚称,不会改变药品定价方式,不会将英国国民保健制度(NHS)放在谈判桌上。"国民保健制度是不可触碰的禁区。"欧洲改革中心高级研究员塞姆·洛伊(Sam Lowe)评论称。

最后,政治因素可能成为谈判变数。2020年是美国大选年。英国《每日电讯报》称,如果美国民主党竞选人拜登在11月当选美国总统,谈判可能会进一步推迟。《卫报》预计,英美贸易谈判可能无法在美国总统可动用"快速通道权限"的期限内,也就是2021年6月底前完成。在那之后,美方与他国达成的协议都须经国会审议方可生效,因此很可能将沦为"政治分肥"。

两国不可能在短期内达成实质性协议,但可能会就某些具体领域制定措施。比如汽车贸易将是降低关税的成熟领域。美国目前的乘用车关税为2.5%,小货车关税为25%,而英国的汽车关税维持在10%。

资料来源:安峥.深度:英美疫情之下启动贸易谈判,英国如何在夹缝中找平衡?[EB/OL].2020-05-06[2020-07-08].https://www.shobserver.com/news/detail?id=245090.

启示:英美贸易谈判不是一场平等的谈判,英国处在劣势地位。它对美国既有贸易需求,也有投资需求,想把美国树立为可以部分替代英欧贸易、对冲"脱欧"损失的市场。从美国方面说,它的经济诉求更少,主要集中在进一步打开英国投资市场上,同时还会附加一些政治、安全领域的要价。

可见,两者谈判地位不对等、目标有差异,肯定会遇到技术性困难。英国是美国第七大商品贸易伙伴;美国是除欧盟外英国最大的贸易伙伴。与经济效益相比,英美双方都看重自贸协定的象征意义和政治意义。

第一节 商务谈判的报价

通常在任何交易中,卖方或买方的报价,以及随之而来的还价,是整个谈判过程的核心和最实质性的环节。商务谈判的内容主要包括商品的品质、价格、运输、装运、保险、支付、商检、索赔、仲裁、不可抗力等各项交易条件,而其中的价格条款占有重要的地位。它关系到双方的利益,是最重要的交易条件,是商务谈判的实质性问题。

报价是商务谈判中的第一个重要回合,由此商务谈判进入交易磋商阶段。商务谈判中的报价,通常是谈判者要求的交易条件的总称,包括价格、交货期、付款方式、数量、质量、保证条件等。商务谈判中的报价直接影响到谈判结果,事关谈判者最终获利的大小,是关系到谈判能否成功的关键因素之一。

一、报价的基本原则

(一) 合理性

谈判人员应根据己方标的物价格的构成(如成本、市场需求状况、品质、竞争等),以及可靠的信息资料,核算、验证标的物的价格,以确定合理的价格金额——“底价”以及调动幅度。“底价”的确定,一般是成本加上最低的预期利润。它是确保己方最基本利益的界限,并可以使谈判人员的报价心中有数,调动幅度是底价至最高报价的弹性区间,是讨价还价的基本依据。

谈判人员应在底价的基础上,根据市场供求量、需求价格弹性系数(需求变化的百分比除以价格变化的百分比)、商品的使用价值和品质及满足客户需求程度、同类产品竞争对手的价格,以及有关法规和政策的规定、谈判对手的谈判策略、方式和风格来合理确定。

(二) 策略性

确定了“底价”和调动幅度后,仍有一个报价的策略性问题,即开盘价是调动幅度内的较高价格或最高价格,还是较低价格或底价呢? 一般认为,正常情况下,最初的开盘期望价应当是最高的,或是较高的。

期望价是己方要价的最上线,在这种情况下,较高的报价显然对发盘方有利,它为发盘方维护自己的经济利益筑起了一道防线,也为以后的讨价还价提供了回旋余地,对方要突破这道防线,或多或少要付出一定的代价。报高价的同时,要考虑到其后的让步策略,也要清楚地认识到,高价会扩大交易双方的差距,可能在近期内不会有结果,也不能指望对方会做出早期的让步。

(三) 综合性

有效的报价,需要制订一个综合性的报价方案。这个方案既要考虑价格本身,也要考虑影响价格的其他条件(如数量、交货条件、支付方式、服务要求等),还要符合报价想得到的利益和对方接受的可能性,使报价最高,并且可行。

(四) 艺术性

(1) 报价要坚定果断。报价要有信心,坚定、果断。谈判中的价格都是可以商谈的,这并不能影响初始报价的信心。如果一方报价犹豫不决,使人感到己方都没信心,更难以说服对方。

(2) 报价要简明。报价要简洁明了、含义清楚。报价的目的是使对方准确地了解己方所报出的价格,因此报价时务必严谨,不能使对方有任何误解。为谨慎起见,报价的同时,可以通过分发书面价格表、资料来配合报价。

(3) 掌握报价时机。商务谈判中由谁先报价,是买方还是卖方,各有利弊。如果卖方先报价,实际上就为谈判设定了框架,最终交易合同价格将会在此范围内达成。因此,先报价比后报价的影响要大。其弊是买方听了卖方的报价以后,可能改变自己的想法。由于对卖方的价格起点已有所了解,买方可能会修改自己的报价,获得本来可能得不到的好处。

因此,究竟谁先报价要具体分析,比较先报价和后报价哪个对己方有利。如果谈判很激烈,则不妨先报价,以争取主动。如果是正常的客户和正常气氛的谈判,可以见机行事。

如果谈判的对手是老客户,双方已有长时间的业务往来,合作关系良好,彼此了解,关系融洽,谁先报价对双方来说都可以。而且在洽谈各项合同条款时,不必逐个地议定,彼此之间比较信任,合作气氛浓厚,报价和议价阶段,不再是一个棘手的、需要反复较量的过程了。综上所述,通过反复比较和权衡,设法找出报价者所得利益与该报价被接受的成功率之间的最佳结合点,这就是理想的、最合适的报价。

二、报价的方式

1. 口头报价

口头报价适合于面对面的谈判及简单的交易或双方曾经有过的交易。口头报价要求严肃、明确、不附加评论。严肃是指报价人态度要严肃、坚决果断,自信心要强、不动摇、不迟疑,这样才会使对方相信。明确是指报价人表达要清楚、概念要准确、数字要清晰,避免口误。

不附加评论是指报价时,不必主动解释和评论。报价人对报价的主动评论,会使对方产生怀疑和抓住疑点漏洞,反而弄巧成拙。

2. 书面报价

书面报价应做到粗细适度、明暗相间、留下伏笔。粗,指的是能说明问题,适合受盘人的需求即可,不必将有关细节都一一列出;细,指的是应留有讨价还价的筹码。明,是指明示条款、价格优惠、令人高兴;暗,是指暗含条件、对己不亏。留下伏笔,则是指在附件、配件、备件价格上做文章或控制未来技术深度,为后面谈判留下伏笔做好准备。

三、报价的策略

(一) 高价与低价的技巧

在报价欲得利益与受盘方接受的可能区间内,报高价还是报低价,最终取决于产品的特点和市场需求状况。报高价可以赚取较高的利润,但所报价格的产品必须具有"新、奇、稀、缺"等特点,且市场没有有力的竞争对手,产品供不应求,需求弹性小。

如某些新兴的化妆品、电子产品、保健产品、流行款式的服装、具有高技术含量的劳务工程、新型和特殊的服务项目等均可运用高价技巧。

报价低可以吸引客户,迅速占领市场,排斥竞争对手的参与。报价低大多数是属于客观情况所迫(也有个别是主动、故意的),不具有报高价的条件,比如市场上竞争激烈,竞争品或替代品多,产品进入成熟期,客户接受的可能性较小等。

在这种情况下,报价低未必不能赚钱,薄利多销,同样能实现很高的交易额和利润。另外,高价与低价是一个相对的、发展的概念,不是永恒、一成不变的,报价人更应掌握其转化中的尺度与技巧。

案例 5-1

1945 年美国圆珠笔开始的生产成本只有 0.5 美元。但是由于其特有的魅力和特点如同原子弹爆炸一样引起了人们的关注和轰动,厂商运用高价法,把出厂价定为 10 美元一支,市场零售价则高达 20 美元一支。

随着圆珠笔进入成熟期,成本降低,加上其生产经营竞争的激烈,圆珠笔的价格不断调整,直到市场零售价格调低到 0.7 美元左右一支。

资料来源:佚名.价格策略[EB/OL].2016-09-05[2020-07-08].https://www.doc88.com/p-6139771174951.html.

（二）综合报价技巧

谈判中不存在孤立的价格问题。产品价格不仅本身有弹性，而且由于与其他交易条件有着密不可分的联系，更使报价具有更大的回旋余地。尤其是经过数轮的讨价还价，各方的意见都已表达清楚，或者对价格本身的谈判艰难，或者有可能趋于一致，这时的重新报价，可以充分运用带有附带条件的综合报价技巧。

以下是几种综合报价的方法。

1. 附带数量条件

附带数量条件是卖方为了鼓励买方大量或集中购买，而根据购买数量或金额来确定报价水平。如果购买量（或金额）小，价格可适当报高一点或者是一般价格；如果购买量（或金额）大，价格可适当报得低一些，购买数量（或金额）越大，价格折扣越大。

如制造商为了鼓励客户大量地购买成套设备，在优惠报价的同时，也会以免费赠送一些零配件、易损件等促使交易达成。

2. 附带支付条件

附带支付条件是卖方视对方的支付方式与时间的情况来确定报价水平，因为不同的支付方式包含的经济含义、风险不同。

例如，在国际贸易中，信用证的收汇风险小，而托收相比之下风险就大，报价时前者肯定会低于后者。再如，即期付款、分期付款和延期付款不仅涉及风险问题，还涉及利息损失。所以，在报价时，它们各有不同的价格也是很自然的。

3. 附带成交时间

附带成交时间是卖方为了鼓励买方立即或在规定的时间内按既定的报价成交，而提出一定比例的货款回扣或增附一些现货等优惠条件。该种技巧在商务谈判中是经常被采用的，促使买方尽快成交。

4. 附带供货时间

附带供货时间是买卖双方根据供货期间的产品供求状况及季节性来确定报价水平。显然，供不应求、处于旺季的产品，价格要高一些；而供过于求、淡季或过季产品，价格就要低一些。

（三）心理报价技巧

1. 尾数报价

尾数报价是利用人们接受价格的某种心理因素及特殊意义的尾数报价，利用尾数报价迎合客户或消费者的心理。理由主要有以下四个。

（1）在产品质量及其他条件一定的情况下，小于整数的尾数，总是使人感到便宜，如感觉 198 元要比 200 元便宜得多。

（2）价格一般是按实际成本加上适当的利润计算出来的，计算后的价格是整数的情况通常属于巧合，往往会给人们一种不真实的感觉。

（3）带尾数的价格容易使人产生“去尾数”“凑整数”“便于计算”等心理，有利于讨价还价，尽快成交。

（4）利用某些民族、地区以及商人对某些数字的偏好心理，有时也会使价格的接受变得容易一些。如，我国香港地区的人们对 689 很喜欢，因为它是“禄”“发”“久”的谐音，日本人对 4 和 5 很忌讳,因为它是“死”与“苦”的谐音,有些商人还有自己的吉利数字。在特殊情况下,价格尾数对促成交易也有一定的作用。

2. 整数报价

整数报价是根据某些特殊商品和特殊消费的特点,利用人们追求“高贵”“豪华”“讲排场”等心理进行报价的技巧。如对于名贵的西服、豪华的轿车、高档的电器、个性化的服务等,整数报价可能会更迎合有特殊需要和较高消费层次的客户的心理需要,便于他们选购,便于消费。

3. 声望报价

声望报价是利用客户崇拜名牌、追求高品质、显示身份等心理,有意提高报价的技巧。因为有名的企业、名牌产品、高科技产品会给客户带来更好的效益,给人以安全感。它既可以增强报价者的信心,也可以使对方觉得产品质量可靠,刺激消费者的购买欲。

4. 习惯报价

习惯报价是根据某些产品的通行价格和客户习惯准备支付的价格报价的技巧。如一些进入成熟期的日用品,价格一般是相对固定的,人们往往在心理上习惯于根据价格来判断卖者的诚意,衡量所卖产品的品质。如果价格高了,影响销售;价格低了,会使客户认为产品有质量问题。对于这些类型的产品,即使成本下降,也不能轻易降价;若成本提高,也不能轻易涨价,只能薄利多销。

5. 招徕报价

招徕报价是以各类特种促销方式,满足客户购买心理的报价技巧。为了吸引客户,使客户接受所报价格,可以用“特价”“拍卖”等报价形式,或者用为客户提供诸如免费送货、周到舒适的服务,或者有意降低主体产品价格,然后提高附件和零配件价格等形式达到招徕客户,接受既定价格的目的。

6. 中途报价

中途报价是在报价的中途,改变原来的报价趋势,来争取谈判成功的报价方法。所谓改变原来的报价趋势是买方在一路上涨的报价过程中,突然报出一个下降的价格来,或者卖方在一路下降的报价过程中,突然报出一个上升的价格来,从而改变原来的报价趋势,促使对方接受所报的价格。

案例 5-2

美国商人山姆去旅游,在一家皮件商店的橱窗里,看到了一只皮箱和自己家里的一模一样,忍不住停下来,看了看。皮箱店的老板正在拉生意,看见山姆后,马上上前推销。好话说尽,山姆就是不买。

同为商人的山姆,想看看店主有什么样的推销手段,所以站着没离开。店主看山姆不动心,把价格一降再降,从 20 美元、18 美元、16 美元……12 美元、11 美元,可是山姆还是不买他的皮箱,而老板又不想再降价了,在报了 11 美元以后突然改变了下降的趋势,报出了一个上升的价格“12 美元”来,当感到奇怪的山姆揪住“11 美元”不放时,老板“顺水推舟”地以 11 美元把皮箱卖给了山姆。

资料来源:佚名.商务谈判[EB/OL]. 2013-03-01[2020-07-08]. https://www.docin.com/p-605895483.html.

第二节　商务谈判的还价

还价是谈判的一方报价后，另一方仔细倾听，并复述对方报价的主要内容，通过多次的讨价，发盘人会有一定的调价，对最后的新报价进行斟酌后，受盘人向对方正式提出回应答复的过程。它关系到谈判的前景，影响谈判的结局，所以要慎重地考虑。

一、还价的基本原则

1. 做好还价前的准备

还价不是一种简单的压低价格的行为。它必须建立在市场调查与“货比三家”的基础之上。如掌握标的物市场供应和价格状况及发展趋势、交易标的物的质量等各项技术指标、市场竞争情况等，以确保还价具有一定的科学依据。

2. 澄清对方报价的含义

有经验的谈判人员在接到对方报价后，不是急于要求对方解释为何如此报价，而是要澄清对方报价的事实，使自己确切明白对方报价的含义，而且要准确无误。

当了解基本情况后，还应把己方对对方报价的理解进行归纳总结，并加以复述，以保证还价时的准确性和严肃性。

3. 牢记报价目标

谈判中的讨价还价是反复进行的，因此要时刻判断讨价还价的幅度与进展距离己方的预定成交价格目标还有多远。有时还价者可以只记自己手中有多少预算(底牌)，或以数额，或以百分比形式向外发出；有时也可以记住对方再降多少数额或百分比，才能进入自己的成交区域。这样，可以使还价者有的放矢，反应迅速。

4. 统筹兼顾、协调统一

还价时不能只把注意力集中在价格上，应当把价格与技术、商务等各方面的数据、条件和资料联系起来，并把所有的条件作为还价交换的筹码。这样，会使还价更富有实际意义，涉及面更广泛，同时，也会缓解还价的难度与矛盾。维护还价的权威性与严肃性。因此，还价既要按策略进行，又要使“正式”还价集中统一。

5. 松紧适宜、谨慎出数

还价是维系双方交易命运的绳索，如果过紧，可能会使对方感到缺乏诚意，愤然退出谈判；过松可能会招致对手的紧逼，使自己毫无退路，处于被动地位。一般来说，应谨慎出价，适当从严从紧还价，以掌握谈判的主动权。

二、还价的起点、次数与时间

（一）还价的起点

还价的起点就是以什么数额(或条件)作为第一次还价的基础。还价可以分多次进行，但第一次还价对还价一方来说非常重要，它涉及己方接受报价的基本态度、诚意和最初标准，也是探测报价人对还价最初反应的试金石。

一般来说，确定还价起点，要根据交易物的客观价格、交易双方的价格差距以及还价的策略来进行。交易物的客观价格通常是由生产(或经营)成本和适当的利润构成的。若还价起点低于客观价格来谈价，通常对方不可能接受。

例如，卖方的产品报价100万元，其生产成本为50万元，利润率最低为20%。该产品的客观价格可能60万左右，这时还价方可考虑将第一次还价定在60万元至70万元。假定在40万元，对方是绝对难以接受的。

明确对方报价与己方预算成本价的差距，可以使己方确立还价的次数、策略，进而倒算出第一次还价的数字。在正常情况下，双方价格差距较大，若幅度一定，则还价次数就会增多，而要减少还价次数，并使其价处于成交预算价以内，就要增大还价幅度。这需要还价者依据成本以及差距的具体情况，确定起点的具体数额。

还价时如果是"横向铺开"，即在各项条件或分块还价，则还价的余地较大，还价起点可根据策略和资料，适当幅度小一点；如果是"纵向深入"，即在同一条件和总额上还价，则还价可以根据所确定的百分比，一步一步深入，其还价起点可适当大一些。

总之，还价起点的确定，不可凭主观想象或某个因素来进行，而应该综合考虑，以确保还价起点的成功。

（二）还价的次数

价格谈判中，报价方很快就接受对方的第一次还价是不可能的，同时，讨价还价又不可能无休止地进行，这就存在着一个还价次数多少才适宜的问题。

一般来说，还价次数取决于谈判双方产品价格差距以及讨价还价的难易程度。如果价格差距大，对方报价"水分大"，时间应紧一些，次数亦要准备多一些，以便层层挤压对方。反之，如果价格差距小，对方报价"水分小"，还价松一些，次数也可减少以加速成交。

因此，在讨价还价的对阵中，一是要在对方能够容忍的范围内，尽可能地收紧还价幅度，留有足够的谈判余地；二是在时间和难度的权衡中，选择对自己有利的因素，发挥优势，确定还价的次数；三是利用还价次数制造合理的"还价台阶"，调整价格档次，步步为营；四是不到谈判最后结束时，还价都必须留有余地，保留进一步还价的权利。

（三）还价的时间

1. 在次序上

一般是报价在先，还价在后，对方让步在先，己方还价让步在后，即，你不进我不退。掌握还价的次序，有利于取得主动，使双方向成交价靠拢。

2. 在条件上

应该以报价条件改善的状况为还价的前提，如卖方已改善过其报价，方可考虑还价。若只是小动其价，则还价可紧，若大动其价，则还价可松。卖方报价改善与否是还价时间选择的最根本的因素。

3. 在节奏上

还价应有张有弛，二次还价必须在对方对首次还价做出明确的反应，经过论战，并且重新报出改善价之后，这样才能确保首次还价的目的能够实现，二次还价也可能有新的收获。以后的还价均应在"艰难谈判"过后，以"最终价"压向对方，逼迫对手接价。然后根据具体情况，再考虑进一步还价的可能性。

4. 在时间上

还价的时间也有讲究。因为时间的早晚对谈判心理有一定影响。以两天完成的谈判为例:第一天上午,在报价方阐述基本立场后,通过反复提问、讨论后,可考虑第一次还价,这样上午结束前,可听到报价方对还价的反应,又可以逼迫报价方在下午再出价;第二次还价可放在第二天上午,既有磋商的时间,又可在临近中午时分,表示己方的诚意以及退让的难度。

如果仍有余地,还可在临近最后期限到来之前的下午与晚上再行还价,以使对方在"危急关头"权衡利弊,做出最后让步。因此在时间的选择上要细心地研究,掌握好火候,把握好尺度。

三、还价的方式

还价方式从性质上分为以下三种类型。

1. 逐项还价

逐项还价是对主要商品、设备逐个还价,对技术费、培训费、技术指导费、资料费等分项还价。

2. 分组还价

分组还价是根据价格分析时,划出的价格差距的档次分别还价。价格高,还价时压得多,应实事求是,区别对待。

3. 总体还价

总体还价是把各部分集中在一起还一个总价。

四、还价的策略

1. 投石问路

针对对方的报价,不急于还价,而是提出与价格有关的假设条件,请对方回答,以收集对还价有利的情报和寻找还价机会。投"石",以查其信息。例如:

- 假如我方订货的数量加倍或减半呢?
- 假如我方与你方签订长期订货合同呢?
- 假如我方以现金支付或分期付款呢?
- 假如工程由我方提供材料和工具呢?
- 假如我方成套购买或仅购买主机或零部件呢?
- 假如我方提货呢?

通过以上的提问和对方的回答,有利于还价方了解其交易物的生产成本,设备折旧费用的分摊、生产经营能力、价格政策乃至谈判的策略,进而提出有利的还价。但是,有时因谈判人员不注意也会自抛"石头"。

小贴士

自抛的"石头"

一次,某外商想购买我国的香料油与我方进行谈判。在谈判过程中,外商出价每千克 40 美元,我方不了解对方的真实价码。为了试探对方的真实程度,我方代表采用投石问路的方法,开口便要每千克 48 美元。

对方一听我方的要价,急得连连摇头说:"不,不,这要价太昂贵了,你们怎么能指望我方出45美元以上的价钱来购买呢?"对方在不经意的情况下,将价格底线露给了我方。

我方代表抓住时机,立即追问一句:"这么说,你们是愿意以每千克45美元的价格成交啦?"外商只得勉强说:"可以考虑。"通过双方的进一步洽谈,结果以每千克45美元的价格成交。这个结果比我方原定的成交价要高出数美元。

当对方投出"石头",一定要仔细考虑后再做答复。精明的卖方,可以将买方所投的"石头"变成一个很好的机会。

2. 小处入手

对于大型项目、成套设备和较复杂的交易,还价可采取分批还价的方式。一般可选择"差距小"的部分先还价,其好处是:还价相对容易被接受,激发谈判对手的热情,增强谈判的信心,了解对手风格。如果谈判出现僵持局面,不妨可以考虑在"小处"适当做一些让步,然后在大项目、大金额的部分进行猛攻。

比如对方报价主机价格100万元,技术费20万元,零配件价格10万元。可先从零配件或技术费入手,一旦谈判顺利,再谈主机价格,并且还价收紧,这样,有利于向对方施加压力,巩固谈判成果,取得价格谈判的主动权。

3. 利用竞争

在一些价格构成比较复杂的商品或大型劳务工程项目谈判中,还价一方为了争取最有利的价格和成交条件,可充分利用或制造对手竞争的局面。采用"货比三家"的技巧,使多个卖方主动地做出价格解释,项目发包中,采用"招标"的方法,使各承包商为了战胜竞争对手,争取中标,除了提高工程质量外还要尽量压低工程报价。

4. 挑剔还价

挑剔还价的技巧通常是买方用来压低卖方的报价。方法是故意提出一大堆问题和要求,其中有些问题的确存在,有的是"鸡蛋里挑骨头",故意制造出来的。

案例 5-3

有一次美国谈判学家罗切斯特去买冰箱。营业员指着罗切斯特要买的冰箱说:"249.5美元一台"。接着罗切斯特上演了一台精彩的"挑剔还价"的喜剧。

罗切斯特:"这种型号的冰箱一共有几种颜色?"

营业员:"共有32种颜色。"

罗切斯特:"可以看看样品本吗?"

营业员:"当然可以!"(说着马上拿来了样品本)

罗切斯特(边看边问):"你们店里现货有几种颜色?"

营业员:"现有20种。请问您要哪一种?"

罗切斯特(指着样品本上有而店里没有的颜色说):"这种颜色与我的厨房墙壁颜色相配!"

营业员:"非常抱歉,这种颜色的现在没有。"

罗切斯特:"其他颜色同我的厨房颜色都不协调。颜色不好,价格还那么高,要么便宜一点,我要去其他的商店了,我想别的商店有我需要的颜色。"

营业员:"好吧,便宜一点就是了。"

罗切斯特："可这台冰箱有点小毛病！你看这儿。"

营业员："我看不出什么。"

罗切斯特："什么？这一点毛病虽小，但冰箱外表有毛病通常不是要打点儿折扣吗？"

营业员："……"

罗切斯特（又打开冰箱看了一会儿说）："这冰箱有制冰器吗？"

营业员："有！这个制冰器每天 24 小时为您制冰，1 小时才 2 美分电费。"（他以为罗切斯特对这制冰器感兴趣）

罗切斯特："这可太糟糕了！我的孩子有哮喘病，医生说他绝对不能吃冰块。你能帮我把它拆下来吗？"

营业员："制冰器是无法拆下来的，它和整个制冷系统连在一起。"

罗切斯特："可是这个制冰器不仅对我根本没用，相反，现在我要花钱把它买下来，将来还得为它付电费，这太不合理了！……当然，价格可以再降低一点的话……"

结果，罗切斯特以相当低的价格——不到 200 美元买下了他十分中意的冰箱。

在谈判中，价格一时降不下来，可根据具体情况，灵活运用其他交易条如改变支付方式，要求提供折扣及免费提供售后服务等。

此外，可根据报价方的价格解释情况及时间、态度、己方资料等，采用不同的还价方式；卖方价格解释清楚，己方手中关于价格的资料丰富，卖方成交心切且有时间，可采用逐项还价方式；如果卖方解释不清，而买方掌握的价格资料少，卖方性急，可根据价格差距档次分组还价；如果卖方报价很粗，且态度强硬，或双方处于长时间的相持状态，但均有成交的愿望，在卖方已做数次调价后，买方也可以从"商品"或"其他条件"还价，也可以进行总价格还价。

第三节　商务谈判的让步

在商务谈判中，让步是指谈判双方向对方妥协，退让己方的理想标准，降低己方的利益要求，向双方期望目标靠拢的谈判过程。让步是为了避免谈判出现僵局，一个成功的谈判者能很好地把握让步的时机。

一、让步的基本原则

让步通常意味着妥协和某种利益的牺牲。因此，不是迫不得已，绝不要轻易让步。让步应遵循以下原则。

1. 互利

每一次让步不要做无谓的牺牲，有失也应有所得。让步的根本目的是保证和维护己方的利益。如通过让步从对方那里获得利益补偿；或者是"放长线钓大鱼"，换取对方更大的让步；或者是巩固保持己方的谈判中的有利局面和既得利益等。

一味地让步或者以让步作为赢得对方好感的手段都是不可取的。这种"善良友好"的表示，未必会取得有利的结果，甚至会被对手视为无能而加以猛烈攻击。

2. 适度

一般来说，让步次数不宜过多，过多不仅意味着利益损失大，而且影响谈判信誉、诚意和效率；频率也不可过快，过快容易鼓舞对方的斗志和士气；幅度不可太大，太大反映了己方条件“虚头大”,会使对方进攻欲望更强,程度更猛烈。

3. 有序

让步时机的选择影响让步效果。如果让步过早,会使对方误认为是“顺便”得到的小让步,这将会使对方得寸进尺;如果让步过晚,对控制谈判结果影响不大或不发生任何影响。

一般而言,让步的主要部分应放在成交期之前,以影响成交条件,而处于次要的、象征性的让步放在最后时刻,作为最后“甜头”。让步事先应有计划,不能临场随便退让,手忙脚乱。

4. 忍耐

谈判中要顶得住,无论受到赞美吹捧,还是恶语相讥、人身攻击,都应忍受,切记:“小不忍则乱大谋”。

5. 撤销

如果已经做出了不妥的让步,想收回,也不要不好意思开口,应找个理由撤销,不能将错就错。

二、让步的方式

谈判的让步原则,强调要正确地控制让步的次数、步骤与程度,即采用正确的让步方式,不可使让步过多、过快、过大。由于让步方式受到交易物的特性、市场需求状况、谈判策略、经营计划、客观环境等一系列因素制约和影响,在实际谈判中,其“量”的概念是无法具体规定的,让步方式也不可能有规可循。作为谈判人员,应根据具体情况,灵活选择有效的让步方式。

西方谈判界对让步已有比较深入的研究,他们把常见的正确和错误的让步类型分为八种。假设:现在买卖双方各准备让步 100 元,让四次,表 5-1 所示是八种具体让步的步骤。

表 5-1 八种不同让步的类型 单位:元

让步方式	预定让步	一期让步	二期让步	三期让步	四期让步
1	60	0	0	0	60
2	60	15	15	15	15
3	60	13	8	17	22
4	60	22	17	13	8
5	60	26	20	2	12
6	60	46	10	0	4
7	60	50	10	1	−1
8	60	60	0	0	0

(一) 让步数字说明

表格中的数字,对卖方来说,是报价时逐步减少的数字;对买方来说,是报价时逐步增加的数字。

(二) 让步的类型

下面具体地探讨这八种常见的理想让步方式的特点和优缺点。

1. 坚定的让步方式

坚定的让步方式使对方感觉一直没有妥协的希望，因而被称为坚定的让步方式。在运用这种方式时，买卖双方往往都要冒着形成僵局的危险。

特点：让步态度比较果断，往往被人认为有大家风范。这种方式是在开始时寸步不让，态度十分强硬，但到最后时刻一次让步到位，促成和局。

优点：由于在起初阶段寸利不让，若谈判对手缺乏毅力和耐性，就有可能被征服，使得对方谈判获胜。

缺点：因谈判寸步不让，有可能失去伙伴，风险较大；容易给对方造成己方缺乏谈判诚意的印象。

2. 等额让步方式

等额让步方式具有只要遇到耐心等待的买主，就会鼓励买方期待进一步的特点：在谈判让步过程中，不断讨价还价，让步的数量和速度是均等、稳定的。

优点：多次让步平稳、持久，不易让对方占便宜，容易利益均享，遇到无时间长谈的对方时，会占上风。

缺点：谈判平淡无奇、低效率、成本高。

3. 先高后低，再提高的让步方式

先高后低，再提高的让步方式的特点是机动、灵活，让谈判者在让步过程中正确处理竞争和合作的尺度。在较为恰当的起点让步，然后缓速减量，给对方传递一种间接尾声的信息。

优点：起点恰当、适中；谈判富有变化；二期让步中的减缓步，易促使对方尽快拍板。

缺点：易鼓励对方继续讨价还价；二期让步让对方产生接近尾声的感觉，不利于双方建立诚信合作关系。

4. 先让出较大的利益，然后再逐期减让，到最后一期让出较小利益

该种让步类型的特点是坦率，符合谈判讨价还价的一般规律。

优点：让人容易接受；先大后小的方式，利于促成谈判的和局；一步比一步谨慎，避免让步失误；达成等价交换。

缺点：让步由大到小，越争取利益越小，使买方心情沮丧；这是谈判让步中惯用的方法，缺乏新鲜感。

5. 从高到低再到微高的让步方式

从高到低再到微高的让步方式的特点是合作为主、竞争为辅、诚中见虚。

优点：起点较高的让步，富有诱惑力；三期的让微利，使对方产生获胜感而达成协议，并感到满意。

缺点：因开始让步大，易造成己方柔弱可欺的不良印象，强化对方进攻；头两步的大让利和后两步的小让利，易给对方产生诚意不足的印象。

6. 开始时大幅递减，后反弹的让步方式

开始时大幅递减，后反弹的让步方式的特点是给人诚实之感，因此成功率高。

优点：让出多半利益，有可能获得对方较大的回报；最后让出小利，既显示自己诚意，也使对方难以拒绝签约。

缺点：开始的软弱表现，会给对方机会变本加厉。如果三期让步遭拒绝，会令谈判出现僵局。

7. 起初两期全部让完可让利益,三期赔利相让,到四期再讨回赔让部分

该种让步类型的特点是风格果断,具有冒险性。

优点:开始两期让出全部利益,具有吸引力,利于僵局起死回生;若前两期让利不能打动对方,让冒险让出不该让出的利益,会有诱惑力,使得对方沿着自己思路前进。

缺点:开头两期让出全部利益,会导致对方期望增大,强化对方议价能力。额外的让利,有损害自己利益。在四期讨回让利时,可能导致谈判破裂。

8. 一次性让步

一次性让步的特点是态度诚恳、务实。在谈判进入让步阶段,一开始即亮出底牌,从而达到以诚取胜的目的。

优点:一开始亮出底牌,打动对方采取回报行为,促成和局;大幅度让步;一步让步,利于速战速决,降低成本。

缺点:让步方式过急,给对方误传还有利可图的信息,提升对方讨价能力。一次性让利,可能导致失掉本来能够力争的利益。

三、让步的策略

1. 附加条件法

附加条件是指在商务谈判中不是孤立地谈价格,由于价格与其他交易条件密切相关,因此,谈判中的让步就要考虑这些因素,正因为如此,谈判高手总是用条件句"如果……那么……"来表述自己的让步。

这种表达的作用,一是己方必须在对方做出让步后也做出让步回报,因为己方的让步是以对方的让步为条件的,对方如果不做出相应让步,己方的让步就不成立了。

在一次批发买卖的谈判中,买方因为行情看好,所以希望交货期越快越好,他私下准备出一个较高的价,而卖方因为价格看涨,也希望卖个好价。谈判一开始,精于谈判之道的买方,坚持要求在不涨价的基础上成交,把交货日期越快越好的要求避而不提。而卖方坚持要涨价,因为行情看好。

在讨价还价的过程中,由于买方坚持不涨价,卖方的价格做了几次让步后,涨价的幅度已经非常小了,只比原来的价格高出了一点。此时,买方觉得时机已到,是做出必要让步的时候了。卖方聪明地采用了"附加条件",做出了如下让步:

"考虑到我们以往多次愉快的合作,如果贵方能够把交货期比以往提早十天的话,那么我方可以考虑贵方的涨价要求。"

卖方考虑到能保证在对方所要的日期内交货,所以毫不迟疑地答应了。

在案例 5-4 中的行情看涨、价格上升的情况下,如果买方不是这样谈判,而是一开始就提出交货日期提前十天,价格放在后面谈判的话,卖方会做出怎么样的反应是可想而知的。

2. 针锋相对法

对于对方的论点和证据,以毫不妥协的态度,逐一予以否定、驳斥,使对方感到阻力巨大、成功渺茫,进而动摇谈判意志,放弃原要求的做法。

案例 5-5

买方与卖方就双方买价和卖价进行了一段时间的谈判，虽有进展，但仍未达成协议。谈判又继续进行。

买方："贵方立场太坚定，我们无法互相接近。"

卖方："贵方态度也不软，靠不拢也有您的责任。"

买方："您的价格像夏天穿棉袄，这么厚，怎能让人靠得拢？"

卖方："我要是'穿棉袄'的价，我早就脱(降)了。"

买方："我眼中看到的价格是'穿着棉袄'的价。"

卖方："贵方的眼神有问题。"

买方："我的眼神可能有问题，难道这么多双眼睛(用手指一指自己的助手们)也有问题？"

卖方："实不瞒贵方，我的价格已是'背心价'了。"

买方："不会。我不但不会让您'光膀子'回家，还要让您穿着'西服'体面地回家。"

最后，卖方没有回话的余地，又回到调整价格的细节上来。最终经过双方互相妥协达成了协议。

案例 5-5 中谈判，你来我往，速度很快。观点明确，理由也简单，针锋相对使谈判很有力度。买方采用了横竖一个"否"字，根据不同来话，逐一进行断然驳斥。

3. 拒绝谈判法

拒绝谈判法是指拒绝对方时，不能态度生硬地回绝对方；相反，要选择恰当的语言、恰当的方式、恰当的时机，而且要留有余地巧妙拒绝。

4. 无损让步法

无损让步法是就卖方而言，在不损害己方利益的前提下的让步方法。

(1) 向对方说明，其他大公司或者有地位、有实力的人也接受了相同的条件。

(2) 反复向对方保证对方享受了最优惠的条件。

(3) 尽量圆满、严肃、反复地解释己方的观点、理由，详尽地提供有关证明、材料，但是，不要正面反对对方的观点(这是关键，否则力气全是白费)。

(4) 反复强调己方的完美、周到、突出的某些条件，如交货日期、付款方式、运输问题、售后服务甚至保证条件，等等。

(5) 全神贯注地倾听对方的讲话，不要打岔，不要中途反驳，打岔会使对手不快，中途反驳会使对手生气，都是得不偿失的行为。

(6) 在恰当的时候重述对方的要求和处境，通常人们都喜欢自己被别人理解，所以这是与己无损的妙法。

以上方法都会使买方满意，但都与己无损，并往往能让对方做出让步。

如果对方与己方谈判策略大体相同，且开始阶段的让步状况与己方预计一样。这时，应清醒地认识到，双方对让步期望仍有差异。

如果对方的让步策略不变，己方也不应轻易改变自己的策略，除非预计改变策略会对己方带来很大利益，而且谈判时间的拖延并不会对成交产生不利影响。

如果对方的让步比己方预计的要快而且幅度又大，那么，这往往意味着对方实际的让步远远比目前所做出的还要大。己方应调高对对方让步的估计，同时，还将调整自己的让步策略，使双方尽快结束谈判并成交。

如果出现对方的让步比己方预期要慢而且小的强硬情况，己方要判定对方的行为是客观反映还是讹诈、故作姿态。若是客观反映，就要修订己方的看法与做法；若是讹诈，就要采取相应对策。

对无理行为的对策，可进行必要的耐心劝说，并指出这种态度对合同谈判所带来的不良影响，还可以施压如暂停谈判，使对方端正态度后，再恢复谈判；如果情况允许，也可做出某些微小的让步，使对方心平气和地回到谈判桌上来。

课后案例

合同谈判

双方代表朱先生和何先生进入谈判室，朱先生是一家微型机械公司的代表，何先生是美国某制造公司的代表(以下简称二人为朱、何)。

朱："你好！非常高兴能与你相识。"

何："啊，很高兴见到你！"

朱："何先生在海外发展已经很多年了吧？"

何："是的，海外发展不容易！这次想到国内来加工一批部件。"

朱："什么部件？有没有图纸？"

何："是汽车用的小型空气压缩泵，没有图纸，我带来了一个实样。"说着，何先生将实物样品递过去，实样很小，只有130mm×150mm×50mm大。

朱先生接过来仔细地看了很久："这是6V直流电机起动的空压泵，国内没有同类产品。一般汽车用的空气压缩机是与汽车引擎连在一起的，比这大很多。"

何："那么你们能生产吗？"

朱："这要先让我们测试一下它的性能，然后分解开来看一看。"

何："这两份文件是关于性能要求与测试操作程序，请你们看一下。"

朱："能否让我与技术部门研究一下再给你答复？"

何："好吧，只是时间要抓紧。"

朱："就一天，明天再谈如何？"

何："好，明天上午见！"

第二天上午。

朱："早上好！晚上睡得好吗？"

何："可以，我已过惯了那种东奔西跑的生活，习以为常了。产品怎么样，能生产吗？"

朱："能！技术上能生产。你那个产品主要由两部分构成，一部分是直流电机；另一部分是汽缸与关联的机械。"

何："那你们开一个价吧！"

朱："虽然我们技术上能生产，但这个产品的技术含量比较高。直流电机的电压为6V，电流是10A，容易算出功率是60W，比较大，是小电机大功率。另外，汽缸的结构也非常巧妙、精密，有一定难度。"

朱先生仍然大谈特谈技术问题，而不愿率先开价。昨天朱先生已会同技术和业务人员进行过测算：电机成本 40 元，一般价格 70 元；汽缸与关联机械的成本 50 元，一般价格 80 元。因此，最低目标价人民币 150 元，约合 18.3 美元，最高开价在这个基础上加 50%，是人民币 225 元，约合 27.4 美元。

何先生沉默着，这个产品是他们公司产品的一个部件，原本由德国制造，到岸价是 30 美元。考虑到国内劳动力价格低廉，到国内加工可以降低他们公司的成本，他期望的最佳目标是 20 美元，因此他想把价格尽量压低。但他对国内市场不太了解，也不愿率先开价。

何："我是因为国内生产价格比国际市场低才想到国内来生产的，你们既然能制造，就应该有一个价格，如果价格高，我就没办法在国内制造了。"

朱："是的，我们很欢迎何先生与我们合作！确实，我们的价格是低的。根据我方的测算，制造单个产品的价格是 27 美元，还要看每次的批量是否多。"

何："这个价格太高了，对我来说没办法考虑，至于批量是不会低的。"

朱："那么，何先生出个价吧！"

何："我认为价格在 20 美元左右比较合适，批量可以提高到上万只。"

朱："说实话，我们之间的差价比较大。时间已近中午，不如先吃饭，饭后再谈好吗？"

何："好，下午再谈，价格务必请你们考虑。"

朱："走，一起用餐去。"

当天下午。

朱："你好！饭后休息过吗？"

何："谢谢，已经休息过了。价格怎么样？"

朱："考虑到何先生说批量较大，我们就让 1 美元如何？但先生一定要保证批量在万只以上。"

何："这个产品原是在德国制造的，你们的价格与他们的相当，基本上无利可图，这样我们老板是不会同意将产品从德国生产转向中国生产的，你们的价格最高不能超过 22 美元。"

22 美元的价格已经超过中方底价 20%，为了抓住这笔交易，中方当机立断，决定让步。

朱："我们知道何先生十分诚心把这件产品的制造放到国内来，我们也诚心想做好这件产品，既然双方都有诚意，那么我们取一个折中方案，以 26 美元与 22 美元的中间价 24 美元成交好吗？"

何盘算了一下，24 美元已比德国的价格便宜了 20%，他想再争取一下。

"你们知道要说服我们的老板是很不容易的，微小的差价很难打动他，是否能再降一些？以利于我们做成这笔生意！如果这一次能打动老板，也可能会促使他考虑把其他部件也拿到国内来生产。"

朱："好吧，为了我们之间的友谊和中美双方的长远合作，就再让 0.5 美元，这可是最后的让步了！"

何："这个价格应该是到岸价，即每件 23.5 美元 CIF 旧金山。"

朱："可以，没问题。但这个产品对我们来说是新的，试制时要投入一笔经费，如何处理？"

何："要多少试制经费？"

朱："大约人民币 3 万元。"

何:“这样吧,我们两家各承担一半如何?我这方面就出1800美元。”

朱:“好,合作愉快!其余由我方承担。何先生,这是会谈记录,请过目。”

何:“今天晚上我要与老板联系一下,明天一早是否能准备好合同?”

朱:“我们马上根据记录草拟合同,用中英文2种文本怎样?”

何:“好,就这样,明天早晨见!”

第三天上午,朱与何根据拟好的合同草案,审议、讨论了余下的一些细节问题,最后全部达成协议。下午双方即签署了合同。

资料来源:佚名.第4章商务谈判的过程[EB/OL].2015-12-19[2020-07-08].https://www.docin.com/p-1398169346.html.

讨论:

(1) 你能按一般商务谈判程序将此案例合同谈判的四个阶段区分出来吗?

(2) 谈判结果达成了哪几项协议?试将它们逐项整理出来。此外,你认为案例中没有详细叙述的合同细节有哪些?即他们在最后一天上午商定的是哪些交易条件?

课后作业

一、概念

报价　还价　让步　僵局处理

二、填空题

1. 报价直接影响到谈判的________,事关谈判________的大小,________是关系到谈判能否取得胜利的关键因素之一。

2. 报价的基本原则是________、________、________、________。

3. 综合报价方法包括________、________、________、________。

4. 常用的心理报价有________、________、________、________、________、________。

5. 报价的方式是________、________。

6. 还价的基本原则是________、________、________、________、________、________。

7. 还价策略一是要________、二是要________、三是要________、四是要________。

8. 还价的方式有________、________、________。

9. 让步的基本原则有________、________、________、________、________、________。

10. 九种让步的不同类型是________、________、________、________、________、________、________、________、________。

11. 打破僵局的策略有________、________、________、________、________、________。

三、单项选择题

1. “底价”的确定一般是成本加上最低的预期利润。它是确保己方最基本利益的界限,并可以使谈判人员的报价心中有数,调动幅度是底价至最高报价的弹性区间,是讨价还价的基本依据,这是指报价的(　　)。

A. 合理性原则　　B. 策略性原则　　C. 综合性原则　　D. 艺术性原则

2. 显示出让步者是妥协、希望成交的,让步者的立场越来越强硬,即让步不是无边无际的,明白地告诉对方让步到什么时候为止,对方不要再抱有什么幻想了。这种方法是(　　)。

A. 妥协成交型　　B. 刺激欲望型　　C. 希望成交型　　D. 强硬态度型

3. 1945 年圆珠笔在美国问世，生产成本只有 0.5 美元，厂商把出厂价定为 10 美元一支，市场零售价高达 20 美元一支，这运用的是(　　)。

A. 报价的低价技巧　　B. 报价的高价技巧

C. 综合报价技巧　　D. 心理报价技巧

4. 报价要坚定果断、简明和掌握报价时机指的是报价基本原则中的(　　)。

A. 合理性　　B. 策略性　　C. 综合性　　D. 艺术性

5. 卖方底价小于买方底价是(　　)。

A. 成交困难报价　　B. 不可能成交报价

C. 可能成交报价　　D. 一定成交报价

四、多项选择题

1. 成功的报价是(　　)。

A. 卖方开价大于买方底价　　B. 买方还价小于卖方底价

C. 卖方开价小于买方底价　　D. 买方还价大于卖方底价

2. 有效处理对方怨言的要点是(　　)。

A. 不要感情用事　　B. 耐心倾听

C. 不要轻易下结论　　D. 要立刻处理

E. 宽宏大量　　F. 不能简单行事

3. 谈判中处理对方的反对意见的方法是(　　)。

A. 引例法　　B. 反问法　　C. 移花接木法　　D. 充耳不闻法

E. 正面回击法

4. 谈判中可不立即排除障碍的情况包括(　　)。

A. 过早提出价格问题　　B. 提前提出问题

C. 琐碎无聊的问题　　D. 质量问题

5. 无损让步法包括(　　)。

A. 向对手说明，其他大公司或者有地位、有实力的人也接受了相同的条件

B. 反复向对手保证他享受了最优惠的条件

C. 尽量圆满、严肃、反复地解释自己的观点、理由，详尽地提供有关证明、材料，但是，不要正面反对对方的观点(这是关键，否则力气全是白费)

D. 反复强调本方的完美、周到、突出的某些条件，如交货日期、付款方式、运输问题、售后服务甚至保证条件等

五、简答题

1. 先报价与后报价的利弊是什么，在谈判中如何处理?

2. 还价时怎样灵活应对，谈一谈你的看法。

3. 有八种让步方式，你会常使用哪种? 为什么?

4. 在处理对方的怨言时要宽宏大量，生活中你是否能做得到? 怎样培养自己宽以待人的胸怀?

实践课堂

(1) 实践目的:锻炼学生报价、还价、让步的操作能力。

(2) 实践内容:以小组为单位模拟报价、还价、让步的过程。看看哪一组运用的策略多,并能灵活处理谈判中的问题,收到较好的谈判效果。

(3) 实践要求:认真按照报价、还价、让步的要求去做。

第六章　商务谈判的结局

【学习目标】

(1) 掌握合同的内容、签订合同的要求及签订合同的过程。

(2) 认识及时进行谈判总结的重要性，熟练汇总、归档及做好谈判结束后的其他工作。

(3) 了解签约后谈判的内容。

◆ 引导案例

中国造船业的危与机

2020年4月29日，中国船舶集团有限公司旗下的中国船舶工业贸易有限公司、上海外高桥造船有限公司、广船国际有限公司与交通银行股份有限公司旗下的交银金融租赁有限责任公司在北京、上海、广州三地以“云签约”方式签署了合同总金额约为46亿元人民币的大订单。

2020年前三个月，我国造船业放缓了建设脚步，新船交付量也受到影响。深受困扰的中国船厂在2月的交船量创下15年最低值。

1. 船企生产不容乐观

2020年前三个月，受全球疫情影响，中国造船业多项经济指标同比下降，形势不容乐观。

1月，中国船厂以22艘新船订单、总计51万吨的补偿总吨，排名全球第一，但2月仅获得一艘集装箱运输船造船订单，共计8000补偿总吨。

2月，中国船厂的大量船舶面临着推迟交付，而这一切也给当时的韩国船企接单带来更大的机遇。据当时的韩国媒体报道，中国大量船舶建造进度不得不延迟，此前，包括沪东中华、大船集团、外高桥造船等主要船企都已经向船东发出了“不可抗力”通知，让船东们越来越感到不安。正在中国船企进行建造或改装的200余艘船舶将会延期，船舶交付时间可能延迟4周至6周，甚至更长。

3月中旬，中国订单量骤降，迫使中国船厂停止了正常运营。2020年以来，中国船舶的出口量也有所下降，1—2月，中国船舶出口量为571艘，同比下降34.3%。

此外，据中国船舶工业行业协会公布的《2020年1—2月船舶工业经济运行情况》显示，国际航运市场震荡下行，全球新船订单量大幅减少。我国造船完工量和手持船舶订单量同比下降，但受去年同期基数较低影响，我国新承接船舶订单同比增长。重点监测企业工业总产值等主要经济指标同比下降。

过去几年，航运市场总体上处于低位徘徊，面对当前全球经济下行压力不断增大、国际地缘政治日趋复杂和航运市场仍处于运力严重过剩的不利条件，今年飞出的疫情这只巨大的“黑天鹅”，短期内会严重影响国际航运市场投资心理与预期，增添行情悲观气氛，进而波及新兴造船市场。

2. 新订单纷至沓来

但是,这也是一个危险与机遇并存的时代。中国造船行业借此机会进行产能出清,这给予大型船舶制造公司一个行业整合、提升竞争力的机会。

特别是在液化天然气船建造项目方面,中国船舶集团正式签订的总金额超200亿元人民币的建造项目让中国船企格外振奋。在签约仪式现场,沪东中华造船(集团)有限公司党委书记、董事长陈建良表示,沪东中华能够在这场造船业巅峰之战中拔得头筹,夺得首批订单合同,彰显了中国经济走出疫情阴霾的强大力量。

据悉,2月28日,中国船舶旗下的外高桥造船与新加坡船东签署2艘15.8万吨苏伊士型油船合同,这是外高桥造船自主研发设计,在已交付船型基础上开发的新一代绿色节能型油船,满足最新规范要求,各项性能均达到世界领先水平。

双方调整原定的面谈方案,经过反复的书面沟通、召开视频会议进行谈判,最终促成了签约。更重要的是,这还是双方继2019年12月签订全球首艘21万吨双燃料散货船项目后,短期内再次签订的新订单,开启了多船型领域合作的新篇章。

资料来源:疫情之下造船业的危与机[EB/OL]. 2020-05-05[2020-07-08]. https://www.ihaiyuan.com/bencandy.php?fid-33-id-265733-page-1.htm.

启示:外部环境带来的变化是持续的、复杂的,我们面对的是全球市场的变化,未来的情况很难预知,但是,作为具有全球竞争力的造修船企业,会进一步加大市场开拓力度,持续做好经营承接工作,使公司持续健康发展。

第一节　谈判结果的确认

一、谈判结束的契机

(一) 成交的迹象

商务谈判经过激烈的辩论之后,谈判者如果意识不到已经出现的成交信号,继续长篇大论地说下去,致使对方兴致索然,就可能导致谈判告吹。

成交信号是一种暗示成交的行为和提示。在实际商务谈判中,谈判者为保证自己所提出的交易条件或为了杀价,即使心里很想成交,有些谈判对手也不愿意主动和明确地提出成交,而是通过其他方式流露出成交意向。优秀的谈判者,要善于感知他人态度的变化,从各种迹象中判断出成交的势头。

(二) 发现成交信号的方法

成交信号尽管是一种暗示,但也可从谈判人员的言谈举止中流露出来,因此,可以通过谈判人员的言行和局势的发展态势进行判断。

1. 通过谈判对手的语言发现成交信号

通过谈判对手的语言发现成交信号即通过谈判对手的语言来分析和判断其成交意向的方法。其语言呈现以下的特点。

谈判者用最少的言辞阐明自己的立场,谈话中表达出一定的承诺意愿。如:“好,这是我最好的主张,现在就看你的了。”谈判者所提的建议是完整的、明确的,一再向对方保证,现在结束谈判对对方有利,并说明理由。在很多的情况下,虽然对方有了成交意图,但仍然会提出一些反对意见。这些反对意见是一种信号。

在谈判时要注意细心领会谈判对手的言外之意,琢磨对手言辞背后的动机。善于分析判断,认识到表象背后的实质。主动和谈判对手进行反馈交流,必要时要求谈判对手澄清和解释其语言的含义,如"对不起,您的意思是……"等,明确对方的意图。

2. 通过谈判对手的表情和行为发现成交信号

通过谈判对手的表情和行为发现成交信号即通过谈判对手的表情、情绪和行为举止来判断成交意向。人的心理活动是有规律的,其内心的喜怒哀乐是会通过情绪、表情和行为举止不自觉地流露出来的。谈判人员应注意对方的表情,观察对方的行为举止,如:是愉快的还是厌烦的;赞赏的还是轻蔑的等。观察谈判对手的步履、精神、情绪等,结合其他因素进行分析和判断。只要掌握了谈判者的心理活动规律,善于观察对方在洽谈结尾的言谈举止,就能洞察对方的一切。

3. 通过谈判的局势发现成交信号

通过谈判的局势发现成交信号即谈判人员通过对谈判进展的局势分析判断对方成交意向。如果谈判对手乐于接受约见或在洽谈期间不接待其他的公司的谈判人员;主动介绍本公司负采购的人员;索取产品样本或估价单,比较各项交易条件等。

要想圆满地结束洽谈,辨认对方的信号是一个重要的先决条件;而后,再巧妙地向对方提出一些问题,可以使肯定的购买欲望转化为购买决定。

(三)商务谈判的结果和目标

1. 商务谈判的可能结果

谈判结果是谈判双方通过磋商,最后形成的有关交易条件的一致意见。即使谈判破裂,双方之间没有达成任何协议,也应属于谈判结果的一种。为便于分析,通常把谈判结果限定为双方谈判成功而达成了交易条件。

(1) 即达成交易、改善关系。意味着谈判双方谈判目标顺利完成,实现了交易,双方关系在原有的基础上得到改善,促进双方今后的进一步合作。这是最理想的一种谈判结果,既实现了眼前利益,又为双方长远利益的发展奠定了良好的基础。这要求谈判双方能本着真诚合作的态度进行谈判,在谈判中双方都能为对方着想并做出一定的让步。这是谈判双方要达到的最高的谈判目标。

(2) 即达成交易、关系没有改善。该结果仅次于第一种结果,双方在此次交易中都实现了各自的利益,没有追求建立长期的合作关系,也没有太大的矛盾造成不良的后果,双方平等相待,互有让步,成功地完成交易。

(3) 达成交易、关系恶化。虽然交易达成了,但是双方付出了一定的代价,双方关系遭到一定破坏或产生阴影。这种结果对今后的双方长期合作是不利的,是牺牲了双方的关系换取的交易成果,是一种短期行为。

2. 谈判结果和谈判目标的关系

多数情况下,谈判结果和目标在内容上是一致的,能反映谈判者的预期经济利益要求;另外,因为谈判结果很难同谈判目标完全吻合,谈判目标是事先估计制订的,带有较大的主观性,两者之间常常会存在一些差异,尤其是谈判过程中突然发生的种种变化,会使谈判者难以控制谈判结果,按主观意愿去发展。

从谈判结果和谈判目标的关系来看，要全面正确地评价谈判结果，既不可抓住固定的目标不放来评估谈判结果、评价谈判的成败，又不可脱离谈判目标，接受或拒绝谈判自行发展的结果。要分析谈判结果和谈判目标的差异，只要这种差异在合理的界限范围内，便能谋求两者的统一；事实上，这种差异的合理范围是可以确定的。由于两者关系的统一性，除非某些特别因素的影响，谈判结果和目标的差异不会太出人意料。

另外，在制订谈判目标时，根据弹性原则规定了谈判目标的合理余地，并对谈判目标进行了分级，只要达到了基本的谈判目标，达到了谈判目标所规定的最低界限，谈判结果显然是让谈判者满意的。当然，达到更高的谈判目标是谈判者求之不得的事情。

二、接受者的心态分析

谈判者对于已接受的交易条件，通常表现出以下三种不同的心态。

1. 面对谈判对手

面对谈判对手时，谈判者愿意接受无利可图或者获利甚微的成交条件，而对方却得到极大的满足。这是谈判者为了改善和发展双方关系，不得已接受了这些条件，装出一副重大牺牲的样子。

2. 面对管理部门或领导

面对谈判者的管理部门或上司时的态度是：这些成交条件是谈判目标内的，而且在某些方面比预计的要好得多。我方的条件不能太苛刻，否则，会使谈判破裂。

3. 面对个人

面对谈判者个人时，表现出一种辩证的、模糊的态度。本人同意这些交易条件，这是可能争取到的最大优惠，对方从该项交易中所获并不多。但对方有可能在谈判中欺骗了自己，如果本人发现并证实如此，以后对方就别想再占到任何便宜！要认真地进行总结，调整好心态。

三、谈判中非原则性问题的磋商

非原则性问题是指在实质性谈判中没有引起重视或未确定的、与双方利益关系不大的交易条件以及结束谈判过程前后的一些程序上、形式上的问题。在对主要交易条件、原则性交易条件取得一致后，谈判结束之前，还存在一些非原则性的问题需要进一步磋商并确定下来。

由于每项交易的具体情况不同，因而会出现不同的非原则性问题。在一项交易中，某些交易条件属于原则性问题，为双方所重视，而在另一项交易中，这些交易条件则可能成为非原则性问题，在激烈的实质性谈判中并不为谈判双方所重视。

当主要条件达成一致后，非原则性问题的磋商不会出现大的分歧，双方的让步也容易得多，“舍小取大”的道理双方都明白，但是谈判者也必须持谨慎态度，因为这些问题的存在并非可有可无：一则对它们的处理影响到主要交易条件的履行；二则妥善地处理好这些问题也能争取到既得的利益；三则可以通过对这些问题的处理加强同对方的协作和友好关系。因此，对非原则问题的谈判也应视为整个谈判的一个必要组成部分来对待，并尽可能争取有利的结果。

第二节　签订书面合同

一、书面合同的形式

在商务活动中，书面合同的名称和形式无特定的限制。经常使用的形式有合同和确认书。国内经济组织间的交易活动中主要使用合同形式，外贸业务中使用合同和确认书两种形式。另外，我国有关部门大多有一定标准格式的书面合同，以备使用。

1. 合同

合同的内容比较全面、详细。以货物贸易合同为例，除了交易的主要条款如商品的品名、品质、数量、包装、价格、运输、交货时间、货款支付方式外，还包括保险、商品检验、索赔、仲裁、不可抗力等条款。卖方草拟提出的合同称为“销售合同”；买方草拟提出的合同称为“购货合同”。使用第三人称。

2. 确认书

确认书是合同的简化形式，双方通过磋商多次对交易条件进行修改、还盘，最后接受时，为避免误会，请接受方予以认定的凭证，在接受后，补充确认书。可补充口头或电文中尚未列出的一切交易条件，防止电报电传有误。由买方出具的称为“购货确认书”；卖方出具的称为“销售确认书”。使用第一人称。

在国内商务活动中，由其中一方根据双方谈判同意的条件制成一式二份合同书，双方在合同上签字，各保留一份。

在国际商务活动中，一般均由我方根据双方同意的条件制成一式二份的合同或确认书，先在上面签字，然后寄给对方，对方经审核无误并签字后，保留一份，将另一份寄给我方。

如果对方在签字后寄给我方的合同书或确认书上更改或附加条款，与原达成的协议的内容有抵触，而我方又不能接受时，应及时拒绝，否则，以经过双方签字的书面合同或确认书为准。

二、书面合同的构成

书面合同一般由以下三个部分构成。

1. 约首

在合同的首部，包括合同的名称、合同编号、订约日期、地点、买卖双方的名称、地址、电传/传真和电子邮箱等内容。合同中双方的名称要用全称，地址要详细列明。国际商务活动中，有协议书的合同，还要加上合同签订的依据。

2. 本文

本文是合同的主体，具体规定双方的权利和义务。

本文是对各项交易条件的具体规定。以货物贸易合同为例，该部分包括品名、品质、数量（或重量）、包装、价格、交货条件、运输、保险、支付、检验、索赔、不可抗力和仲裁等项内容。

3. 约尾

约尾部分包括合同份数、使用的文字及效力、签约日期和合同生效日期、附件的效力，以及有正当权限的自然人或法人代表签字等。合同样本见本书第十一章。

三、合同的最终形成——签字

1. 签字前的审核

合同文件撰写好后,签字前,应认真核对合同文本(两种文字时)的一致性;文本与谈判协议的一致性;核对各种批件,如项目批件、许可证、设备文件是否完备与批件内容是否一致。

审核中发现问题时,应及时互相通告,并调整签约时间,求得对方的谅解,避免因此而产生误会。

2. 签字人

主谈人不一定是合同的签字人。商务合同一般由企业法人代表或其授权人签字。在目前的业务中,签字有四种情况:金额小的合同由业务员或部门经理签字;金额较大的合同由部门经理签字;成交金额大、内容属于高技术领域的合同由公司领导签字;交易内容涉及政府或交易履行与政府相关时,由政府代表和企业代表在合同的某些文件中共同签字。

3. 签字仪式

为了体现合同的重要程度和影响的大小,签约的仪式也不同。一般合同的签字,主谈人与对方签字即可,地点在谈判室或在宴请的饭店。大额合同的签字,由领导出面,要安排签字仪式。

重大合同即政府参与的合同,视其宣传需要或保密要求,决定是否安排隆重的签字仪式。若需要安排签字仪式时,需选择高级饭店,邀请新闻媒体光临。

四、签订合同应注意的问题

在商务活动中,尤其是国际贸易中,合同是规定双方在交易中各自的权利和义务的书面协议。交易合同不仅涉及交易双方的利益,而且还关系到与交易活动有关的一系列当事人的利益,同时也涉及国家的权益和政策法令。因此签订合同是整个交易程序十分重要的环节,应注意以下三个问题。

1. 遵纪守法

在签订合同时,必须贯彻国家有关方针、政策,遵守一系列法律和规定,体现交易双方"平等互利"的原则。

2. 合同与谈判内容的一致性

在签订合同时,要注意合同内容和磋商谈判达成的交易条件内容完全一致。合同条款的规定必须是客观记录的谈判结果。

3. 合同条款之间必须协调一致

在签订合同时,应注意合同条款的一致性,各个条款之间必须协调一致,相互呼应。比如在国际货物买卖合同中,选用的价格条件定为"FOB"或"CIF"来成交,运输条款和保险条款均应与此一致。

第三节 谈判总结

一、谈判记录的汇总与归档

谈判的每一个阶段,都必须做详细的谈判记录。谈判是一个漫长而复杂的过程,仅凭谈判人员的记忆难以保证协议的高度准确性。从谈判实践来看，谈判双方很难凭大脑记住全部的谈判内容，因而极易就已达成协议的问题再度发生争执。

过分相信谈判者的直觉和记忆而不重视记录是一个危险的谈判习惯。因此，有效的方法是做好谈判记录。谈判记录的汇总与归档应做好以下工作。

1. 双方通读记录条款

通读记录条款以表明双方一致同意各条记录，通常当谈判涉及基本条款时须使用这一方法。

2. 一方整理双方确认

每日每场的谈判记录应由一方在当时整理就绪，并经双方予以确认，尽量不要拖到第二天；第二天，作为议事日程的第一个项目宣读后，经双方通过并确认昨天的谈判记录，要注意防止反复。

3. 记录完整

如果只进行两三天或更短时间的谈判，作为多次记录的谈判，在整个谈判快要结束时，须对谈判记录进行汇总，形成一个完整的记录——协议备忘录，它是一个非常重要的文件，是双方谈判观点的具体化，并作为签订正式合同和协议的基本文件。协议备忘录必须经双方同意并签字后才能有效。

4. 妥善保管

每次的记录和记录的汇总文件都必须妥善保管，并作为企业的业务档案归档，一方面作为双方签订合同和履行义务的原始参考依据，另一方面作为企业与其他经济组织曾发生过业务往来的历史档案，为以后进一步发展关系准备参考性文件。记录文件销毁的最早时间，必须在确认双方完整履行该项交易中的义务之后3～5年。

二、谈判总结的内容

对一个谈判过程进行全面系统的总结是必要并有意义的，因为总结可以把谈判前后主观估计和预测的情况同实际发生的客观结果进行比较分析，清楚地看到两者间的差异所在，并进一步找到形成差异的原因，从而完善对整个谈判计划的指导工作，完善谈判过程中的技巧。谈判总结的内容如下。

1. 战略

谈判对手调查，谈判目标确定，谈判人员选择等方面的经验和教训。

2. 谈判方案的实施

谈判准备工作，对谈判程序的安排，以及对程序的有效控制。

3. 谈判的组织

谈判组内职权与职责的规定，谈判气氛的形成，训练状况，工作作风，通信联络方式，互相配合情况。

4. 了解谈判对手

要了解谈判对手的有关情况，其工作风格，小组整体的工作效率，谈判人员的素质，以及谈判对手在谈判中最为关心的问题。

三、谈判结束后的其他工作

在艰难的谈判结束之后，谈判人员常常会异常欣慰，难以对付、缺乏人情味的谈判对手，瞬间成为合作的伙伴。谈判双方可利用一定的娱乐形式表示祝贺,庆祝交易成功,庆祝业务上的顺利合作,并借此减轻谈判人员精神和心理上的压力,巩固双方未来继续合作的气氛,使谈判善始善终。

第四节　签约后的谈判

签约后的谈判又称后续谈判。在通常情况下,商务合同一经签约,就标志着商务谈判过程的终结,签约各方大都会按合同规定,努力完成己方所承担的义务。但在商务合同签订后的执行过程中,也可能会因为种种原因使一方的责任未能履行或权利受到损害而引起争议,从而导致重开谈判。因此,签约后仍然可能有少数的后续谈判。但因为双方有合同约束,谈判的内容范围、气氛或者策略与签约前不同。

一、履约前的谈判

(一)履约前进行谈判的原因

1. 国家政策和宏观经济环境发生变化

国家政策和宏观管理等发生非企业本身原因的变化。例如,由于国内市场情况,政府宣布某商品实行政府管制或禁止外运等。由于成本价的直接、间接影响变动引起的争议是经常发生的。

2. 国际市场的变化

在对外贸易中,由于国际市场情况发生变化,从而引起如下因素发生相应变化,往往导致不能履约。如对外贸易管理变化,进出口配额改变,价格变化以及计价货币,币值波动等等,而引起争议,导致要进一步谈判。

3. 技术背景发生变化

由于技术背景发生变化,还有资金、设备、技术的变化,产品不符合市场需求等,致使合同无法生效,从而导致谈判。

4. 不可抗力的发生

履约前,由于不可抗力事故的发生,如重大自然灾害(地震、水灾、火灾)等,使合同的履行发生困难,从而引起争议,导致谈判。

(二)履约前谈判的方法

1. 变更合同内容

维护原订合同,或变更部分合同内容。例如,某公司与国外企业订立的合同以日元计价结算,合同执行前国际外汇市场变动,日元升值。如果双方就此提出重开谈判,就存在着明确谈判目的问题,即是维护合同还是取消合同?一般在这种性质的谈判中,双方均愿维护合同。

谈判中,坚持"利益原则",即获利大的一方做出让步。坚持"互谅互帮"的原则,双方都做出让步。按此原则,采取的方式有卖方降价;提供相当降价额的设备或备件、材料;改善付款条件;改变部分合同内容,但不影响原合同目标。买方同意减少一定量的进货、服务,允许更改部分合同内容。

2. 撤销合同

当上述挽救或部分变更合同的努力失败后，双方可能就撤销合同或协议进行谈判。如一方坚持另一方反对，则产生合同纠纷。在这种情况下，谈判的目的变为如何划分责任，如何赔偿。如达不成协议，只有申请仲裁或诉诸法律来解决纠纷和争议。

二、履约中的谈判

（一）履约期间争议的原因

通常，履约期间产生争议的原因有以下三种。

（1）货款支付方面的问题，如买方违约，不按时开出信用证或汇款。

（2）收货方或发货方的问题，如买方无理拒收货物，或卖方违约不能按合同规定的时间、质量、数量、包装交货等。

（3）合同条款不明确，双方理解不一，产生争议等。这些争端如不能及时解决，必然导致履约过程中的谈判。

（二）履约中谈判的方法

履约期间谈判，一方面，取决于争端对谈判双方的经济影响。比如，卖方交货延误，会对买方产生不利的影响。如某款式的服装目前正流行，如果卖方迟交错过了时令，买方转售时产品已滞销了。此时，买方宁肯撤销合同，也不愿接受违约赔偿。另一方面，履约过程中重开谈判还取决于违约的范围、程度及性质。

例如，交货数量短缺在合同溢短装条款允许的范围之内，应谈判短缺部分是退款或是补货。但如违约性质为商品规格、型号与合同不符时，对买方的影响是多方面的，甚至是致命的，问题就不同了。重开谈判便面临是修补合同、更改条件继续执行或是取消合同。

三、履约后的谈判

（一）合同履行后争议的原因

合同履行后产生争议的原因通常有以下五种。

（1）单项或成套项目买卖，带有保证目标的工程设计或技术服务的合同。

（2）最后验收其质量，未能达到指标的合同。

（3）商品不符合要求，最终条款未能执行或对原条款有异议等。

（4）售后服务保修等条件未能执行。

（5）原有条件有异议等。

（二）履约后谈判的方法

履约后谈判，取决于提议一方的目的和意图是在接受事实的基础上谈判赔偿、弥补损失；还是推翻前议、判明责任后解除合同。比如，想获得技术的买主，当收到不满意或制造技术不过关的设备时，宁可修理不合格的设备，以求得到所购装备的技术，因而买方更多地把目标置于在谈判中如何获得技术，而不会谈判如何退货和索赔。

通常买主在收货验收不符要求时，首先想到其利润的得失，因而重开谈判目标直指“责任”与“赔偿”问题。

履约后谈判是以摆事实、查依据、对比合同条件来讨价还价。买方拒收或索赔，应有商检证明,验收报告,作为客观依据,使人信服。而供货方亦应有证据,如测试报告、旁证等。应该注意的是:买方若决定撤销合同、全部退货,要充分考虑资金追回的可能性,在存在分歧状况下的强行退货,常常形成长期合同纠纷。

四、索赔或理赔谈判

(一)引起索赔或理赔谈判的原因

无论是买方和卖方违反合同义务,在法律上均构成违约行为,都须向受损害方承担赔偿的责任。受损害方向违约方提出索赔,违约方受理赔偿即理赔。

索赔或理赔谈判与合同谈判是两种性质不同的谈判。首先,谈判双方的心情和态度不同。合同谈判是为达到共同目的或目标而进行的,双方都从合作的愿望出发,本着积极合作的态度,努力寻找一致点。而索赔或理赔谈判,是因合同执行中引起的,双方为了维护自己的利益,尽量把违约责任推给对方。

一方提出索赔要求,另一方总企图全部或部分拒绝赔偿。其次,谈判的内容和要求不同。合同谈判主要是解决统一思想、寻求合作目标达成协议的问题。而索赔、理赔重点是解决分清责任和索赔、理赔数量问题。最后,谈判的方法也不同。合同谈判可以开门见山,一开始就接触实质性目标和条件。索赔或理赔谈判则要先弄清事实,分清责任和原因,然后才能谈判具体赔偿问题。

(二)索赔或理赔谈判的准备工作

索赔谈判比合同谈判更艰巨、更复杂,需要有充分的思想准备和过细的沟通工作。索赔或理赔谈判的准备工作包括以下四个方面。

1. 要按规定期限取得索赔证据

索赔必须在合同规定的索赔期限内,提出有力的索赔证据。因此,必须在货物到达后,在规定的时间内进行检验和鉴定,需要提出索赔的,要在规定期限内向对方提出索赔要求。

2. 要分清责任

要查明造成损害的情况,分清责任。一般来说,与索赔争议有关的责任人包括卖方、买方、承运部门、保险公司及其他责任人。如无法确定责任归属人或确定责任对象,不仅解决不了索赔问题,而且还会误时误事。

3. 认真准备谈判证据和资料

认真准备谈判必需的证据和各项资料。索赔谈判涉及许多技术问题,需要大量的资料。除需要商品检验机构出具的货损或质量检验证明外,必要的索赔证件一般还包括提单、发票、保险单、装箱单、磅码单正本或副本以及索赔清单。

4. 认真研究索赔方案

认真研究、制订索赔谈判方案。在索赔方案中除列明索赔案情和附以必要的证件外,还要订好索赔的策略。一般索赔方案要由企业主管业务的领导审核,涉外的重大索赔案件,要由上级领导机构审核。

(三)索赔或理赔谈判的原则

索赔与理赔谈判,一般应遵循以下原则。

1. 实事求是

严格按照合同规定的条款,应该索赔或理赔多少,就索赔或理赔多少,不要任意扩大或缩小。

2. 友好协商

尽可能通过友好协商,解决双方的争议。索赔在正常交易中会经常发生,不能因为索赔把关系搞得很紧张,而影响今后的贸易往来。当然,如果通过友好协商不能解决时,也应区别情况,采取调解、仲裁或诉讼的方式解决。

3. 公平合理

不要借机给对方出难题、"敲竹杠",提出过分要求。那种"索赔金额宁多勿少,理赔金额宁少勿多"的想法是难以实现的。

4. 有理有节

索赔与理赔谈判的依据,是商务合同中规定的损害赔偿的条款。赔偿条款分为以下两种。

(1) 罚金条款。即规定在一方违反合同规定义务情况下,应向对方支付约定的金额,作为给予对方遭受损失的赔偿。一般适用于不按期交货或延期接受货物而导致的损失。但在支付罚金后,并不意味着免除应尽的合同义务,合同的条款仍须继续执行。

(2) 异议索赔条款。即规定一方违反合同所商定的义务时,另一方提出有关索赔办法和索赔时间。适用于品种、质量、数量方面的索赔。只有严格按照合同条款进行索赔谈判,才能做到有理、有利、有节。

(四) 索(理)赔的解决途径

1. 当事人自行协商解决

就是由与索赔问题有关的当事人通过谈判、协商解决的办法。能及时解决索赔问题,有利于双方建立良好协作关系,并减少费用开支。

2. 调解和仲裁

调解是指由双方选定的第三者或机构,主持双方当事人就索赔问题进行调解协商,以达成协议。仲裁是依照合同或双方达成的仲裁协议,仲裁机构站在中立立场对索赔请求做出裁决。

3. 法院审理

如果经协商、调解仍不能解决索赔问题,没有达成仲裁协议由仲裁机构处理纠纷时,任何一方的当事人都可向法院提出诉讼(国内贸易是向人民法院提出诉讼,国际贸易是一方单方面向有管辖权的法院提出诉讼)。国内司法部门在解决和诉讼的方式上,一般仍以调解为主,调解不成时再进行判决。

当事人对法院判决不服,可在法定期限内向上级法院上诉。上诉后做出的二审判决为终审判决,当事人对此必须执行。通过法院诉讼解决争议,一般诉讼的程序比较复杂,审理案件的时间较长,费用较高,双方的关系也比较紧张,非不得已一般都不采取诉讼方式解决。

课后案例

跨太平洋伙伴关系协定谈判终局

2016 年 2 月 4 日,美国、日本、澳大利亚、文莱、加拿大、智利、马来西亚、墨西哥、新西兰、秘鲁、新加坡和越南 12 个国家,在奥克兰正式签署了跨太平洋伙伴关系协定。

跨太平洋伙伴关系协定(Trans-Pacific Partnership Agreement,TPP)是指 2006 年由新

加坡、文莱、智利与新西兰启动的自由贸易协定。TPP包括上述的四国,之后美国、澳大利亚、越南、马来西亚以及秘鲁、墨西哥、加拿大、日本先后加入谈判。

TPP原则上要求100%废除关税,其内容比自由贸易协定(FTA)更为广泛,自由化程度也更高。除消除关税等贸易壁垒的内容外,还包括实现人员、资金流动的自由化,保护知识产权,改善经营环境等内容。当然,各国可根据本国实际情况,在磋商过程中争取一定的缓冲期,以保护本国的弱势产业,如智利就为本国的小麦和砂糖保留了10年的缓冲期。在TPP已经生效的四个国家,80%以上产品的关税已被撤销,其余也将在协议生效后10年内撤除。

TPP的发展进程如下。

(1) 酝酿阶段(1990—2000年)。这一时期,全球区域经济一体化的势头迅速兴起,在亚太地区主要体现为亚太经合组织(APEC)的诞生。1994年11月,APEC在《茂物宣言》中阐述了"开放的地区主义"理念,明确提出了发达国家和发展中国家实现贸易投资自由化的时间表和目标。在APEC的推动下,亚太地区各经济体的开放程度不断提升,经济合作领域迅速拓展,新加坡、智利等贸易自由化程度较高的国家开始考虑建立高标准的自由贸易区,这为TPP的出现奠定了重要基础。

(2) 起步阶段(2001—2008年)。这一时期,WTO多边贸易体制进展缓慢,多哈回合谈判陷入停滞。与之相对照,区域自由贸易协定(FTA)呈现迅速发展的态势。随着中国—东盟、韩国—东盟、日本—东盟等FTA的成功签署,亚太地区逐渐成为全球FTA的中心。受此影响,新西兰、新加坡、文莱、智利4国于2005年共同签署了跨太平洋战略经济伙伴关系协定(TPSEP),这也是TPP的前身。

(3) 快速发展阶段(2008—2009年)。2008年下半年爆发的国际金融危机对世界经济产生了严重的冲击。出于应对金融危机和美国战略重心转移的需要,加上美国反恐战争和伊拉克战争基本结束,奥巴马政府将TPSEP作为美国介入并主导亚太地区经济一体化进程的重要杠杆,于2008年11月正式宣布加入TPSEP。

在美国的主导下,2009年底TPSEP被更名为TPP。这一时期,除美国以外,越南、秘鲁、澳大利亚、马来西亚、加拿大、墨西哥、日本等国相继加入谈判,从而使TPP成员国范围由最初的4国(P4)迅速扩大到目前的12国(P12)。迄今为止,TPP已进行21轮谈判,取得了明显的进展。

(4) 初步敲定阶段(2013年至2015年10月)。2013年,日本加入。至此,TPP谈判方达到12个,包括美国、日本、澳大利亚、文莱、加拿大、智利、马来西亚、墨西哥、新西兰、秘鲁、新加坡、越南,占全球GDP的38%,占全球出口的24%。2015年9月30日至10月5日,跨太平洋伙伴关系协定部长级闭门谈判在美国亚特兰大举行,美国、日本、加拿大、澳大利亚等12国最终达成基本协议,TPP取得实质性进展。

(5) 完成阶段(2015年至2016年2月)。2016年2月4日,TPP在新西兰最大城市奥克兰正式签署跨太平洋战略经济伙伴关系协定。

TPP是跨区域的自由贸易协定,与以往自由贸易协定相比具有以下三个鲜明的特点。

(1) 成员国之间存在巨大的差异性和复杂性。

(2) 协议内容的广度和深度超过以往任何自由贸易协定。

(3) 协议内容和标准更多体现美国自由贸易理念及其战略利益诉求。

国际金融危机爆发后,美国(前)总统奥巴马提出了五年出口倍增计划,即到2015年美国出口增加一倍。而亚太地区作为一个快速成长的新兴市场,对于美国扩大出口、推动经济复苏和增长显然具有重要的意义。

资料来源:莫里斯．跨太平洋伙伴关系协定“终止”中国有望成为亚太自贸区领导者[EB/OL]. 2016-11-23[2020-07-08]. https://world.huanqiu.com/article/9CaKrnJYMKp.

讨论:

(1) TPP协议签署的意义是什么?

(2) TPP协议对中国经济的影响有哪些?

课后作业

一、概念

要约 承诺 索赔

二、填空题

1. 商务谈判结局通常包括________、________、________三个环节。
2. 经常使用的书面合同有________、________。
3. 书面合同一般由________、________、________构成。
4. 谈判总结的内容________、________、________、________。
5. 签约后的谈判包括________、________、________、________。

三、单项选择题

1. 谈判者用最少的言辞阐明自己的立场,谈话中表达出一定承诺意愿。如:“好,这是我最好的主张,现在就看你的了。”这是谈判对手发出的(　　)成交信号。

A. 语言 B. 表情 C. 局势 D. 行为

2. 商务谈判者追求的商务谈判的最佳结果是(　　)。

A. 达成交易、关系恶化 B. 达成交易、关系不变
C. 达成交易、关系改善 D. 没有成交、改善关系

3. 由于(　　),如重大自然灾害(地震、水灾、火灾)等,使合同的履行发生困难,从而引起争议,导致谈判。

A. 国际市场的变化 B. 不可抗力的发生
C. 宏观经济环境发生变化 D. 技术背景发生变化

4. (　　)是依照合同或双方达成的仲裁协议,仲裁机构站在中立立场对索赔请求做出的裁决。

A. 法院审理 B. 当事人协商解决
C. 调解 D. 仲裁

四、多项选择题

1. 签订合同是整个交易十分重要的环节,应注意的问题有(　　)。

A. 遵纪守法 B. 合同与谈判内容的一致性
C. 合同条款之间必须协调一致 D. 尊重对方

2. 谈判记录的汇总与归档应做好的工作包括(　　)。

A. 双方通读记录条款　　B. 一方整理双方确认
C. 记录完整　　D. 妥善保管

3. 履约期间争议的原因有(　　)。
A. 货款支付方面的问题,如买方违约不按时开出信用证或汇款
B. 收货方的问题
C. 发货方的问题
D. 合同条款不明确,双方理解不一,产生争议等

4. 索赔或理赔谈判的原则包括(　　)。
A. 实事求是　　B. 友好协商　　C. 公平合理　　D. 有理有节

五、简答题

1. 合约订立时应注意哪些问题?
2. 履约期间争议的原因有哪些?
3. 索(理)赔的解决方法是什么?为什么只有在不得已情况下才采取诉讼方式?

实践课堂

(1) 实践目的:锻炼索赔的能力。

(2) 实践内容:有一家连锁企业,总部在发展加盟商的过程中,收取了大量的保证金、技术服务费、培训费、加盟费,但在为加盟商提供服务的过程中,没有完全执行所承诺的服务,许多加盟商认为受骗,决定退出,并进行索赔,请问如何解决这个问题?

(3) 实践要求:以小组为单位进行讨论并进行索赔谈判的模拟训练,并写一份谈判总结。

第七章　商务谈判礼仪

【学习目标】

（1）了解商务谈判的一般要求与惯用礼仪，了解商务谈判礼仪与谈判现场礼仪。

（2）熟悉待客礼仪、宴请礼节、涉外礼仪、出席文体活动等礼节。

◆ 引导案例

国际商务礼仪

王先生是国内一家大型外贸公司的总经理，为一批机械设备的出口事宜，携秘书韩小姐一行赴伊朗参加最后的商务洽谈。王先生一行在抵达伊朗的当天下午就到交易方的公司进行拜访，然后正巧遇上他们祷告时间。主人示意他们稍作等候再进行会谈，以办事效率高而闻名的王先生对这样的安排表示出不满。

东道主为表示对王先生一行的欢迎，特意举行了欢迎晚会。秘书韩小姐希望以自己简洁、脱俗的服饰向众人展示中国女性的精明、能干、美丽、大方。

她上穿白色无袖紧身上衣，下穿蓝色短裙，在众人略显异样的眼光中步入会场。为表示敬意，主人向每一位中国来宾递上饮料，当习惯使用左手的韩小姐很自然地伸出左手接饮料时，主人立即改变了神色，并很不礼貌地将饮料放在了餐桌上。令王先生一行不解的是，在接下来的会谈中，一向很有合作诚意的东道主没有再和他们进行任何实质性的会谈。

资料来源：国际商务礼仪案例分析[EB/OL].[2021-1-20]. http://internation.liyipeixun.org/guojishangwuliyi/guojishangwuanli.html.

启示：王先生和他的秘书这次会谈是很不成功的，因为他们不了解伊朗的禁忌，伊朗是信奉伊斯兰教的国家，每天都要做祷告，祷告时工作暂停，这时客人绝不能打断他们的祈祷或表示不耐烦。王先生对推迟会晤表示不满，显然是不了解对方国家的这一商务习俗。

伊朗人的着装比较保守，特别是女性，一般情况下会用一大块黑布将自己包裹得严严实实，只将双眼露在外面，即便是外国妇女也不可以穿太暴露的服装。韩小姐的无袖紧身上衣和短裙，都是伊朗人不能接受的。在伊朗，左手被视为不洁之手，一般用于洁身之用，用左手递接物品或行礼被公认为是一种蓄意侮辱别人的行为。

商务谈判礼仪是指商务谈判中双方或多方通过某种媒体，针对谈判中的不同场合、对象、内容和要求，借助语言、表情、动作等形式，向对方表示重视、尊敬、塑造自身良好的形象，进而达到建立和发展诚挚、友好、和谐的谈判关系的交往过程中所遵循的行为准则和交往规范。

在商务谈判中要想赢得优势，不仅要依赖自己的经济技术实力和谈判技巧，而且还需要有高度的文明礼仪与修养。个人或集体的礼仪与修养的程度如何，将会直接或间接地影响谈判对手对己方实力的评估和认定。有时,因为对对方的礼仪与习惯不了解或知之甚少,造成误解、不愉快或笑话。因此,对谈判过程中的商务礼仪不能有任何疏忽与轻视。

第一节 商务谈判惯用礼仪

在商务谈判中,须遵循一定的要求及惯用礼仪,包括服饰礼仪、社会交往礼仪、馈赠礼仪及日常礼貌等方面。

一、服饰礼仪

服饰是指人在服装上的装饰。穿着打扮是人类生存的基本要素,又是人体外表的重要构成部分。服饰是形成谈判者良好的个人形象的必备因素。

(一)服饰的功能

服饰功能包括自然功能和社会功能。自然功能是指服饰的自然属性,即人类出于保护自身的需要,要求服装能遮阳防雨,抵御寒冷等。社会功能是指在自然功能的基础上所产生的社会效益。因为民族不同以及性别、习惯、年龄等差异,所以在服饰上也有很大的区别。

在商务谈判中,服饰的颜色、样式及搭配等的合适与否,对谈判人员的精神面貌,给对方的印象和感觉等方面都将带来一定的影响。服饰的社会功能越来越被现代社会所重视,也是本节重点强调的。服饰的社会功能包括以下几方面。

1. 服饰是谈判者一定素质的体现

服饰在一定程度上体现出一个谈判者的文化修养和审美情趣。如服饰色彩:灰色象征文雅、随和;黑色象征庄重、深沉;蓝色象征淡雅、宁静;白色象征纯洁、圣洁;服装上浅下深使人感到稳重;上深下浅则使人感到轻盈;明度高的服装使人觉得轻松飘逸;明度低的服装让人觉得深沉凝重。

2. 服饰是谈判者角色形象的反映

服饰能够在一定程度上反映出一个谈判者在谈判中所充当的角色。着装通常是以人为基础。通过服装的色彩、款式、质料的选择、搭配和装束的匹配塑造人体的角色形象。

3. 服饰是谈判者谈判风格的显露

人们对一个人的"第一印象"往往来自他的着装,而服装也确实影响着人的感觉、情绪、印象以及交往结果。在商务谈判中,服饰的颜色、款式对谈判者的情绪和行为也会产生一定影响,甚至成为谈判的技术手段之一,用以动员谈判对象向自己靠拢。

如服饰的反差明显会给对方以个性鲜明感,往往支配着谈判的节奏和进程;穿着长、短风衣者常给人以随便的感觉,往往预示只是进行试探性的预备会谈。

(二)谈判者服饰的要求

总体要求是塑造一个着装合体、合时、自然、整洁、庄重和略显保守的形象。

1. 服饰要庄重、质朴、大方、得体

凡质朴、大方、得体的服饰都是文雅的,谈判者根据自己的特点选择适宜的着装。在商务谈判的场合,穿着一般选择灰色或者褐色甚至黑色,这些颜色会给人一种坚实、端庄、严肃的感觉。

从服饰的样式来看，西装在谈判中已是被普遍认可的服装，主谈人的服装一般要稳重、讲究、略显保守。专业人员的着装一般应优雅、大方、考究，宜穿西装套装。协助谈判人员的着装一般应洒脱、干练、灵活，可穿便装和夹克衫；女性人员的着装应庄重、雅致，可穿西服套裙。

西装分为简易西装和精制西装两类。穿着简易西装比较随便，而穿着精制西装却有一定的讲究。精制西装在穿着时有严肃的制式：其上衣、背心和裤子（即三件套）必须用同一种面料裁制，穿着时不可卷起袖子；同时应穿着皮鞋以成整体感，穿着西装应以衬衫为内衣，并佩戴领带或领结。

2. 服饰要符合角色、体现个性

为了能更好地塑造谈判者的个人形象，谈判者的衣着打扮应具有一定的个性，要针对自身的具体条件，包括性别、年龄、体形、性格和充任的角色，确定服装的式样和色彩的搭配。如色彩的选择，老成持重者宜选择蓝灰基调，严肃冷峻者宜选择黑褐基调，文静内向者宜选择淡雅平稳色系。

3. 服饰要与年龄和体型相协调

穿着要和年龄协调，根据年龄选择服饰，以反映和表现自身的特质。老年人的衣着以稳重、沉着、端庄为宜，穿一套深色中山装，显得成熟、稳重，亦不失老年人的潇洒；穿在小伙子身上，则显得老气横秋。

身高有高低之分，体型有胖瘦之别，肤色有深浅之差。穿着理应因人而异，以强调和改善形体，扬长避短，取得最佳效果。体胖或高大者应以冷色调为主，宜深不宜浅、宜柔和文雅而不宜浓艳鲜亮；体瘦或矮小者应以暖色调为主，宜浅不宜深，宜鲜明亮丽而不宜色彩灰暗。

4. 服饰要与环境和场合相适应

首先，服饰要与自然环境协调，衣服的面料、款式和色彩随季节的变化进行搭配组合。以适应时令的变化。其次，服饰要与社会环境协调，选择大方、色彩淡雅的服饰，以适应群体的心理需求。最后，服饰要与谈判场合协调，男性宜选择庄重、质地好的西装等，切忌穿牛仔裤，以适应谈判的气氛要求。

案例 7-1

某企业与某公司洽谈某种产品的出口业务。按照礼节，该企业人员提前 10 分钟到达会议室。客人到达后，该企业人员全体起立，鼓掌欢迎。对方谈判人员男士均西装革履，女士都身穿职业装；反观该企业人员，只有经理和翻译身穿西装，其他人员有穿夹克衫的，有穿牛仔服的，更有甚者穿工作服。

对方人员脸上并没有出现期待中的笑容，反而显出一丝不快。更令人不解的是，预定一上午的谈判日程，在半个小时内就草草结束，对方人员匆匆而去。

启示：从该企业人员提前 10 分钟来到会议室，可以看出该企业还是比较重视这次谈判的，并且在对方人员到达时全体起立，鼓掌欢迎，这些并没有问题。但实际上一见面对方人员就不愉快，其原因在于该企业代表的着装，因为在对方看来，该企业不重视这次谈判，因此心中产生不快，只好匆匆结束谈判。

商务谈判礼仪一方面可以规范自己的行为，表现出良好的素质修养；另一方面可以更好地向对方表达尊敬、友好和友善，增进双方的信任和友谊。因此要求商务谈判人员应从自身的形象做起,在商务活动中给人留下良好的第一印象。

(三) 女子服饰

在商务谈判中,女性人员的表现往往对谈判结果起到意想不到的效果。因此,女性在商务谈判中应注意树立良好的礼仪形象。

1. 着装

着装是女性在商务谈判中遇到的首要问题。女性在春秋季节以西装、西装套裙为佳,尤其是在较为重要、正式的洽谈场合。在一般性的会谈中可穿着一般的毛衣套装,只要能充分体现女性的自信、自尊即可。女性在夏季着装可以是长、短袖衬衫配裙子或裤子、连衣裙、西装等。裙子外可加开衫。天冷外出时,可以披大衣。

女装要注意不可以露,不可以透,内衣不可以外现,长袖衫的下摆需掖进裙子或裤腰,穿裙装时吊袜带、袜口不能暴露在外。穿裙子时,一定要穿长筒丝袜。袜子的色彩不可太鲜艳,一般以肉色、黑色和浅色透明丝袜为宜。避免选择图案过于复杂的或网眼状的袜子。袜口须不外现,袜子不能走丝或有残破。

女性的服装要注意与发式、首饰、帽子、鞋子相协调。女性谈判人员在参加谈判活动时戴一顶合适的帽子,会增加不少风采,但不宜戴帽沿过于宽大的帽子,否则会遮住别人的视线。鞋子要与全身服装相协调。由于谈判场合比较正式或比较庄重,所以不能穿凉鞋。另外,商务谈判中女性裙装不宜高过膝盖。

2. 首饰

首饰的佩戴是女性在谈判活动中遇到的另一个重要问题。得体的首饰可以给人以淡雅、端庄、大方的感觉,使人尊重之情油然而生;相反,过分鲜艳、俗气的首饰则给人留下轻浮、不自重的印象,甚至引起对方的反感与轻视。

首饰的选择应注意以下五点。

(1) 应尽量避免用那种价格低廉、制作粗糙的首饰。

(2) 以少为佳,不戴亦可。

(3) 同质同色,即佩戴一件以上的首饰,要讲究质地相同、色彩一致。

小贴士

黑色首饰不能在洽谈活动中佩戴,通常用的有五种颜色:红,代表热情与友好;蓝,代表和谐与宁静;黄,代表高贵与典雅;绿,代表青春与活力;白,代表青春与无邪。色彩要根据身份、年龄、个性慎重选择。

(4) 要合乎惯例。戒指一般戴在左手,只戴一枚,绝对不可多于两枚。在国际商务谈判中,左手小指不允许戴戒指。手链可以佩戴,一般戴一条,如果戴在右手且为一条说明自由未婚,若戴在左手或左右都戴则说明“名花有主”了。

(5) 在挂件的佩戴上,须注意特殊禁忌,注意图形文字不要侵犯了对方的习俗禁忌。

3. 化妆

化妆适度,是对客方尊重的必要标志,西方人对此较为注重,认为化妆可称得上是女性的第二时装。在商务谈判活动中,化妆不宜过浓,尤其不可使用浓香型化妆品。

使用香水有一定的讲究,一般用在四个部位:一是两手腕的内侧脉搏跳动部位;二是下巴以下；三是耳后；四是在长裙的裙摆之内，或涂在短裙内的膝盖处。

小贴士

在商务谈判中，女性切忌在众人面前化妆，这是没有教养、不懂礼仪的表现。

二、社会交往礼仪

（一）日常交往中的礼节

礼节是礼貌的具体体现，是人们在日常生活中，特别是在交际场合，相互问候、致意、祝愿、慰问以及给予必要的协助与照料的惯用形式。

1. 守时守约

守时守约是商务交往中极为重要的礼貌。参加谈判及其他活动，应按约定时间到达。过早抵达，会使主人因没准备好而难堪；迟到则让主人等候已久而失礼，还要担心牵挂。万一因故迟到，要向主人表示歉意。如果因故不能应邀赴约，要有礼貌地尽早通知主人，并以适当方式表示歉意。应牢记失约是很失礼的行为。

2. 敬老尊妇

敬老尊妇是做人应具备的一种美德。在我国，敬老爱幼早已形成风尚，但尊重妇女尚需更加重视。在许多国家的社交场合和日常生活中，都奉行“老人优先”“女士优先”的原则。比如，上下楼梯或车辆，进出电梯，让老人和妇女先行；对同行的老人和妇女，男子帮助他们提较重的物品；进出大门，男子帮助老人和妇女开门、关门；同桌用餐，两旁若坐着老人和妇女，男子应主动照料，帮助他们入座就餐等。

3. 尊重风俗习惯

常言道：“入境问禁”“入乡随俗”“三里不同乡，五里不同俗”。不同的国家、民族，由于不同的历史、文化、宗教等原因，各有其特殊的风俗习惯和礼节，应该了解和尊重。

4. 日常交往的礼仪

在日常生活中，正式谈判以外的场合也要注意礼貌。基本原则是：不要打扰别人，注意与周围环境协调。具体说，日常行为举止要注意以下三个方面。

（1）不要放声大笑。在公共场合不要放声大笑。因为这样会使周围的人感到莫明其妙，从而破坏了公共场合气氛。

（2）在酒席上不谈生意。这主要是因为：一方面宴会厅里人多耳杂，以防泄密；另一方面对某些客人来讲，如果酒席上谈生意，对方会认为酒席是诱饵，加以拒绝，结果是自讨没趣。另外，当想谈政治、宗教等问题时，应当首先判断在座者的观点，以免引起麻烦。有时仅仅是一句无意的话，反倒会得罪客人，影响交易谈判。

接受宴请时，无论主人请吃什么，都要表现出高兴的样子，这是关系到对主人、对主人的单位以及当地民族习惯是否尊重的大事。即使菜不对口味甚至难以下咽，也要少吃一些，以示谢意。

（3）赴约准时。登门拜访时应事先约好，因突然拜访是不礼貌的；约好之后就一定要准时赴约，若可能会迟到，就一定要用电话联系。

小贴士

一些国家的禁忌

天主教徒忌讳“13”这个数字，尤其是“13 日，星期五”，遇上这个日子，不宜举行宴请。

印度、印度尼西亚、阿拉伯国家等，不能用左手与他人接触或用左手传递东西。

在使用筷子的国家，用餐时不可用一双筷子来回传递，也不能把筷子插在饭碗中间，日本人特别注意使用筷子的礼节，有“用筷子十忌”。

保加利亚、尼泊尔等一些国家，摇头表示同意，点头表示不同意。

不了解或不尊重别国和其他民族的风俗习惯，不仅失礼，严重的还会影响相互关系，妨碍商务往来，酿成外交事件。除了要学习、了解之外，在没有把握的情况下，可多观察，仿效别人。

(二) 见面时的礼节

见面是双方联系的开端，对商务谈判来说，涉及彼此的第一印象。要重视见面，如果给对方良好的印象，就成功地迈出了合作的第一步。因此，了解交易活动中见面时的礼节是十分重要的。

1. 介绍

在交际场合可由第三者介绍，也可自我介绍，介绍时要自然。要有礼貌地以手示意，而不要用手指点人。要讲清楚姓名、身份和单位，在涉外商务谈判中，还要说明国别。在商务谈判这种特殊的交往场合中，一般由双方主谈人或主要负责人互相介绍各自的组成人员；在双方主谈人或负责人互不相识或不太了解时，一般请中间人介绍双方的情况。

介绍的顺序是：先由客方介绍其成员，再由主方介绍其成员。介绍成员时，先从主要助手介绍起，若有年长并且名望高的，应该先介绍年长者。被介绍人要微笑、点头，以作表示。

2. 握手

在许多国家，握手是一种习以为常的见面礼。在介绍认识时，握手也是一种最自然而常见的礼仪。在一般交际场合，握手更是司空见惯的事情。握手虽然简单，但是其中很多方面必须注意。

(1) 握手要掌握时间，一般来说时间要短。有些人习惯性地握住别人的手不放，甚至猛摇，实在让人无所适从，有时过分了会招致别人的反感。

(2) 握手力量要适度，过轻过重都不好。有的人握手时像老虎钳子，使对方感到酸痛。如果手上戴有戒指，就更难以忍受。有的人握手时过轻，好像不曾触及，这样会给人一种冷冰冰的感觉，会让对方觉得你不愿和他结识或合作。所以，力量适度的握手会使对方感到温和可亲。在商务谈判中，让对手产生这种感觉是十分重要的。年轻者对年长者，身份低者对身份高者，应稍稍欠身，双手握住对方的手，以示尊敬。

(3) 握手时，必须笑容可掬注视对方，切忌目光左顾右盼。

(4) 与人握手时应先摘去手套。

(5) 握手要注意先后顺序。在上下级之间，上级伸手后，下级才能伸手相握；在男女之间，女人伸手后，男人才能伸手相握；在主人与客人之间，主人应先伸手，客人再伸手相握；好多人同时握手应注意不能交叉；在与某人握手时，不要看着第三者。

最后应指出的是，虽说在许多国家都有握手这一礼节，但它并非是全球性的礼节。例如，东南亚一些佛教国家是双手合十致敬，日本人是鞠躬行礼，美国人只有被第三者介绍后才行握手礼，东欧一些国家见面礼是相互拥抱等。了解这些习俗礼节，可以在对外谈判或其他活动中恰当地运用，而不至于出现尴尬局面。

案例 7-2

微软公司的业务遍布全球，作为微软公司的领导者，比尔·盖茨免不了要与各国政要会面。国际上最常见的会面礼仪便是握手，而比尔·盖茨单手插兜独特的握手礼仪，更是吸引了很多人的目光。在会见联合国前秘书长潘基文时，潘基文右手与比尔·盖茨相握，左手同时微微抬起，可见其激动。而比尔·盖茨却是左手插兜，其气势气场可见一斑。在联合国秘书长面前尚且如此，对于其他国家领导同样不例外。

比尔·盖茨与时任韩国总统的朴槿惠握手时，一只手插在口袋内的"随意"行为遭韩国媒体批评。韩国各大媒体均在头版刊登这幅握手照片，还有一些韩国媒体"避忌"地将图片中盖茨插在口袋内的左手剪切掉。韩国《中央日报》在照片说明中写道："文化差异，或是无礼行为?"《东亚日报》则发问："无礼的握手? 随意的握手?"部分新闻门户网站还配发盖茨与其他一些国家领导人握手图片，显示他在一些非正式会晤中保持某些礼节。

资料来源：比尔·盖茨手插裤兜与韩总统握手被批无礼[EB/OL]. 2013-04-24[2021-01-20]. https://ln.qq.com/a/20130424/000227.htm.

启示：韩国深受儒家思想影响，长幼尊卑的观念很强，而且韩国民众对涉嫌损害他们国家自豪感的行为分外敏感。在韩国，与人握手时单手插裤袋被认为是一种不礼貌的行为。美国和韩国的文化差异很大，由此可见，盖茨是一个很随意的人，不受世俗规矩束缚。所以，即使他和国家政要或者国际组织高官见面时，也常常采用这样的方式握手。

3. 致意

有时，谈判的双方或多方之间相距较远，一般可举右手打招呼并且点头致意；有时与相识者侧身而过时，也应说声"你好"；与相识者在同一场合多次会面时，只点头致意即可；对一面之交或不大相识的人在谈判场合会面时，均可点头或微笑致意。

如果遇到身份高的熟人，一般不要径直去问候，而应在对方应酬活动告一段落后，再前去问候致意。

（三）举止

一个人的行为举止和谈吐能反映和表现其修养、能力和影响力，在谈判中对谈判人员要求举止得体，注意谈话的分寸。

人的心理状态会在不经意间通过他的行为举止反映出来。通过解读人的身体语言，就可以了解人的心理状态。世界著名的非语言传播专家伯德维斯泰尔指出：两个人之间一次普通的谈话，口头语言部分传播的信息不到35%，而肢体语言部分传播的信息达到65%以上。

所谓肢体语言是指那些包括目光、表情、身体运动、触摸、体态、身体间的空间距离等在内的非语言性的身体语言。人可以通过身体的四个部位发送和接收肢体语言，按其表现力和可靠性排序，它们依次是面部表情及眼睛、双臂和双手、双腿和双脚、身体姿势及位置。

其中，四肢的形体动作无疑更容易反映内心的想法。而身体姿势是最难懂的，因其涉及个人习惯问题。提高理解和使用肢体语言的能力是提高谈判技能最有趣的方式之一。正如美国学者迈克尔·唐纳德森在其著作《谈判高手》中所说:"肢体语言方面的知识能使谈判人员识别出影响谈判进度的抵制、厌烦或紧张等情绪,从而成为一个更加睿智的谈判者。"

通过对肢体动作分析,我们可以判断出对方的心理活动或心理状态,也可以借此把自己的意思传达给对方。谈判人员如果掌握人的肢体语言的有关知识,在谈判过程中留意观察谈判对手的肢体动作,就有可能通过其肢体语言窥视谈判对手的心理世界,把握谈判的情势,掌握谈判获胜的主动权。

文化的差异会导致不同国家或地区的谈判者在肢体运用上有着巨大的差异,甚至同样的肢体语言传递着截然相反的信息。例如,绝大多数的国家都是以点头方式来表示赞成。但在印度、尼泊尔等国有时候则以摇头表示肯定,即一面摇头,一面微笑表示赞成、肯定之意。在与不同文化背景的谈判者交流时对此应有所认识,避免引起误解和麻烦。

小贴士

部分肢体语言代表的意义

眯着眼——不同意、厌恶、发怒或不欣赏。

走动——发脾气或受挫。

扭绞双手——紧张、不安或害怕。

向前倾——注意或感兴趣。

懒散地坐在椅中——无聊或轻松一下。

抬头挺胸——自信、果断。

坐在椅子边上——不安、厌烦,或提高警觉。

坐不安稳——不安、厌烦、紧张或者是提高警觉。

正视对方——友善、诚恳、外向、有安全感、自信、笃定等。

避免目光接触——冷漠、逃避、不关心、没有安全感、消极、恐惧或紧张等。

点头——同意或者表示明白了、听懂了。

摇头——不同意、震惊或不相信。

晃动拳头——愤怒或富攻击性。

鼓掌——赞成或高兴。

打呵欠——厌烦。

手指交叉——好运。

轻拍肩背——鼓励、恭喜或安慰。

搔头——迷惑或不相信。

笑——同意或满意。

咬嘴唇——紧张、害怕或焦虑。

抖腿——紧张。

双手放在背后——愤怒、不欣赏、不同意防御或攻击。

环抱双臂——愤怒、不欣赏、不同意防御或攻击。

眉毛上扬——不相信或惊讶。

资料来源:佚名.肢体语言[EB/OL].2011-11-28[2020-07-08].https://wenku.baidu.com/view/3d449426bcd126fff7050bca.html.

谈判者的举止是指谈判者在谈判过程中的坐姿、站姿与行姿给人的感觉和对谈判所产生的效果。在商务谈判中，对举止总的要求是举止适度。

所谓适度就是指坐、站、行等姿态既充满了自信，又不显得孤傲，令人难以接近；既热情友好，又不曲意逢迎；既不要对有利于自己的事物和时机喜形于色、乐不可支，也不要对不利于自己的事物和时机垂头丧气、甘于屈服；举止动作既落落大方，挥洒自如，又不粗野放肆，违反规矩。适度者得体也，即自己的举止要符合自己的地位、身份、教养，符合当时的环境气氛。

在谈判的场合，举止方面要注意以下四方面。

1. 站姿

站立是人们日常生活、交往、工作中最基本的举止，正确优美的站姿会给人以精力充沛、气质高雅、庄重大方、礼貌亲切的印象。

正确的站姿应该是身体重心自然垂直，腰背挺直，抬头挺胸，颈脖伸直，收下颌，两臂自然下垂。

双手不可叉在腰间，也不可抱在胸前，这是威胁性或拒绝的体态；不可驼背、弓着腰，不可眼睛左右斜视，这样显得猥琐，也会让人觉得自己心不在焉；不可一肩高一肩低，不可双臂随意摆动，不可双腿不停地抖动。不宜将手插在衣裤袋里，也不要下意识地做小动作，如摆弄打火机、香烟盒，玩弄皮带、衣襟、发辫，咬手指甲等。这些动作显得人拘谨，给人缺乏自信和经验的感觉，也有失庄重。

2. 坐姿

坐是一种静态姿势，端庄优美的坐姿，会给人以文雅、自然大方的美感。正确的坐姿是端坐于椅子中央，占据椅子三分之二的面积，不可全部坐满，上身挺直，更能体现出形体的挺直与修长，双腿并拢，双肩放松，头端正，下颌微敛。

女士右手虎口在上交握双手置放胸前或面前桌沿，男士双手分开如肩宽，半握拳轻搭于前方桌沿。作为来宾，女士可正坐，或双腿并拢侧向一边侧坐，脚踝可以交叉，双手交握搭于腿根，男士可双手搭于扶手。

在正式场合，入座讲究动作的轻、缓、紧，即入座时要轻稳，走到座位前自然转身后退，轻稳地坐下，落座声音要轻，动作要协调柔和，腰部、腿部肌肉需有紧张感，女士穿裙装落座时，应将裙向前收拢一下再坐下。起立时，右脚抽后收半步，而后站起。

起坐要端庄稳重，不可猛起猛坐，弄得桌椅乱响，造成尴尬气氛。与人交谈时，忌双腿不停地抖动，甚至鞋跟离开脚跟在晃动。

在谈判中，不能出现坐姿与环境要求不符的情况。入座后，跷起二郎腿，或前俯后仰，将双腿搭在椅子、沙发和桌子上等均为不良的坐姿。叠腿要慎重、规范，不可呈“4”字形。坐下后，双腿不可张开成“八”字形，也不可把腿伸得很远。

3. 走姿

男性走路时应昂首、闭口、两眼平视前方，挺胸收腹、直腰，行走时上身不动，两肩不摇，步态稳健，显示出男性刚强、雄健、豪迈的风度。

女性走路时，头部应端正，但不宜抬得过高，目光平和、目视前方。行走时上身自然挺直，收腹，两手前后摆动幅度要小，步态自如、轻柔，表现出女性的端庄、文静、典雅的气质。

行走时最忌内八字、外八字，也不可弯腰驼背、摇头晃肩、扭腰摆臀；重心交替要协调；不可双手插在裤兜,左顾右盼,无精打采,身体松松垮垮;不可摆手过快,幅度过大或过小。

4. 递物和接物

递物的一方要使物品的正面对着接物的一方。递笔、刀剪之类尖利的物品,需将尖头朝向自己,握在手中,而不要指向对方。接物时除用双手外,应同时点头示意或道谢。

小贴士

谈判中坐姿传递的信息

挺着腰笔直的坐姿,表示对对方或对谈话有兴趣,同时也表示对人的尊敬。

弯腰曲背的坐姿,表示对谈话不感兴趣或感到厌烦。

斜着身体坐,表示心情愉快或感到优越。

双手放在跷起的腿上,表示一种等待、试探。

一边坐着一边双手在摆弄手中的东西,表示一种漫不经心的心理状态。

谈判中站姿给人的感觉

充满信心、乐观豁达、积极向上的人,站立时总是背脊挺得笔直。

缺乏自信,消极悲观,甘居下游的人站立时往往弯腰曲背。

自觉的并肩站立是一种关系友好、有共同语言的表现。

双腿分开,一手叉腰,一手摸下巴或拿着什么是一种无所畏惧、不急于求成的态度。

常见的行走姿态评价

步伐矫健、轻松、灵活、富有弹性,使人联想到健康、活力,令人振奋精神。

步伐稳健、端正、自然、大方,给人以庄重、斯文的感觉。

步伐轻盈、灵敏、行如风,给人以轻巧、欢悦、柔和之感。

摇头晃脑、歪歪斜斜、左右摇摆、随随便便,给人以庸俗、无知和轻薄的印象。

弯腰弓背、低头无神、步履蹒跚,给人以压抑、疲倦、老态龙钟的感觉。

摇着八字脚、晃着“鸭子”步,使人不愉快,给人一种不安的扭曲感。

以上就举止中的坐、站、行进行了介绍,此外,谈判者的态度,握手以及头部、背部、腿部的姿势,面部的表情等,都会影响整体仪表形象。

需要指出的是在正常情况下人们的行为、举止要适度得体,但在谈判这一特殊的场合,有时也会有悖于常规、常理的举止,此时则可能是一种谈判策略或战术的运用。

(四)谈吐

与服饰、行为举止相比较,一个人的谈吐更能反映和表现出他的教养、能力和力量。在谈判中,谈判者要注意谈话的分寸。这种分寸就体现在双方谈话时的距离、手势、音调、用语等方面。

1. 距离

就谈判时双方的距离而言,空间的距离大小会直接影响谈判双方心理上的距离。在一般情况下,人们在谈判时或坐着,或站着,都应保持一定的角度,而实质性的谈判则基本上都是面对面进行的。

谈判双方的距离一般都在 1 米到 1.5 米之间，如距离过远，这会使双方交谈不方便而难以接近，有相互之间谈不拢的感觉。如距离过近，又似乎过于“亲昵”，有时甚至感到拘束、不舒服，不利于表达自己的意见，特别是不同的意见。

2. 手势

说话时的手势有利于表现自己的情绪，帮助说明问题，增强话语的说服力与感染力。但做手势或利用手势说明问题时，要注意自然得当，既不要故意去做某一手势，这样会给人演戏的感觉，也不要每句话都做手势。

特别需要指出的是做手势时的幅度纵向不要超过与对方相距的“中界线”，超过了中界线就侵入了对方的势力范围，有挑衅、咄咄逼人的感觉；横向不要超过自己的肩，否则就会是乱挥乱舞，显得浮躁、不沉稳。手势的幅度太小也不好，这往往会给对方缩手缩脚、缺乏自信的感觉。

3. 眼光

谈话时的眼光应注视对方何处？这是一个应该重视的问题。各国在这个问题上的习惯也不一样。有的国家的人在互相谈话时喜欢双方对视，认为只有这样才表明谈话双方是诚实的、可信赖的，理由是心怀鬼胎的人是不敢正视别人的，如瑞典人在交谈时，喜欢对视。也有的国家的人在谈话时不喜欢一方打量另一方，特别是两眼直盯着对方的脸部，认为这样会使对方紧张、难堪而又不礼貌。

比如英国人谈话时很少对视。日本人在谈话时，则喜欢看着对方的脖子。在地中海周边国家，人们普遍认为呆滞的目光是不吉祥的凶兆，所以，力避直眉瞪眼，愣怔而视，以免招惹是非，习惯闪电式的扫视，等等。

各国注视的习俗各异，通常在谈判桌上，比较好的做法是以平静的目光注视对方的脸与眼。一方面表示在认真倾听对方的发言和意见，或者在认真地回答对方的问题，提出自己的意见；另一方面通过注视对方的脸部表情和眼神来观察对方的心理活动，捕捉对方的思想。不过，最好在谈判前对谈判对手这方面的习惯有一定的了解。

4. 速度

谈判中说话的速度要平稳中速。如说话的频率太快，尤其在需要翻译的情况下，一方面会导致翻译人员跟不上，并且在说了一大段话以后，翻译人员再译，会使对方等待的时间太长；另一方面一下子说得太多，对方难以抓住话的意思，也就难以正确地理解，从而影响说的效果。

有时对方认为你是在完成说话任务，从而不需要反应，用不着费心跟着你的思路，双方的交流与沟通就会发生障碍。反之，如果说话速度太慢，给人以吞吞吐吐、欲言又止的感觉，常常容易被人疑为有欺诈之举包含其中。因此，在陈述己方的意见时应平稳中速地进行。

当然，在有些情况下，为了强调或让对方注意你的谈话，可在话语之间加入几秒钟的停顿，同时，目光与对方对视交流一下，观察一下对方的反应，效果会更佳。

5. 音调和音量

谈话的音调和音量的高低、大小也是影响谈吐的重要因素。不同的音调赋予同一句话不同的含义，同时音调音量的高低、大小反映了说话者当时的用意、感情与心理活动。比如，升调一般表示惊讶与不满的感情与情绪，而降调则表示遗憾与灰心的心理变化。

对一般问题的阐述可以用正常的语调和中等的音量，而在表示自己的立场、观点，特别是与对方有分歧的立场与观点时，就可以通过改变音调和音量来增强说话的力量。总之，音调与音量要随着谈判的气氛、谈话的具体内容的改变而不断变化。

6. 用语

影响谈吐最重要的因素是用语，即选择什么样的词语、语句来表述自己的意思。用语不当往往不能正确地表达甚至会使对方曲解自己的意思，而句子结构安排如何，则会影响谈话能否充分地、恰到好处地表达自己的意思。用语按照谈判的阶段可分为寒暄、开场、交谈、结束等用语。

寒暄用语，是双方交往中以相互问候为内容的应酬语。如初交时常说："幸会！幸会！""见到你，不胜荣幸！"等。

开场用语的目的是使人们注意力集中，要求开场议题明确，如"贵方有何意见，有何准备，我们可以先听听"或"贵方此行关系重大，将决定合作的成败，希望双方能紧密配合"等。开场用语可用陈述式也可用感叹式语言。

交谈是贯穿谈判始终的重要内容，如在前面谈到的礼节性交际语言、专业性的交易语言、留有余地的弹性语言、威胁劝诱性语言、幽默诙谐性语言等均属交谈用语内容。另外，表示喜、怒、怨、恶的用语穿插在这些语言中间，使这些语言在运用中注入了谈话人的态度、情绪，如"谈判之所以拖延，主要是贵方技术资料准备不足"。这既有商业用语，又混入了抱怨的情绪，表明了说话人的立场。

结束语是谈吐的压轴语，即在结束语中既要说出自己对所讲过的问题的评价，同时又要对讲过的议题予以归纳。可见，结束语在谈判的策略上占有特殊的地位。因此，对结束语的要求是：稳健、中肯、切题；既有肯定，又有否定，且有回旋；不是最后的时刻，不下绝对结论。

三、馈赠及收受礼品的礼仪

在商务交往中，相互赠送礼物是常有的事情。向客商赠送小小的礼物可以增进双方的友谊和情感，有利于巩固彼此的交易关系。馈赠及收受礼品应该注意的礼仪包括以下几点。

1. 馈赠礼品应注意的问题

(1) 礼物价值不宜过高。

礼物价值不宜过高，但要有特色。当然各国情况也有所不同。在美国，一般的商业性礼物的价值在25美元左右，而亚洲、非洲、拉丁美洲、中东地区的客商与欧美客商相比有所不同，他们往往比较注重礼物的货币价值。

(2) 礼物的选择。

在具体选择礼物时，应根据对方的喜好与习惯，选择富有感情、有中国民族特色、有一定纪念意义的物品，一般偏重于有艺术价值和纪念意义的，相对来说使用价值不是很重要，如根据国宝"熊猫"雕制的工艺品等。过于贵重，效果适得其反，会使人觉得别有用心。

(3) 要注重对方的习俗和文化修养。

谈判人员由于所属国家、地区间有较大差异，文化背景有所不同，爱好和要求必然存在差别。要注重对方的习俗和文化修养。例如：在阿拉伯国家，不能以酒作为馈赠礼品；禁止偶像崇拜，最好不要赠送有人像和动物画片的图书或年历；他们喜爱具有知识性、富有人情味的礼品。

小贴士

各国送花习俗

在英国，人们普遍讨厌有送礼人单位或公司标记的礼品；白色的百合花象征死亡，菊花只用于葬礼。

送意大利人的礼物应含有某些快乐的味道，如塞满巧克力的银白色吊桶；也可送点精致典雅的东西，比如古典名著或者工艺品。

在法国，康乃馨被视为不祥的花朵，只有在办丧事时才使用。

在日本，菊花是皇室专用的花，所以普通人不得乱用；荷花被认为是不洁之物，意味着祭奠。

德国人重视现实而不喜欢浪漫，因此给他们送花不要送有浪漫含义的玫瑰花。

在俄罗斯，给女主人送花只要红玫瑰，花束的数目不能是三。

(4) 要注意数字上的讲究。

我国一向以偶数为吉祥，而日本却以奇数表示吉利。日本人和韩国人忌讳数字“四”，西方国家通常忌讳“13”这个数。因此，无论送水果或其他数量较多的礼物时都应注意数字。

(5) 要注意包装。

包装是礼物的外套，不可马虎、草率，否则影响送礼的效果。在包装图案和颜色上，更要考虑不同国家、不同民族的习俗、爱好。

(6) 要注意时机和场合。

一般情况下，在首次见面时送礼。此外，英国人多在晚餐或看完戏之后乘兴赠送，法国人喜欢在告别时赠送礼品。我国以在离别前赠送纪念品较为自然。如果为了引起对方惊喜之情，亦可在对方飞机即将起飞或火车即将开动之时赠送礼品，一般适用于特别熟悉的朋友之间。

(7) 注意礼物的寓意。

礼物往往是有一定的暗示作用的，必须小心谨慎，不要因赠送礼品造成误解。例如，我国一般忌讳送梨或钟，因为梨与“离”同音，钟与“终”同音，“送离”和“送终”都是不吉利的字眼。男性对一般关系的女子，不可送贴身内衣、腰带和化妆品，更不宜送项链、戒指等首饰物品，否则极易引起误解。

2. 收受礼品的礼仪

正所谓礼尚往来，除馈赠礼品外，商务谈判人员也常会遇到收礼问题。对于赠送的礼品是否能接受，要心中有数，因为如果接受了一件礼物，就容易失去对某些事物的一些控制。在国际商务洽谈中，接受礼物须符合国家和企业的有关规定、纪律。

当不能接受所送礼物时，应说明情况并致谢。除中、日两国外，对欧美人一定要当面亲自拆开礼品包装，并表示欣赏、真诚接受和道谢。受礼后还有还礼的问题。还礼可以是实物，一般为对方礼物价值的二分之一。也可以在适当时候提及，表示“不忘”和再次感谢对方。

第二节　谈判过程中的礼仪

一、谈判过程中的礼仪概述

谈判人员的礼仪、礼节直接影响对方的情绪，甚至影响谈判的成败，礼仪与礼节是谈判者的广告，是谈判者素质的反映，也是谈判的技术手段。

（一）迎送

迎来送往是常见的社交活动。在谈判中，对前来参加谈判的人员，要视其身份和谈判的性质，以及双方的关系等，综合考虑安排。对应邀前来谈判的，无论是官方人士、专业代表团，还是民间团体、友好人士，在他们到达或离开时，都要安排相应身份的人员前往迎送。迎送中要注意以下5个方面。

1. 确定迎送规格

确定迎送规格主要依据前来谈判人员的身份和目的，适当考虑双方关系，同时注意惯例，综合平衡。主要迎送人的身份和地位通常都要与来者相差不大，以对口、对等为宜。当事人因故不能见面，可灵活变通，由职位相当人士或由副职代替。对此，无论做何种处理，都应从礼貌出发，向对方做出解释。其他迎送人员不宜过多。

也有从发展双方关系或其他需要出发，破格接待，安排较大的迎送场面。为了避免厚此薄彼，除非有特殊需要，一般都按常规办理。

2. 掌握抵达和离开的时间

必须准确掌握谈判人员乘坐交通工具的抵离时间，及早通知有关单位和全体迎送人员。如有变化，及时告知。做到既顺利接送来客，又不过多耽误迎送人员的时间。

迎接时，应在来客抵达之前到；送行时，应在客人登机(车、船)前到。

3. 介绍

通常先将前来欢迎的人员介绍给来客，可由工作人员或由欢迎人员中身份最高者介绍。客人初到，一般较拘谨，主人要主动与客人寒暄。

4. 陪同坐车

陪同坐车应请客人坐在主人的右侧。如有译员，可坐在司机旁边。上车时，应请客人从右侧车门上车；主人从左侧车门上车，避免从客人膝前穿过。

如果客人先上车，坐在主人的位置上，那也不必请客人再移位。

5. 处理好迎送的具体事务

迎送的具体事务如下。

(1) 迎送身份高的客人，事先在迎送地安排贵宾休息室，准备饮料等。

(2) 指派专人协助办理出入境手续及票务、行李托运等手续，及时把客人的行李送往住地，以便更衣。

(3) 客人抵达住地后，一般不要马上安排活动，应稍做休息，起码给对方留下沐浴更衣的时间，或只谈即刻计划，以后的日程安排其他时间再谈或先留下日程表。

(4) 多头接待要协调，规格要相差不大，活动不要重复，不要脱节。

（二）会谈与宴请

1. 会谈

会谈是指双方或多方就某些重大的政治、经济、文化、军事等问题交换意见。会谈也可以是洽谈公务，或就具体业务进行谈判。

准确掌握会谈时间、地点和双方参加人员的名单，及早通知有关人员和有关单位做好必要安排。主人应提前到达。

客人到达时，主人应到正门口迎接，也可在会谈室门口迎接，或由工作人员在大楼门口迎接。引进会谈室，主人在会谈室门口迎候。如有合影，应安排在宾主握手之后，合影之后再入座。会谈结束时，主人应送客人至门口或车前，目送客人离去。

会谈时一般只备茶水，夏天加冷饮，会谈时间较长，可适当上咖啡或红茶。

2. 宴请

宴请是最常见的交际活动形式之一。各国都有自己国家或民族的特点与习惯。采用何种宴请形式常根据活动目的、邀请对象及经费开支等各种因素决定。

宴请的主要形式是宴会，宴会是根据接待规格和礼仪程序而进行的一种隆重的、正式的餐饮活动，有正式宴会和便宴之分，又有早宴、午宴、晚宴之分。一般来说，晚宴比白天的宴会更为隆重。以下是宴会安排注意事项。

（1）确定宴请目的。一般宴会均有“名义”，也是宴请的目的。目的明确，请者与吃者均可做到胸中有数，有备而来，宴会的功效也可达到最佳。

（2）确定邀请范围。即确定请哪些人士、什么级别、多少人，主人请什么人作陪等，要从多方面考虑。

（3）确定宴请时间。宴请时间应对主、客双方都合适，注意不要选择对方的重大假日、有重大活动或有禁忌的日期和时间。小型宴请应首先征询主宾意见，最好口头当面询问，也可用电话联系。主宾同意后，时间即被认为最后确定，可按此邀请其他宾客。

（4）确定宴请地点。宴请地点要根据活动性质、规模大小、形式、主要意愿及实际情况而定。在可能条件下，另设休息厅，以便在宴会前与重要客人做简单交谈之用，然后进宴会厅入座。注意不要在客人住的宾馆招待设宴。

（5）宴请请柬。各种宴请活动一般均发请柬，这既是礼貌，对客人也起提醒作用。如果在客人住宿的宾馆招待设宴，便宴约好后，请柬可发可不发。工作进餐一般不发请柬。凡发请柬的，一般应提前一周至两周发出，以便客人及早安排。

（6）宴请规格标准及选菜。宴请需根据活动形式和规格，在规定的预算标准内安排酒菜。选菜不是依据主人的爱好，而主要考虑主宾的喜好与禁忌。如果宴会上有个别人有特殊需要，也可单独为其上菜。不可简单地认为海味是名贵菜而泛用，其实不少外国人并不喜欢，特别是海参。宜用有特色的食品招待客人。无论哪一种宴请，事先均应开列菜单，征求主管负责人的同意。宴请不求豪华，以温暖、愉快、宾至如归为上。这是宴请成功的标志。

（7）宴请座次。国际上的习惯是以离主桌位置远近决定座次高低。同一桌上，以距离主人的座位远近决定座位高低，右高左低。

（8）席间安排。上菜要先客人，后主人；先女宾，后男宾；先主要客人，后其他客人。上菜与撤盘，要先打招呼，宜先在两位主方陪客之间进行。切忌在客人正吃的时候撤盘，这是很不礼貌的。工作时不抽烟，工作前不吃葱、蒜等有刺激气味的食品。

如有人不慎打翻酒水,应马上撤去杯子,用干净餐巾临时垫上;如溅在客人身上,要协助递送毛巾或餐巾,帮助擦干,并表示歉意;如对方是女宾,男服务员不要动手帮助擦;如客人同意,再帮助整理擦干。

(9) 迎送。主人应在门口迎接客人。主人陪同主宾进入宴会厅,全体客人就座,宴会即开始。吃饭过程中一般是不能抽烟的。吃完水果,主人与主宾起立,宴会即告结束,主宾告辞,主人送至门口。

(三) 签字仪式和商务文书

1. 签字仪式

重要谈判达成协议后,一般都要举行签字仪式。签字人视文件的性质由谈判各方确定,双方签字人身份应大体相等。业务部门之间签署专业性协议,一般不举行这类签字仪式。安排签字仪式,首先要做好文本的准备工作,及早对文本的定稿、翻译、校对、印刷、装订、盖章等做好准备,同时准备好签字用的文具。

参加签字仪式的基本上是双方参加谈判的全体人员。签字位置,一般安排客方在右边,主方在左边。国际贸易的签字仪式还要准备小国旗,重要的签字仪式还要祝酒干杯。

2. 商务文书

商务交往的书信统称为商务文书,商务文书的起草和发送是非常重要的工作。即使是一件纯属礼节性的函件,如果格式与行文不合规范,都可能会引起收件人的误会或不快。如果文字有错误,就会造成意想不到的后果,因此,对商务文书的书写要求很高,要做到严谨、精练、准确,文字要合乎惯例,格式要美观大方,打印要整洁。

收到各种文书要尽快处理,切勿拖沓。一般情况下,除某些纯属通知性的文书外,都应以相应的文书予以答复。

二、谈判双方的位次

在商务活动中座次的排列往往备受人们的关注。因为位次是否规范,是否合乎礼仪的要求,既反映了商务人员自身的素养、阅历和见识,也反映了对交往对象的尊重和友善的程度,因此每一位商务人员在交往中,尤其是在一些较为隆重而热烈的场合,对位次的问题,必须认真对待。

为了庆祝或纪念某个重要的日子、重大事件,或者举行重大的活动,公司常常筹备和举行热烈、隆重的商务仪式来渲染气氛。成功地举办商务仪式,既能表明公司庄重、严肃的态度,树立公司形象,又能借此宣传公司的产品或服务,扩大公司的影响力,提高公司的知名度。商务人士必须特别注意这些场合的礼仪。

(一) 行进中的位次排列

所谓行进中的位次排列,指的是人们在步行的时候位次排列的顺序。在陪同、接待来宾或领导时,行进的位次引人关注。

1. 常规

常规做法有两种:与客人并排行进和与客人单独行进。并排行进的要求是中央高于两侧,内侧高于外侧,一般要让客人走在中央或者走在内侧。当与客人单独行进时,即一条线行进时,标准的做法是前方高于后方,以前方为上,如果没有特殊情况的话,应该让客人在前面行进。

2. 上下楼梯

上下楼梯是在商务交往中经常遇到的情况。上下楼梯时位次排列要注意两点。

首先要单行行进。上下楼梯时因为楼道比较狭窄，并排行走会阻塞交通，是没有教养的标志。没有特殊原因，应靠右侧单行行进。

其次要单行行进时要注意的问题是前方应高于后方，以前方为上。一般情况下，应该让客人走在前面，把选择前进方向的权利让给客人。不过需要强调的是，如果陪同接待的客人是一位女士，而女士又身着短裙，在这一情况下，接待陪同人员要走在女士后面，不要让女士高高在上，因为女士穿着短裙高高在上有可能会出现"走光"的问题，这是不允许的。

3. 出入电梯

目前很多大公司的办公楼中都有升降式电梯，一般无人值守。出入无人值守的电梯时，标准化的做法应该是让客人与陪同者有不同的出入顺序，陪同者需要先进后出，而被陪同者一般要后进先出。因为电梯门口的按钮是升降钮，而电梯里的按钮则是开关钮，陪同者先进后出，就是为了控制开关钮，不使它夹挤客人。

4. 出入房门

没有特殊原因，出入房门的标准做法是地位高者先进或先出房门。但是如果有特殊情况的话，比如需要引导，室内灯光昏暗，男士和女士两个人单独出入房门，那么标准的做法是陪同接待人员要先进去，为客人开灯，开门，出的时候也是陪同接待人员先出去，为客人拉门导引。

（二）乘坐轿车的位次排列

乘坐轿车首先是要注意上下车的问题，一般情况下让客人先上车，后下车。当然，如果很多人坐在一辆车上不方便，那么谁最方便下车谁就先下车，因此乘坐最重要的一个礼仪问题是轿车里位次的高低。轿车里的位次，大体上有 3 种情况，不同情况有不同的讲究。

1. 公务

第一种情况称为公务交往，换言之，接待客人是一种公务活动。参与活动的车辆归属于单位，驾驶司机一般是专职司机。就双排座轿车而论，公务接待时轿车的上座指的是后排右座，也就是司机对角线位置，因为后排比前排安全，右侧比左侧上下车方便。公务接待时，副驾驶座位一般坐秘书、翻译、保镖、警卫、办公室主任或者导引方向者。

2. 社交

第二种情况称为社交应酬。工作之余，三五好友外出吃饭活动，这时一般车辆的归属是个人的，开车的人是车主。车主开车时，上座是副驾驶座，表示平起平坐。在这一情况下让上宾坐后座，是不允许的。

3. 重要客人

第三种情况是接待重要客人。接待高级领导、高级将领、重要企业家时，人们会发现轿车的上座往往是司机后面的座位，因为该位置隐秘性比较好，而且是车上安全系数较高的位置。

（三）会客时的位次排列

1. 相对式

客人与主人对面而坐即称为相对式。相对式位次排列的基本要求是面门为上，也就是面对房间正门者为客位;背对房间正门者为主位。

2. 并列式

并列式是指宾主并排而坐。当宾主并排而坐,倘若双方都面对房间正门时,具体的要求是以右为上。以右为上是指宾主之间客人应该坐在主人的右边,而主人应该坐在客人的左边。以右为上是一种国际惯例。

(四) 谈判的位次排列

在商务交往中,谈判位次的排列,大体上有下列几种情况。

1. 双边谈判

双边谈判座次排列,在谈判时会出现两种情况,一种为横式,如图 7-1 所示,另一种为竖式,如图 7-2 所示。横式即谈判桌在谈判厅里是横着摆放,竖式即谈判桌在谈判厅里是竖着摆放。二者有共性,也有操作上的具体差异。

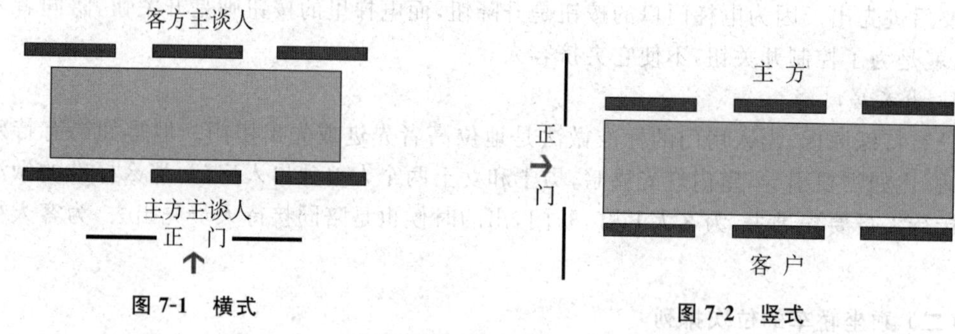

图 7-1 横式 **图 7-2 竖式**

(1) 举行双边谈判时,应使用长桌或椭圆形桌子,宾主应分坐于桌子两侧。

(2) 如果谈判桌横放,面对正门的一方为上,应属于客方;背对正门的一方为下,应属于主方。

(3) 如果谈判桌竖放,应以进门的方向为准,右侧为上,属于客方;左侧为下,属于主方。

(4) 在进行谈判时,各方的主谈人员应在己方居中而坐。

(5) 其他人员则应遵循右高左低的原则,依照职位的高低自近而远地分别在主谈人员的两侧就座。

(6) 如果需要译员,应安排其坐于仅次主谈人员的位置,即主谈人员之右。

2. 多边谈判

所谓多边谈判是指谈判的参加者是三方或者是三方以上,而不像双边谈判只有两方参加。多边谈判一般采用圆形谈判桌如图 7-3 所示,国际上称为“圆桌会议”,其在座次排列上通常分为两种常规情况,一种是自由式,参加谈判的各方可自由选座;另一种是主席式,也就是说面对房间正门设一个主位,谁需要发言,就到主位去发言,其他人面对主位,背门而坐。

(五) 签字仪式的位次排列

合同一般只有当事人达成书面协议并签字时,才能宣告成立。可见,当事人的签字,是合同正式成立并生效的必要条件。为了体现合同的重要性,在签署合同时,需举行签字仪式。签字仪式是签署合同的高潮,它的时间不长,但程序规范,场面庄严、隆重而热烈。一般而言,签字仪式可分为双边签字仪式与多边签字仪式。

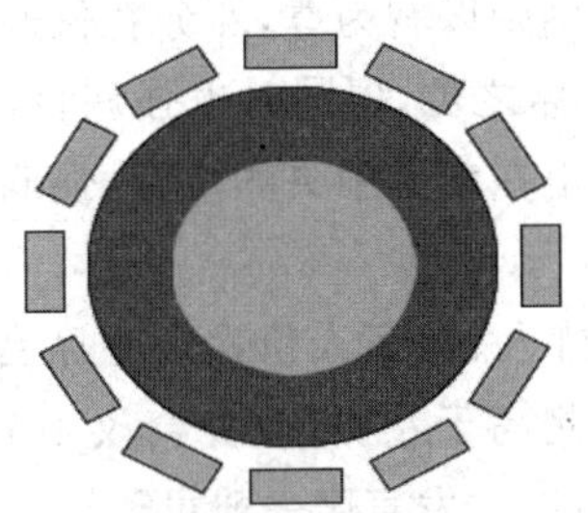

图 7-3　圆形谈判桌

1. 双边签字仪式

举行双边签字仪式时位次排列的基本规则包括以下三点。

(1) 签字桌一般是在签字厅内横放。

(2) 双方签字者面对房间正门而坐。

(3) 双方参加签字仪式的其他人员，一般需要呈直线型，单行或者多行并排站立在签字者身后，并面对房间正门，通常面对房门，站在右侧的人是客方，站在左侧的是主方，同时强调，中央高于两侧，也就是双方地位高的人站在中间，站在最外面的人地位相对较低。如果站立的签字参加人员有多排，一般还讲究前排高于后排，站在第一排的人地位较高。

2. 多边签字仪式

所谓多边签字仪式，顾名思义，参加者是三方或者三方以上。多边签字仪式的基本规范礼仪要求有三点：第一，签字桌横放；第二，签字座位面门而设，仅为一张；第三，不能让三方同时坐在桌前签字，多边签字仪式也可按照某种约定的顺序依次签名。

（六）会议的位次排列

商务交往中经常会举行一些重要的会议，举行会议时的位次排列就是摆在人们面前不可回避的一个细节。在商务交往中，会议通常可以分为两种，即大型会议与小型会议。

1. 小型会议图

举行小型会议时位次通常采用马蹄式排位，如图 7-4 所示。排位时需要注意以下三点。

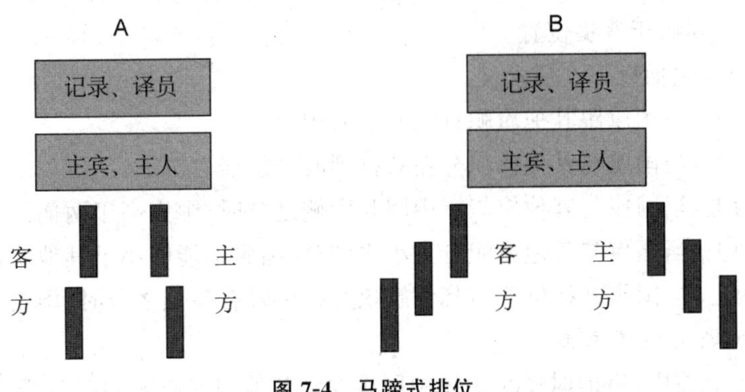

图 7-4　马蹄式排位

(1) 讲究面门为上，面对房间正门的位置一般被视为上座。

(2) 商务礼仪的基本是以右为上，坐在右侧的人为地位高者，在国内政务交往中采用我国传统坐法,以左为尊,而国际惯例则以右为尊,商务礼仪遵守的是国际惯例。

(3) 小型会议,通常只考虑主席之位,但同时也强调自由选择座位,例如,主席也可以不坐在右侧,或者面门而坐,也可以坐在前排中央的位置,强调居中为上。

2. 大型会议

大型会议应考虑主席台、主持人、发言人位次。主席台之位次排列,第一,前排高于后排;第二,中央高于两侧;第三,右侧高于左侧(政务会议则为左侧高于右侧)。主持人之位,可在前排正中,也可居于前排最右侧。发言席一般可设于主席台正前方,或者其右前方。

(七) 宴会的位次排列

在正式的商务宴请中,位次的排列往往比菜肴的选择更引人瞩目。宴会的位次排列涉及两个问题:其一,桌次,不同餐桌数目的安排;其二,位次,每张餐桌具体的上下尊卑位次。

1. 桌次

在正式宴会上,进餐者往往不止一桌。当出现两张以上的餐桌时,就出现了桌次排列问题。桌次排列的基本要求有三个:第一,居中为上;第二,以右为上;第三,以远为上,即离房间正门越远,位置越高。

2. 座次

餐桌上具体位置的排列需要抓住以下三个关键点。

(1) 面门居中者为上,坐在房间正门中央位置的人一般是主人,称为主位。

(2) 主人右侧的位置是主宾位。

(3) 当餐桌为长条桌时,则主宾各坐一侧,主人与主宾居中对面而坐。各自的随从依其地位在其主人与主宾左右顺序而坐。

(八) 旗帜的位次排列

在重要的场合尤其是在涉外交往中,旗帜的悬挂特别是国旗的悬挂往往备受重视。在悬挂旗帜时,尤其是悬挂代表国家尊严,作为国家标志的国旗时,必须认真对待。旗帜悬挂,主要分为国旗与其他旗帜及中国国旗与其他国家国旗两类情况。

1. 国旗与其他旗帜

当悬挂国旗与其他旗帜时,按照中华人民共和国国旗法及其使用的有关规定,我国国旗代表国家,所以必须居于尊贵位置。

所谓尊贵位置包括以下5层含义。

(1) 居前为上,当国旗跟其他旗帜有前有后时国旗居前。

(2) 以右为上,当国旗与其他旗帜分左右排列时国旗居右。

(3) 居中为上,当国旗与其他旗帜有中间与两侧之分时,中央高于两侧。

(4) 以大为上,当国旗与其他旗帜有大小之别时,国旗不能够小于其他旗帜。

(5) 以高为上,当国旗升挂位置与其他旗帜升挂位置有高低之分时,国旗为高。

2. 中国国旗与其他国家国旗

在国际商务交往中,有的时候会出现中国旗帜和其他国家旗帜同时悬挂的情况,这时应分别对待。如果活动以我方为主,即我方扮演主人的角色时,以右为上,客人应该受到尊重,因此其他国家的国旗应挂于上位;如果活动以外方为主,即由外方扮演主人的角色,中国国旗应该处于尊贵位置。

三、谈判双方的交谈

交往活动离不开交谈，商务谈判的过程无疑是交谈的过程。恰当地、有礼貌地交谈不仅能增进双方的了解、友谊和信任感，还能促进谈判顺利有效地进行。在商务谈判中，交谈并非只限于谈判桌前，还有谈判之余，如谈判中的间歇时间或离开谈判桌之后的闲谈。

交谈的话题并非只限于和谈判相关的问题，还可能是生活中的方方面面。所以，交谈中一定要注意下面一些事宜。

（一）交谈自然与手势适当

1. 交谈自然

交谈时表情要自然，态度要和气，语言表达要得体，谈话距离要适当，不要离对方太远或太近，不要拉拉扯扯，拍拍打打，不要唾沫星子四溅。

2. 手势适当

交谈中的手势要适当。手势可以反映谈判者的情绪，可以表达大、小、强、弱、难、易、分、合、数量、赞扬、批评、肯定、否定等意思。但谈判中的手势要文明，幅度要合适，不要动作过大，手舞足蹈，更不要用手指指人或拿着笔、尺子等物品指人。

手势是话题的指示器，也是眼神的指路灯。话题自不必说，千变万化，随机而用。而眼神则有一定的规律和习惯：瑞典人交谈时，喜欢对视；英国人谈话很少对视；日本人在闲谈时，喜欢看着对方的脖子，理由是直盯对方面孔不礼貌；波兰有的地区与年长者谈判时，自始至终都要眯缝着眼睛以表示谦卑之意；在地中海诸国，人们普遍认为，呆滞的目光是不吉祥的凶兆；阿拉伯人的习惯是凝视谈话的对方，他们认为这是起码的待人礼节，否则是对人无礼的表现，等等。

虽说各国目光语的习俗各异，但是谈判桌上较好的规则是注视对方的脸与眼。以稍微眯缝的眼神，投向对方平静的眼光。一则出于礼貌，注意听取对方的意见；二则从对方的脸上、眼神中看出其内心的反应。

（二）打招呼在前

参加别人谈话时要先打招呼。别人在进行个别谈话时，不要凑近旁听。若有事需与某人交谈时，要等候别人谈完。有人主动与自己谈话时应乐于交谈，第三者参与交谈时，应以握手点头或微笑表示欢迎，发现有人想和自己交谈时可主动向前询问。谈话中遇有急事需处理或需离开时，应向对方说明，表示歉意。

（三）交谈的注意事项

注意聆听，在交谈中，自己讲话时要给别人发表意见的机会，别人讲话时也应寻找机会适时地发表自己的看法。要善于聆听对方谈话，不要轻易打断别人的发言。一般不谈与话题无关的内容，如果对方谈到一些不便谈论的问题，不要轻易表态，可转移话题。

对方发言时，不应左顾右盼，心不在焉，或注视别处，显出不耐烦的样子；不要做老看手表、伸懒腰、玩东西等漫不经心的动作。

交谈时，一般不询问女士的年龄、婚姻等状况，不直接询问对方的履历、工资收入、家庭财产、衣饰价格等私生活方面的问题。对方不愿回答的问题不要寻根问底，对方反感的问题应示歉意并立即转移话题。不对某人评头论足，不讥讽别人，也不要随意谈论宗教问题。

与女士交谈时要谦让、谨慎,不随便开玩笑,争论问题要有节制。

在社交场合中交谈,一般不过多纠缠,不高声辩论,不恶语伤人、出言不逊。即使有争吵,也不要斥责、讽刺、辱骂对方。交谈结束后还应握手道别。

(四) 使用礼貌用语

1. 交谈用语

交谈中要使用礼貌用语,如你好、请、谢谢、对不起、打扰了、再见、你好吗等,并针对对方不同国别、民族、风俗习惯等,恰当运用礼貌语言。待客的谈话内容有一定的要求,在商务交往中不选的话题有六,统称"六不谈"。

小贴士

商务交往的"六不谈"话题

不得非议国家和政府。在思想上、行动上应与国家和政府保持一致。

不可涉及国家秘密与行业秘密。

不得非议交往对象的内部事物。与外人打交道时,应该牢记客不责主的要求,即不能随便挑剔别人的不是,如果不是大是大非的问题,不能当面使对方出丑、尴尬、露怯,难以下台。

不得背后议论领导、同事与同行。"家丑不可外扬",在外人面前议论领导、同行、同事的不是,会让别人对自己的人格、信誉产生怀疑。

不得涉及格调不高之事。格调不高的话题包括小道消息、男女关系、黄色段子等。

不得涉及个人隐私之事。关心别人是值得提倡的,但是关心应有度。尊重隐私,隐私问题不能随便讨论。与外人交谈时,尤其是与外国人交谈时,应回避个人隐私,具体包括下列"五不问":不问收入、不问年龄、不问婚否、不问健康、不问个人经历。

2. 商务交往中宜选的话题

本着沟通的考虑还要选择一些适合谈论的话题,即有所为。

打算谈的话题是指双方约定要谈论的话题,或者应和对方谈论的。例如,双方约定今天谈论办公用品采购的问题,就不要谈论其他话题。

格调高雅的话题。商务人员,应在交谈之中体现自己的风格、教养和品位。因此,应选择格调高雅的话题。哲学、文学、历史这样一些有深度、广度的话题,不妨一谈。

轻松愉快的话题。有关哲学、历史等话题往往会给人以沉重的感觉,所以可谈一些轻松愉快的话题,如电影、电视、旅游、休闲、烹饪、小吃等。

时尚流行的话题。时尚流行的话题也是适宜谈论的话题,可以针对对方的兴趣对时尚话题进行选择,如某明星的演唱会、热播的电视剧等。

对方擅长的话题。所谓"闻道有先后,术业有专攻",谈论交往对象所擅长的话题,让交往对象获得一个展示自己的机会,从而营造一个良好的商谈氛围。

小贴士

宴请方式

正式宴会,有欢迎宴会与告别宴会。宾主按身份排位就座,双方均注重礼仪,并安排祝酒讲话与应答讲话。外国人对宴会服饰比较讲究,从服饰规定可看出宴会的隆重程度。菜肴根据宴请的地方风味与习惯而定,也可针对宾客喜好而定。

便宴,便宴即非正式宴请。应事或应兴而生。这类宴会形式简便,可不排席位,不做正式讲话,便宴较随便、亲切,宜用于日常友好交往。

家宴,家宴即在家中设便宴招待客人。西方人喜欢这种形式,以示亲切友好,以为上礼。家宴新鲜、难忘,往往由主妇亲自掌勺,家人共同进餐,不拘束。

工作餐,多系工间用餐,多指午餐。主人请客人用工作餐或在会议室,或在主人单位餐厅,既有就近的一面,又有省时的一面。

四、参加宴请礼仪

(一) 应邀与出席时间

1. 应邀

接到宴请的口头或书面邀请,能出席要尽早答复对方,以使对方妥善安排。

接受邀请后,不要随意改动,万一非改不可,尤其是主宾,应尽早向主人解释、道歉,甚至登门说明致歉。应邀前,还要核实一下主人是谁,时间、地点是否有误,邀请的人数,服饰有无要求等。

2. 掌握出席时间

出席宴请抵达时间的早晚,逗留时间长短,在一定程度上反映对主人的尊重。迟到、早退、逗留时间过短都被视为失礼或有意冷落,身份高者可略晚到达,一般客人宜略早到达。主宾退席后,其他客人再陆续告辞。

出席宴请时间,各地通行的做法是准时。有的地方是晚一二分钟到,我国是提前二三分钟到,都视为正常。有事需提前退席,应向主人说明后悄悄离去;也可事前打好招呼,到时自行离去。

(二) 入座与进餐

(1) 入座。听从主人安排,了解自己的桌次和座位,不要随意乱坐。

(2) 进餐。入座后,主人招呼,即可开始进餐。用餐时应注意以下几个问题。

① 身体与餐桌之间要保持适当的距离,太远不易取得食物,太近则易使手臂过度弯曲而影响邻座。理想的坐姿是身体挺而不僵,仪态自然,既不呆板,也不轻浮。在餐桌上一个劲“埋头苦干”的人,与狼吞虎咽的人都令人不快。

② 餐巾需等主人摊开使用时,客人才能将它摊开置于膝盖上、餐巾的主要作用是防止油污、汤水滴到衣服上,其次是用来轻擦嘴边油污。但不可用它擦脸、擦汗或除去口中之食物,也不可能用它擦拭餐具。用餐完毕或用餐后离桌,应将餐巾放于座前桌上左边,不可胡乱扭成一团。

③ 中餐宴请外国客人时,既要摆碗筷,也要摆刀叉,以中餐西吃为宜。西餐刀叉的使用是右手持刀,左手持叉,将食物切成小块后用叉送入口中。吃西餐时,按刀叉顺序由外往里取用,每道菜吃完后,将刀叉并拢平放于盘内,以示吃完;或者摆成八字或交叉型,刀口向内。

④ 将送到面前的食物多少都用一点,特别合口味的食物请勿一次用得过多,不合口味的食物也不要流露出厌恶的表情。

⑤ 吃西餐中的肉类时,要边切边吃,切一次吃一口;吃鸡、龙虾等食物时,经主人示意,可以用手撕开吃;吃面条之类的食物时,可用叉、筷卷起一口之量食之,在吸食时不要发出声音;吃带腥味的食品时,常备有柠檬,可用手将汁挤出滴在食品上,以去腥味;喝汤时,忌用口吹,或发出"嘶嘶"的声音。

⑥ 进餐时应尽量避免打喷嚏、长咳嗽、打哈欠、擤鼻涕。无法抑制时用手帕掩口,并避免对人。嘴内有食物时,切勿说话。

(三) 进餐中的注意事项

1. 交谈

无论是主人,还是陪客或宾客,都应与同桌的人交谈,特别是左右邻座。不要只同几个熟人或只同一两个人说话。邻座如不相识,可先自我介绍。

2. 饮酒

宴席上少不了要饮酒,要了解为何祝酒并了解祝酒的习惯。在主人和主宾致辞、祝酒时,应暂停进餐,停止交谈,注意倾听,不得借此抽烟。主人或主宾到各桌敬酒,应起立举杯。碰杯时,主人和主宾先碰,人多可同时举杯示意,不一定碰杯。祝酒时,注意不要交叉碰杯。碰杯时,要目视对方致意。

宴会上相互敬酒表示友好,可以活跃气氛。但切忌喝酒过量,应控制在本人实际酒量的三分之一左右,以免失言、失态。不要劝酒,更不得灌酒。饮酒的艺术,在于慢慢品尝。在选用酒类时,以选用地方特色酒为好。选用葡萄酒要慎重,葡萄酒种类、品级多,外国人常以此衡量宴会规格。

3. 宽衣

社交场合,无论天气如何炎热,都不能当众解开纽扣,脱下衣服,在小型便宴上,如主人请客人宽衣,男宾可脱下外衣搭在椅背上。

4. 喝茶、喝咖啡

西式喝茶、喝咖啡,有时需用小茶匙加牛奶、白糖搅拌。正确的饮法是搅拌后,把小茶匙放回小碟内,左手端着小碟,右手拿着杯子喝,不要用小茶匙把茶或咖啡送入口中。

5. 吃水果

外国人吃水果的方法与我们不同,梨和苹果不要整个拿着咬,应先用水果刀切成四五瓣,再用刀去皮、核,刀口朝内,从外往里削,然后用手拿着吃;香蕉先剥皮,用刀切成小块吃;西瓜去皮切成块,用叉取食;橘子可剥了皮吃。

6. 洗手盆

在西式宴席上,在上鸡、龙虾、水果时,有时递上一小水盆(如铜盆、瓷碗或水晶玻璃缸),水上漂有玫瑰花瓣或柠檬片,这是供洗手用的,洗法是两手轮流沾湿指头,轻轻涮洗,然后用餐巾或小毛巾擦干。千万不要饮用。

(四) 纪念物品与取茶

1. 纪念物品

除了主人准备送给来宾的纪念物品外,各种招待用品,包括糖果,水果、香烟等,都不要拿走。有时,外宾会请同席者在菜单上签名,然后作为纪念品带走。

2. 取茶

招待员上茶时,不要抢着去取,待送至面前时再拿。参加酒会时,周围的人未拿到第一份时，不要急于去取第二份。不要围在菜桌旁，取完即离开，以便让别人去取。

（五）饮食习惯

在欧洲国家，面食是一道菜，但不要在面上浇菜汁食用，主人可能会误会嫌他做得不好吃。欧洲国家多以鸡胸肉为贵，如果按照中国人习惯以鸡腿敬客，反而失礼。主人通常劝客人再添点菜，若有胃口再添不算失礼，主人反会引以为荣。

欧美人吃荷包蛋，先戳破未烧透的蛋黄，然后切成小块吃，盘里剩下的蛋黄，用小块面包蘸着吃。面包一般应掰成小块送入口中，不要用手整个拿着咬。

（六）意外情况的处理

宴席上如用力过猛，使刀叉、盘子发出响声，或餐具落地，打翻酒水等，不能着急，要沉着，可向主人或邻座说一声“对不起”，招待员会另送上一副餐具；酒水如溅到邻座身上，应表示歉意，协助擦干；如是女士，就不必动手擦，由她自己擦。

第三节　不同国家的习俗与禁忌

一、日本

日本人在大部分场合都彬彬有礼，非常顾及对方的面子，绝对不会使对方感到尴尬。初次见面时不谈工作、相互引见、自我介绍、互换名片已成为一套惯用礼仪。因此，如去日本，必须随身多带名片。在商业宴会上的日本商人如有急事可能会不做正式告别，便悄然离去，他们认为做正式告别会扰乱宴会气氛，是对其他在场宾客不礼貌的行为。

如到日本人家里做客，应在门厅里摘下帽子和手套，并脱去鞋子。客人通常给女主人带一束花，同时也带一盒点心或糖果。日本人把人情看得很重，如接受了日本人丰厚的赠礼，就应设法找机会报答，否则会很尴尬。在交往中切忌指手画脚。

二、美国

美国男士见面都是握手，女士之间也握手。如彼此关系很熟，女士之间，男女之间都亲吻面颊。与美国女士见面握手时，应让对方采取主动。在美国，商务往来上，男士不要给女士送香水、衣物和化妆品，这样会引起不必要的麻烦。

在与美国商人交往接触时，即使在非正式场合，谈话涉及生意必须慎重。因为他认为你的话是算数的。美国人不喜欢别人问每月收入，却乐意谈其优越的居住条件。送礼在美国法律上有严格规定：业务交往中送礼的费用只能免减税收 25 美分。

三、英国

英国商人的态度往往是十分严肃的。在英国因为有世袭头衔，如爵士、公爵、子爵，所以，英国人喜欢别人称呼他们的荣誉头衔。在称呼一个英国人前的聪明做法是：先看别人如何称呼，再跟着学就是了。不要谈论政治、宗教及王室的小道消息，外来人最安全的话题是谈论动物。

英国人一下班就不谈公事，最讨厌的是在就餐时还讨论公事。还有，在英国，不要系带条纹的领带，以免与英国各学校的制服领带相仿，因为只有在这个学校学习过的学生才有资格用学校的制服领带。另外,英国在手势的使用方面也与一些国家不同。

四、法国

与法国商人谈生意时要尽量避免涉及家庭,更不要询问生意做得好坏,因为法国人不喜欢过多地提及个人问题,法国的礼节要求把自己的身份印在名片上。

法国人很重视弘扬法兰西文化,如能用法语与其交谈,将会有意想不到的效果,故在一般情况下最好讲法语。

在法国,避免谈论政治和金钱,就像不要涉及对方个人的私事一样。另外,法国人对自己的烹调技术津津乐道,作为客人应对每一道菜肴表示赞赏。

五、德国

德国商人重视体面,注重形式。对有头衔的商人,一定要称呼其头衔。另外,见面和离开时,一定要握手,不握手是极大的失礼。在送花时,不要送玫瑰花,因其有浪漫的含义。在双方交谈时,不要议论打垒球、篮球、英国式的橄榄球,而最好谈些有关德国的原野、个人的业余爱好以及足球之类的问题。

六、中东

与中东商人谈生意时不要涉及国际石油政策和中东的政治问题。中东商人很多信奉伊斯兰教,所以,在服饰和谈吐中要十分注意不要触犯他们的教义。在谈论公事前,阿拉伯人通常要喝一杯咖啡或一杯薄荷茶。吃饭、喝茶千万不要用左手。

中东地区的国家对男女着装打扮要求很严格,就像对待法律一样。在中东地区,找合适的机会按阿拉伯人的宗教礼节向他们打招呼,对方会认为这是对他最真诚的恭维。

阿拉伯人不吃猪肉,禁止养猪。同时,不要谈狗,更不要送带有动物形象的礼物,因为在他们来看,动物形象会带来厄运。

还有很多贸易国家的礼俗与禁忌值得我们了解研究,但因篇幅有限不一一列举。虽然每个人习惯各异,没有统一的标准,但是对于一个地区或国家还是可以找到共同之处的。对一个国家的风俗习惯有较多的了解,在同这些国家或地区的商人交往时会大有益处。

小贴士

各国的忌讳

日本人忌讳包装打上蝴蝶结,送礼时在门口要打开包装。日本人喜爱红、白、蓝、黄等色,禁忌黑白相间色、绿色、深灰色。

德国人对礼品的包装纸很讲究,忌讳用白色、黑色或咖啡色的包装纸包扎礼品,更忌讳使用丝带做外包装。

埃及人喜欢金字塔、莲花图案,忌穿有星星图案的衣服,连有星星图案的包装纸也不喜欢;喜欢绿色、白色,而忌讳黑色与黄色,蓝色被看作恶魔。

新加坡人一般对红色、绿色、蓝色很欢迎,视紫色、黑色为不吉利,黑、白、黄为禁忌色;在商业上反对使用如来佛的形态和侧面像;在标志上,禁止使用宗教词句和象征性标志;喜欢红双喜、大象、蝙蝠图案。

英国人忌用大象、黑猫和孔雀图案，认为大象是愚笨的象征，黑猫是不祥之物，孔雀是祸鸟。

法国忌用墨绿色，忌讳仙鹤。

意大利人忌用紫色，喜爱绿色和灰色。国旗是由绿色、白色、红色三个垂直相等的长方形构成。据记载，1796 年拿破仑的意大利军团在征战中使用绿、白、红三色旗。这面旗是拿破仑本人设计的。

俄罗斯忌用黑色，较喜欢灰色、青色。

在美国，一般浅色受人喜爱，如象牙色、浅绿色、浅蓝色、黄色、粉红色等；不大欢迎灰暗的颜色；不喜欢蝙蝠，认为那是凶神恶煞的象征。

在巴西，以棕色为凶丧之色，紫色表示悲伤，黄色表示绝望。他们认为人死好比黄叶落下，所以不喜欢棕黄色。

沙特人崇尚白色、绿色，忌用黄色；忌讳用带有人像和动物图片的包装纸。

加拿大喜欢深红色。

课后案例

一次接待工作

张一今年大学毕业，刚到一家外贸公司工作，经理就交给他一项任务，让他负责接待一下最近要来公司的一个法国谈判小组。经理说这笔交易很重要，让他好好接待。

张一想这还不容易，大学时经常接待外地同学，难度不大。于是他粗略地想了一些接待顺序，就准备开始他的接待。张一提前打电话和法国人核实了一下来的人数、乘坐的航班以及到达的时间。然后，张一向单位要了一辆车，用打印机打了一张 A4 纸的接待牌，还特地买了一套新衣服，到花店订了一束花。小张暗自得意，一切都在有条不紊地进行。

到了对方来的那一天，张一准时到达了机场，谁知对方左等不来，右等也不来。他左右看了一下，有几位老外比他还倒霉，等人比他等得还久。他想，该不会就是这几位吧？于是又挥了挥手中的接待牌，对方没反应。等到人群散去很久，张一仍然没有接到。于是，张一去问讯处问了一下，问讯处说该国际航班飞机提前 15 分钟降落。

张一怕弄岔了，赶紧打电话回公司，公司回答说没有人来。张一只好接着等，周围只剩下那几位老外了，他想问一问也好，谁知一询问，就是这几位，小张赶紧道歉，并献上由八朵花组成的一束玫瑰，对方的女士看看他，一副很好笑的样子接受了鲜花。张一心想，有什么好笑的。接着，小张引导客人上车，客人们便大包小包地上了车。

张一让司机把车直接开到公司指定的酒店，谁知因为旅游旺季，酒店早已客满，而张一没有预订，当然没有房间。张一只好把他们一行拉到一个离公司较远的酒店，这家条件要差一些。至此，对方已露出非常不快的神情。

张一把他们送到房间，一心将功补过的他决定和客人好好聊聊，这样可以让他们消气。谁知在客人房间待了半个多小时，对方已经有点不耐烦了。张一一看，好像又吃力不讨好了，心想以前同学来我们都聊通宵呢！张一于是告辞，并和他们约定晚上七点饭店大厅见，公司经理准备宴请他们。

到了晚上七点，张一在大厅等待客人，谁知又没等到。张一只好请服务员去通知法国人，就这样，七点半人才陆续来齐，到了宴会地点，经理已经在宴会大厅门口准备迎接客人，张一一见，赶紧给双方做了介绍，双方寒暄后进入宴会厅，张一一看宴会桌，不免有些得意：幸亏我提前做了准备，给他们都排好了座位，这样总万无一失吧。

谁知经理一看对方的主谈人正准备坐下，赶紧请对方坐到正对大门的座位，让张一坐到刚才那个背对大门的座位，并狠狠瞪了张一一眼。张一有点莫名其妙，心想：怎么又错了吗？突然，有位客人问："我的座位在哪里？"原来张一忙中出错，把他的名字给漏了。法国人都露出了一副很不高兴的样子。好在经理赶紧打圆场，神情愉快地和对方聊起一些趣事，对方这才不再板面孔。

一心想弥补的张一在席间决定陪客人吃好喝好，频频敬酒，弄得对方有点尴尬，经理及时制止了张一。席间，张一还发现自己点的饭店的招牌菜——辣炒泥鳅，老外几乎没动。张一拼命劝对方尝尝，经理面露愠色地告诉小张不要劝，张一不知自己又错在那里。好在谈锋颇健的经理在席间和客人聊得很愉快，客人很快忘记了这些小插曲。

等双方散席后，经理当夜更换了负责接待的人员，并对张一说："你差点坏了我的大事，从明天起，请你另谋高就。"张一就这样被炒了鱿鱼，但他始终不明白自己究竟都错在哪里了。

资料来源：佚名. 谈判礼仪[EB/OL]. 2014-10-14[2020-07-08]. https://wenku.baidu.com/view/7a1b2addf121dd36a32d82a7.html.

讨论：请你帮张一分析一下，他的错处在哪里？正确的做法应该是怎样？

课后作业

一、单项选择题

1. 宴会上相互敬酒表示友好，可以活跃气氛。但切忌喝酒过量，应控制在本人实际酒量的(　　)左右，以免失言、失态。不要劝酒，更不得灌酒。

A. 三分之一　　B. 三分之二　　C. 二分之一　　D. 四分之一

2. (　　)又叫尊重距离，约为一米半到三米之间。

A. 私人距离　　B. 礼仪距离　　C. 公共距离　　D. 常规距离

3. (　　)是指在运用商务礼仪时，对待自己人和对待外人有所不同。

A. 内外有别　　B. 中外有别　　C. 外外有别　　D. 内内有别

4. 常规接待中的并排行进时，中央高于两侧，内侧高于外侧，一般要求让客人走在(　　)。

A. 外侧　　B. 中央　　C. 中央或内侧　　D. 内侧

二、多项选择题

1. 接受对方，就是要求人们在交谈时要宽以待人，善于接受对方，应注意以下几点(　　)。

A. 不打断对方　　B. 不补充对方　　C. 不质疑对方　　D. 不纠正对方

E. 批评对方

2. 商务交往宜选的话题有(　　)。

A. 打算谈的话题　　B. 格调高雅的话题

C. 轻松愉快的话题　　D. 时尚流行的话题

E. 对方不擅长的话题

3. 交谈时一般不询问(　　)。

A. 女士的年龄

B. 婚姻状况

C. 对方的履历、工资收入、家庭财产、衣饰价格

D. 对方值得骄傲的话题

4. 在商务谈判中,须遵循一定的要求及惯用礼仪,包括(　　)。

A. 服饰礼仪　　B. 社会交往礼仪　C. 馈赠礼仪　　D. 日常礼貌

三、简答题

1. 服饰的社会功能有哪些?为什么第一印象很重要?

2. 对谈判者服饰的总体有哪些要求?平时你做得怎样?

3. 商务谈判会议座次如何排列?

实践课堂

达能强行并购娃哈哈谈判

收购方背景:总部设于法国巴黎的达能集团是一个业务极为多元化的跨国食品公司,集团的业务遍布六大洲、产品行销 100 多个国家。1996 年集团的总营业额达到 839 亿法郎。在法国、意大利及西班牙,达能集团都是最大的食品集团,达能也是当今欧洲第三大食品集团。

出售方背景:杭州娃哈哈集团有限公司创建于 1987 年,目前为中国最大的食品饮料生产企业,全球第四大饮料生产企业,仅次于可口可乐、百事可乐、吉百利这 3 家跨国公司。在中国 29 个省市建有 100 余家合资控股、参股公司,在全国各地建立了销售分支机构,拥有员工近 3 万名,总资产达 268 亿元。公司拥有世界一流的自动化生产线,以及先进的食品饮料研发检测仪器和加工工艺,主要从事食品饮料的开发、生产和销售,主要生产含乳饮料、瓶装水、碳酸饮料、茶饮料、果汁饮料、罐头食品、医药保健品、休闲食品八大类近 100 个品种的产品,其中瓶装水、含乳饮料、八宝粥罐头多年来产销量一直位居全国第一。

谈判背景:1996 年,娃哈哈与达能公司、百富勤公司共同出资建立 5 家公司,生产以“娃哈哈”为商标的包括纯净水、八宝粥等在内的产品。娃哈哈持股 49%,亚洲金融风暴之后,百富勤将股权卖给达能,达能跃升到 51%的控股地位。

当时,达能提出将“娃哈哈”商标权转让给与其合资公司未果后,双方改签一份商标使用合同。正是这一条款,引发了强行收购风波。法国达能公司欲强行以 40 亿元人民币的低价并购杭州娃哈哈集团有限公司总资产达 56 亿元、2006 年利润达 10.4 亿元的其他非合资公司 51%的股权。本次谈判,双方将针对并购一事展开交涉。

市场背景:达能是法国最大的婴儿食品生产商。达能的婴儿食品有超过 40 年的出口历史,业务遍及欧洲多国(包括英国、爱尔兰、比利时、意大利、西班牙及葡萄牙),以及中东各国。此外,达能的婴儿食品在非洲及其他法语国家都已建立良好的市场地位。

2007 年,娃哈哈公司实现营业收入 258 亿元,在资产规模、产量、销售收入、利润、利税等指标上已连续 10 年位居中国饮料行业首位,成为目前中国最大、效益最好、最具发展潜力的

食品饮料企业。

2008 年,公司销售收入为 325 亿元,增长约 26%,利税 66 亿元,净利约 40 亿元左右。

谈判目标:双方就收购及相关事宜达成一致。

谈判时间、地点:2008 年 2 月,北京。

要求:

(1) 谈判前合理组织谈判(人员配置与分工安排),谈判方案的准备尽量详细。

(2) 模拟谈判中双方陈述理由要清晰明了,不能出现辩论争执。

(3) 谈判过程中使用的数据资料必须真实可靠。

(4) 在规定的时间内完成谈判。

第八章　商务谈判的技巧

【学习目标】

(1) 了解商务谈判的语言的各种沟通技巧。

(2) 掌握商务谈判沟通的实战性环节。

(3) 深刻领会商务谈判沟通的形式、要素。

◆ 引导案例

中美贸易谈判

1. 中美贸易谈判进展

2020年年初，随着中美达成第一阶段的贸易协定，贸易战告一段落。协议的主要内容，是中国要在接下来两年里购买价值2000亿美元的美国商品，包括油气、农产品、制造业产品以及金融服务，还有改善知识产权保护、停止强制技术转让、放松汇率管控等。美国原本打算在2020年11月美国总统大选以后进行第二阶段经贸谈判，但是中美都发生了严重疫情，第二阶段贸易谈判的时间和结果变得更加不确定。也就是说，中美贸易争端暂时“熄火”，但问题没有彻底解决，美国并没有取消第一阶段协议签订之前对中国加征的很多关税。

第二阶段谈判的重点应该是针对中国国有企业补贴、市场准入、外商投资审查、网络安全等。美国同时还在努力削弱中国在联合国及其他机构的影响力，比如，近期美国就成功阻挠中国代表被提名为参选世界知识产权组织的总干事。

总之，中美之间当前外交信息比较混乱，特朗普政府和美国国会继续在贸易关系、技术竞争、网络安全等很多问题上，出台新的政策和举措，加强部门协调，对中国全面施压。

贸易关系方面，2月底美国贸易代表办公室开始对从中国进口的口罩、医用手套等几十种医疗产品免除关税，这对中国是好事，但是后来美国发现还需要进口中国的药品和药品原料、医疗器械，感觉很不舒服，担心未来受制于中国，决定要自己生产或到世界其他地方购买，减少对中国医疗产品和药品的依赖，想要跟中国脱钩。

技术竞争方面，对华为的打压仍在继续。美国动用了外交、司法、行政等多重手段打压和抵制华为，特朗普政府的高级官员在很多场合，比如在慕尼黑安全会议上，强调华为对国家安全、民主政治制度的危害，企图阻挠英国等西方盟国在5G网络建设中使用华为设备。美国国内也在探讨怎样扶植本国5G产业发展，美国财政部对海外投资者加强审查的新规则也在最近生效。还有很多方面的协调政策，目标都是不让美国技术成为帮助中国加强监控能力、军事能力的工具。

2. 中国对美政策和态度

近两年，中国政府、智库、媒体、民间舆论，对美国的态度都发生了明显变化。此前很长一段时间,中美关系都被视为是重中之重,应该坚持对美国韬光养晦原则。如今,这些看法已经从主流舆论平台淡出,取而代之的是中国对美国应该针锋相对,敢于亮剑。文艺作品以及各种视频、文章中,甚至已经表示对美国不能再抱希望。

在宣传方面,弘扬中华文化、传播中国治国理政的成功经验、提升以中国方案引领世界潮流的自信,成为正能量和主旋律。比如中国在这次治理疫情期间的表现非常成功,给世界立了一个标杆,也开始对其他国家进行支持,包括意大利、巴基斯坦等国家。

中美信息战、舆论战、外交战愈演愈烈,正在成为一种难以逆转的惯性。在经济、技术、人文交流方面,中美双方都在减少对对方的依赖。中国在对美国贸易、投资、金融、技术等领域,更加强调自主创新。我们不希望中美经贸、技术脱钩,但正在为此做思想和物质的双重准备。中国需要的产品,不管是5G、航空发动机或者其他,应该自己制造。美国人也在警惕,比如美国现在进口中国很多的医疗产品和药品,也想减少对中国的依赖。

与此同时,中俄关系已经提升为新时代全面战略合作伙伴关系,双方政治互信达到前所未有的高度。中国也更加重视同发展中国家的关系,重新树立"国际统一战线"观念,对联合国及其附属机构,如世界卫生组织,加大了工作力度,也取得成效。在没有美国参加的国际机制中,如金砖国家、上海合作组织、亚投行等,中国起到了引领作用,包括积极推进"一带一路"建设。

资料来源:王缉思. 新冠疫情下的中美关系[EB/OL]. 2020-03-26[2020-07-08]. http://nsd.pku.edu.cn/sylm/gd/501976.htm.

启示:中美经贸关系目前还保持和缓,即坚持"推进以协调、合作、稳定为基调的中美关系",双方领导人经过通话也表示双方需要合作。

第一节 商务谈判"听"的技巧

商务谈判中,谈判者通过姿势、手势、眼神、表情等非发音器官来表达的无声语言,往往在谈判过程中发挥重要的作用。在有些特殊环境里,有时需要沉默,恰到好处的沉默可以取得意想不到的良好效果。

商务谈判了解和把握对方观点与立场的主要手段和途径就是听。实践证明,只有在清楚地了解对方观点和立场的真实含义之后,才能准确地提出己方的方针和政策。从心理学和日常的生活经验来看,当专注地倾听别人讲话时,就表示对讲话者的话的观点很感兴趣或很重视,从而给对方以一种满足感,这样就在双方之间产生了一定的信赖感。在谈判中应以什么样的姿态来听取对方的发言和意见以及怎样听才能获得比较好的效果呢?

我们将"听"的技巧归纳为"五要"和"五不要"。

一、"五要"技巧

(一)要专心致志、集中精力地听

专心致志倾听,要求谈判人员在听对方发言时要聚精会神,同时,还要配以积极的态度去倾听。为了专心致志,就要避免出现心不在焉、"开小差"的现象。即使是已经熟知的话题,也不可充耳不闻,不可将注意力分散到研究对策问题上去,因为如果讲话者的内容为隐含意义时,我们没有领会到或理解错误,会造成事倍功半的效果。集中精力地听,是倾听艺

术中最基本也是最重要的问题。

在倾听时应注视讲话者，主动地与讲话者进行目光接触，并做出相应的表情以鼓励讲话者。如可扬一下眼眉，或是微微一笑，或是赞同地点点头，或否定地摇摇头，也可不解地皱皱眉头等，这些动作配合，可帮助我们精力集中并起到良好的收听效果。在商务谈判过程中，如果我们不太理解对方的发言甚至难以接受时，千万不可塞住自己的耳朵，表示出拒绝的态度，因为这样的行为对谈判非常不利。

（二）要通过记笔记来集中精力

通常，人们当场记忆并将内容全部保持的能力是有限的，为了弥补这一不足，应该在听讲时做大量的笔记。记笔记的好处有以下两方面：一方面，笔记可以帮助自己回忆和记忆，而且也有助于在对方发言完毕之后，就某些问题向对方提出质询，同时，还可以帮助自己做充分的分析，理解对方讲话的确切含义与精神实质；另一方面，通过记笔记，可以给讲话者留下重视其讲话的印象，同时会对讲话者产生一种鼓励作用。

对于商务谈判这种信息量较大且较为重要的活动来讲，一定要做记录，过于相信自己的记忆力而很少动笔做记录，对谈判来讲是不利的。因为，在谈判过程中，人的思维在高速运转，大脑接受和处理大量的信息，加上谈判现场的气氛很紧张，对每个议题都必须认真对待，所以只靠记忆是办不到的。

实践证明，即使记忆力再好也只能记住主要部分，有的内容会忘得干干净净。因此，记笔记是不可少的，这也是比较容易做到的用以清除倾听障碍的好方法。

（三）要有鉴别地倾听对方发言

在专心倾听的基础上，为了达到良好的倾听效果，可以采取有鉴别的方法来倾听对方的发言。通常情况下，人们说话时总是边说边想，有时一个意思的表达方式可能十分零散，难以捕捉到重点，因此，听话者就需要在用心倾听的基础上，鉴别传递过来的信息的真伪，去粗取精、去伪存真，收到良好的听的效果。

（四）要克服先入为主的倾听做法

先入为主地倾听，往往会扭曲说话者的本意，忽视或拒绝与自己心愿不符的意见。这种听话者不是从谈话者的立场出发来分析对方的讲话，而是按照自己的主观框框来听取对方的谈话。其结果往往是使听到的信息变形地反映到自己的脑海中，导致自己接受的信息不准确、判断失误，从而造成行为选择上的失误。

（五）要创造良好的谈判环境，使谈判双方能够愉快地交流

人们都有这样一种心理，即在自己所属的领域里交谈，不需要分心于熟悉环境或适应环境；而在自己不熟悉的环境中交谈，则往往容易变得无所适从，导致出现正常情况下不该发生的错误。可见，有利于己方的谈判环境，能够增强自己的谈判地位和谈判实力。

二、“五不要”技巧

（一）不要因轻视对方而抢话、急于反驳而放弃听

谈判中，抢话的现象也是经常发生的，抢话不仅会打乱别人的思路，也会影响自己倾听对方的全部讲话内容。因为在抢话时，大脑的思维已经转移到如何抢话上去了。抢话不同

于问话,问话是由于某个信息或意思未能记住或理解而要求对方给予解释或重复,因此问话是必要的。

抢话是指急于纠正别人说话的错误,或急于用自己的观点来取代别人的观点,抢话是一种不尊重他人的行为。因此,抢话往往会阻塞双方的思想和感情交流的渠道,对创造良好的谈判气氛非常不利,对良好的收听更是不利。

另外,谈判人员有时也会在没有听完对方讲话的时候,就急于反驳对方的某些观点,这样也会影响收听效果。事实上,如果我们把对方的讲话听得越详尽和全面,反驳时就越准确、有力;相反,如果在对对方谈话的全部内容和动机尚未全面了解时,就急于反驳,不仅使自己显得浅薄,而且常常还会使己方在谈判中陷入被动,对自己十分不利。

(二)不要使自己陷入争论

当不同意讲话者的观点时,而对对方的话不能充耳不闻,而只顾等着自己发言。一旦发生争吵,也不能一心只为自己的观点找根据而把对方的话当成耳旁风。如果不同意对方的观点,也应等对方说完以后,再阐述自己的观点。

(三)不要为了急于判断问题而耽误听

当听了对方讲述的有关内容时,不要急于判断其正误,因为这样会分散我们的精力而耽误倾听下文。虽然人的思维速度快于说话的速度,但是如果在对方还没有讲完的时候就去判断其正误,无疑会削弱己方听话的能力,从而影响倾听效果。因此,切记不可为了急于判断问题而耽误听。

(四)不要回避难以应付的话题

在商务谈判中,往往会涉及一些诸如政治、经济、技术以及人际关系等方面的问题,可能会令谈判人员一时回答不上来。这时,切记不可持充耳不闻的态度。因为这样回避对方,恰恰是暴露了己方的弱点。

在遇到这种情况时,我们要有信心、有勇气去迎接对方提出的每一个问题。只有用心领会对方提出的每个问题的真实用意,才能找到解决问题的真实答案。另外,为了培养自己急中生智、举一反三的能力,应多加训练,多加思考,以便自己在遇到问题时不乱不慌。

(五)不要逃避交往的责任

交往的双方缺一不可:既要有说话者,又要有听话者,而且每个人都应轮流扮演听话者的角色。作为一个听话者,不管是在什么情况下,如果你不明白对方说出的话是什么意思,你就应该用各种方法使他知道这一点。在这里,你可以向对方提出问题加以核实,或者积极地表达出你听到了什么,或者使用一些方法让对方纠正你听错之处。

如果能从以上几个方面进行努力,谈判过程中"听"的障碍就可以减轻或消除,也就很少或不会发生因听不见、听不清、没听懂而使双方相互猜忌、争执不下的现象。

第二节　商务谈判"问"的技巧

商务谈判中常运用"问"作为摸清对方需要,掌握对方心理,表达自己感情的手段。如何"问"是很有讲究的,重视和灵活运用发问的技巧,不仅可以引起双方的讨论,获取信息,还可以控制谈判的方向、到底哪些问题可以问,哪些问题不可以问,为了达到某一个目的应该怎样问，以及问的时机、场合、环境等，有许多基本常识和技巧需要了解和掌握。

提问时机的选择是否恰当常会影响提问的效果。由于谈判时间、场合、人员及谈判的进展程度不同，提问时机的把握也就不同，有时需要不动声色、静待时机；有时则要迅速出击、先声夺人。一般来说，提问时机的选择根据5W1H原则，即一个事实的基本要素来考虑提问时机。5W1H含义如下。

(1) Who(谁)——如：谈判对手是谁？他的背景是什么？他目前的心境如何？

(2) Where(哪里)——如：谈判地点在哪？此时谈判环境如何？会有何种变化？

(3) What(什么事)——如：目前谈判的主题是什么？双方争论的焦点何在？

(4) When(什么时间)——如：谈判时间安排在何时？

(5) Why(为什么)——如：双方为何争论？其目的是什么？有何共同需求？

(6) How(如何)——如：如何提问？采用什么问句方式可达到最理想的效果？

一、商务谈判中发问的类型

(一) 封闭式发问

封闭式发问指在特定的领域中能带出特定的答复(如“是”或“否”)的问句。例如：“您是否认为售后服务没有改进的可能？”“您第一次发现商品含有瑕疵是在什么时候？”等。封闭式问句可令发问者获得特定的资料，而答复这种问句的人并不需要太多的思索即能给予答复。但是，这种问句有时会有相当程度的威胁性。

(二) 澄清式发问

澄清式发问是针对对方的答复，重新提出问题以使对方进一步澄清或补充其原先答复的一种问句。例如：“您刚才说对目前进行的这一宗买卖可以取舍，这是不是说您拥有全权跟我们进行谈判？”澄清式问句的作用就在于：它可以确保谈判各方能在叙述“同一语言”的基础上进行沟通，而且还是针对对方的话语进行信息反馈的有效方法，是双方密切配合的理想方式。

(三) 强调式发问

强调式发问旨在强调己方的观点和己方的立场。例如：“这个协议不是要经过公证之后才生效吗？”“我们怎能忘记上次双方愉快的合作呢？”

(四) 探索式发问

探索式发问是针对对方答复，要求引申或举例说明，以便探索新问题、找出新方法的一种发问方式。例如：“这样行得通吗？”“您说可以如期履约，有什么事实可以说明吗？”“假设我们运用这种方案会怎样？”探索式发问不但可以进一步发掘较为充分的信息，而且还可以显示发问者对对方答复的重视。

(五) 借助式发问

借助式发问是一种借助第三者的意见来影响或改变对方意见的发问方式。例如：“某某先生对你方能否如期履约关注吗？”“某某先生是怎么认为的呢？”采取这种提问方式时，应当注意提出意见的第三者，必须是对方所熟悉而且是他们十分尊重的人，这种问句会对对方产生很大的影响力。否则，运用一个对方不很知晓而且谈不上尊重的人作为第三者加以引用，则很可能会引起对方的反感。因此,这种提问方式应当慎重使用。

(六) 强迫选择式发问

强迫选择式发问,旨在把己方的意见抛给对方,让对方在一个规定的范围内进行选择回答。例如:“付佣金是符合国际贸易惯例的,我们从法国供应商那里一般可以得到3%~5%的佣金,请贵方予以注意。”运用这种提问方式要特别慎重,一般应在己方掌握充分的主动权的情况下使用,否则很容易使谈判出现僵局,甚至破裂。

需要注意的是,在使用强迫选择式发问时,要尽量做到语调柔和、措辞达意得体,以免给对方留下强加于人的不良印象。

(七) 证明式发问

证明式发问旨在通过己方的提问,使对方对问题做出证明或理解。例如:“为什么要更改原已定好的计划呢,请说明道理好吗?”

(八) 多层次式发问

多层次式发问是含有多种主题的问句,即一个问句中包含有多种内容。例如:“你是否清楚该协议产生的背景、履约情况、违约的责任以及双方的看法和态度?”这类问句因含过多的主题而使对方难于周全把握。

(九) 诱导式发问

诱导式发问旨在开渠引水,对对方的答案给予强烈的暗示,使对方的回答符合己方预期的目的。例如:“谈到现在,我看给我方的折扣可以定为4%,你方一定会同意的,是吗?”这类提问几乎使对方毫无选择余地而按发问者所设计好的答案回答。

(十) 协商式发问

协商式发问是指为使对方同意己方的观点,采用商量的口吻向对方发问。例如:“你看给我方的折扣定为3%是否妥当?”这种提问,语气平和,对方容易接受。

二、提问的时机

(一) 在对方发言完毕之后提问

在对方发言的时候,一般不要急于提问,因为打断别人的发言是不礼貌的,容易引起对方的反感。当对方发言时,要认真倾听,即使发现了对方的问题,很想立即提问,也不要打断对方,可先把发现的和想到的问题记下来,待对方发言完毕再提问。

(二) 在对方发言停顿和间歇时提问

如果谈判中,对方发言冗长、不得要领、纠缠细节或离题太远而影响谈判进程,这时可以借他停顿、间歇时提问。例如,当对方停顿时,你可以借机提问:“您刚才说的意思是?”“细节问题我们以后再谈,请谈谈您的主要观点好吗?”

(三) 在议程规定的辩论时间提问

大型外贸谈判,一般要事先商定谈判议程,设定辩论时间。在双方各自介绍情况和阐述的时间里一般不进行辩论,也不向对方提问。只有在辩论时间里,双方才可自由提问、进行辩论。在这种情况下,要事先做好准备,可以设想对方的几个方案,针对这些方案考虑己方对策，然后再提问。

（四）在己方发言前后提问

在谈判中，当轮到己方发言时，可以在谈己方的观点之前，对对方的发言进行提问，不必要求对方回答，而是自问自答。这样可以争取主动，防止对方接过话茬，影响己方的发言。

三、提问的要诀

为了获得良好的提问效果，需掌握以下发问技巧。

要预先准备好问题；要避免提出那些可能会阻碍对方让步的问题；不强行追问；既不要以法官的态度来询问对方，也不要接连不断地提问题；提出问题后应闭口不言，专心致志地等待对方回答；要以诚恳的态度来提问；提出问题的句子应尽量简短。

以上几点技巧，是基于谈判者之间的诚意与合作程度提出的，切忌将这些变成谈判者之间为了自己的利益而进行必要竞争的教条。

四、提问的其他注意事项

（一）在谈判中一般不应提的问题

在谈判中一般不应提出下列问题。

(1) 带有敌意的问题。

(2) 对方的个人生活和工作问题。

(3) 直接指责对方品质和信誉方面的问题。

(4) 为了表现自己而故意提问。

（二）注意提问的速度

提问时说话速度太快，容易使对方感到不耐烦，容易引起对方的反感；反之，如果说话太慢，容易使对方感到沉闷、不耐烦，从而降低了你提问的力量，影响提问的效果。

（三）注意对手的心境

谈判者受情绪的影响在所难免。谈判中，要随时留心对手的心境，在认为适当的时候提出相应的问题。例如，当对方心境好时，常常会比较容易地满足你所提出的要求，而且会变得有些随意，会在不经意间透露一些相关的信息。此时，抓住机会，提出问题，通常会有所收获。

第三节 商务谈判"答"的技巧

有问必有答，人们的语言交流就是这样进行的。问有艺术，答也有技巧，问得不当，不利于谈判；答得不好，同样也会使己方陷入被动。谈判人员的每一句话都负有责任，都将被对方认为是一种承诺，给回答问题的人带来一定的精神负担和压力。因此，一个谈判人员水平的高低，在很大程度上取决于其答复问题的水平。

谈判中的回答，是一个证明、解释、反驳或推销己方观点的过程。为了能够有效地回答好每个问题，在谈判前，我们可以先假设一些难题来思考，事先考虑得越充分，所得到的答案就会越完美。

一、回答问题之前，要给自己留有思考的时间

在谈判过程中，绝不是回答问题的速度越快越好，因为谈判与竞赛抢答是性质截然不同的两回事。有些人在对方提问的声音刚落，就急着回答问题。这些人通常有这样一种心理，就是如果对方问话与己方回答之间所空的时间越长，就会让对方感觉己方对此问题缺少准备，或以为己方几乎被问住了；如果回答得很迅速，就显示出己方已有充分的准备，也显示了己方的实力。

其实不然，谈判经验告诉我们，在对方提出问题之后，你可通过点烟、喝水，调整坐势和椅子，整理一下桌上的资料，翻一翻笔记本等动作来延缓时间，考虑一下对方的问题。这样做既显得自然、得体，又可以让对方看得见，从而减轻或消除对方对己方的错误感觉。

二、针对提问者的真实心理答复

谈判者在谈判桌上提出问题的目的往往是多样的，动机也往往是复杂的，如果我们在没有深思熟虑、弄清对方的动机之前，就按照常规来做出回答，效果往往不佳。如果我们经过周密思考，准确判断对方的用意，便可做出一个高水准的回答。

柯泰伦曾是苏联派驻挪威的全权代表。她精明强干，可谓女中豪杰。她的才华多次在外交和商务谈判上得以展示。有一次，她就进口挪威鲱鱼的有关事项与挪威商人谈判。

挪威商人精于谈判技巧，狮子大开口，要了个大价钱，想迫使买方把出价抬高后再与卖方讨价还价。而柯泰伦久经商场，一下识破了对方的用意。她坚持出价要低、让步要慢的原则。买卖双方坚持自己的出价，谈判气氛十分紧张。各方都拿出了极大的耐心，不肯调整己方的出价，都希望削弱对方的信心，迫使对方做出让步。谈判进入了僵持的状态。

柯泰伦为了打破僵局，决定运用谈判技巧，迂回逼近。她对挪威商人说："好吧，我只好同意你们的价格啦，但如果我方政府不批准的话，我愿意以自己的工资支付差额，当然还要分期支付，可能要支付一辈子的。"

柯泰伦这一番话表面上是接受了对方的价格，但实际上却是以退为进，巧妙地拒绝对方的要求。挪威商人对这样的谈判对手无可奈何。他们怎么能让贸易代表自己出工资支付合同货款呢？他们只好把鲱鱼的价格降下来。

资料来源：国际商务谈判案例分析[EB/OL]. 2016-02-07[2020-07-08]. https://www.docin.com/p-1451143664.html.

思考：柯泰伦一番话的含义是什么？为什么挪威商人只好接受柯泰伦的条件？

分析：此刻的谈判处于僵局状态，如果再持续下去，双方将不能达成此次交易，受损的可能还是己方。因此她让步同意了挪威商人的高价出售，但是用了附加条件法，附加条件就是，我同意你的条件，但是我的政府不会愿意你的条件，同时我和我的政府都想做成这次交易，那么我愿意用我的工资来支付差价(这只是个借口，事实上是不可能的事情)；意思就是说，现在我们达成了协议，同意了你的高价，但是我方政府只出相应的价格，差价由我的工资

来支付，那么这时挪威商人就无话可说。

之后答应柯泰伦的条件，但是差价用她的工资来支付是不可能的事情。所以挪威商人在此时不得不做出让步。退一步讲，挪威商人做出让步还是有利可图的，对自己并没有什么损失。总体来讲：关键还是柯泰伦的社交能力和语言表达能力强。

三、不要彻底地回答问题，因为有些问题不必回答

商务谈判中并非任何问题都要回答，有些问题并不值得回答。在商务谈判中，对方提出问题或是想了解己方的观点、立场和态度，或是想确认某些事情。对此，我们应视情况而定，对于应该让对方了解或者需要表明己方态度的问题要认真回答；而对那些可能会有损己方形象、泄密或一些无聊的问题，不予理睬就是最好的回答，但要注意礼貌。当然，用外交活动中的“无可奉告”一词来拒绝回答，也是回答这类问题的好办法。

例如，对方询问己方产品质量如何，己方不必详细介绍产品所有的质量指标，只需回答其中主要的某几个指标，以给对方造成质量很好的印象。又如，对方对某种产品的价格表示出关心，直接询问该产品的价格。如果立刻回答对方，把价格如实相告，那么在进一步的谈判过程中，己方就会陷入被动。所以，应该首先把对方的注意力引开：“我想我们的产品价格一定会令你们满意的。请允许我先把这种产品的集中性能做一下介绍，我相信你们一定会对我们的产品感兴趣。”

四、逃避问题的方法是避正答偏，顾左右而言他

有时，对方提出的某个问题己方可能很难直接从正面回答，但又不能拒绝回答，逃避问题。这时，谈判高手往往用避正答偏的办法，即在回答这类问题时，故意避开问题的实质，而将话题引向歧路，借以破解对方的进攻。

五、对于不知道的问题不要回答

参与谈判的所有的人都非全能全知。谈判中尽管我们准备得充分，也经常会遇到难解的问题，这时，谈判者切不可为了维护自己的面子而强做答复，因为这样有可能损害自己的利益。经验和教训一再告诫我们，谈判者对不懂的问题，应坦率地告诉对方不能回答，或暂不回答，以避免不应付出的代价。

六、有些问题可以答非所问

答非所问在知识考试或学术研究中是一大忌，然而从谈判技巧角度来研究，却是对不能回答的问题的一种行之有效的答复方法。有些问题可以通过答非所问来给自己解围。

七、以问代答

以问代答是用来应付谈判中那些一时难以回答或不想回答的问题的方式。此法如同把对方踢过来的球又踢了回去，请对方在自己的领域内反思后寻找答案。例如，在商务工作进展不是很顺利的情况下，其中一方问对方“你对合作的前景怎样看？”

这个问题在此时可谓难以回答，善于处理这类问题的对方可以采取以问代答的方式，

"那么,你对双方合作的前景又是怎样看呢?"这时双方自然会在各自的脑海中加以思考和重视,对于打破窘境起到良好的作用。商务谈判中运用以问代答的方法,对于应付一些不便回答的问题是非常有效的。

八、有时可以采取推卸责任的方法

谈判者面对毫无准备的问题,往往不知所措,或者即使能够回答,但鉴于某种原因而不愿意回答。对这类问题通常可以如此回答:"对这个问题,我虽没有调查过,但曾经听说过。"或"贵方某某先生的问题提得很好,我曾经在某一份资料上看过有关这一问题的记载,就记忆所及,大概是……"

九、重申和打岔有时也十分有效

商务谈判中,要求对方再次阐明其所问的问题,实际上是为自己争取思考问题的时间的好办法。在对方再次阐述其问题时,我们可以根本不听,而只是考虑如何做出回答。当然,这种心理不应让对方有所察觉,以防其加大进攻的力度。有人打岔那将是件好事,因为这可为我们赢得更多的时间来思考。

有些富有谈判经验的谈判人员估计谈判中会碰到某些自己一时难以回答而又必须回答的、出乎意料的棘手问题,于是,为了赢得更多的时间,就事先在本组内部安排好某个人,专门在关键时间打岔。打岔的方式多种多样,比如借口外面有某某先生的电话,有紧急的文件需要某某先生出来签字等。有时,回答问题的人自己可以借口去洗手间,或去打个电话等来争取时间。

总之,在实际谈判中,回答问题的要诀在于知道该说什么和不该说什么,而不必考虑回答的问题是否切题。谈判桌上的双方在各方的实力基础上斗智斗勇。在回答问题时要有艺术性和技巧,谈判人员必须熟练地加以掌握和运用。

第四节 商务谈判"叙"的技巧

一、语调与节奏技巧

(一) 语调技巧

一句话用10种不同的语调来念,就会有10种不同的意思表达效果。一个字、一个词、一个句子的写法只有一种,说话的语调却可能有许多种。复杂多变的语调是具有很强意思表达功能的口语艺术。

语调的构成比较复杂,语速的停转连接、音量的轻重强弱、音调的抑扬顿挫及音质都会影响语调。一般来说,语调可分为平直调、上扬调、降抑调和弯曲调四种类型。

1. 平直调

平直调的语调特征是平稳、语势舒缓。一般用来表达从容、庄重的感情。如我们希望贵方能以现金支付。

2. 上扬调

上扬调的语调特征是前低后高,语势呈上升趋势。一般用来表达怀疑、鼓励、愤怒、斥责的感情。如什么意思，你懂什么！

3. 降抑调

降抑调的语调特征是前高后低，语势呈下降趋势，一般用来表达坚定、自信、感叹、祝愿的感情。如哪有这回事？

4. 弯曲调

弯曲调的语调特征是有升有降，语势曲折多变。一般用来表达忧虑、讽刺、调侃、怀疑的感情。如为什么不借100万整数而只借90万？

（二）节奏技巧

节奏是音量的大小、强弱、音速的快慢缓急等因素组合的有秩序、有节拍变化、有规律的声音。节奏过于缓慢，很难引起对方的注意和兴趣；节奏过快，很难使人立即接受并理解其真正的含义。所以节奏技巧的处理是使之有张有弛，有抑有扬。

二、重音与停顿技巧

（一）重音技巧

重音就是说话时着重突出某个字、词以示强调。一般来说，重音有三种类型，即逻辑重音、语法重音和感情重音。

1. 逻辑重音

根据谈判者目的不同而强调句子中不同的词语，它在句中没有固定的位置。如我们不相信贵方会这样做。可强调我们，也可强调不相信，还可以强调贵方。

2. 语法重音

根据一句话的语法结构规律而说成重音。定语、状语常是语法重音。

3. 感情重音

为了表达思想感情，谈判者在一句话、几句话甚至一段话中对某些音节加重音量。

（二）停顿技巧

停顿是因内容表达和生理、心理的需要而在说话时的间歇。适当的停顿会引起对方的注意，强调我方的重点，达到“此时无声胜有声”的境界。一般来说，停顿可分为四种，即语法停顿、逻辑停顿、感情停顿和生理停顿。

1. 语法停顿

语法停顿是指按照标点符号的间歇。诸如遇到句号、逗号、顿号、分号等都可做或长或短的停顿。

2. 逻辑停顿

逻辑停顿是指为了突出强调某一事物或显示某一语音而做的停顿。逻辑停顿有时打破标点符号的局限，在无标点处停顿。这种情况一般与逻辑重音相配合。

3. 感情停顿

感情停顿是指由感情需要而做的停顿。它受感情支配，有丰富的内在含义和饱满的真情实感，多用来表达沉吟思事、情感激动、恼怒、愤慨等情感。

4. 生理停顿

生理停顿是指说话时在长句子中间合适的地方顿一顿，换一口气。

三、叙述技巧

叙述是一种不受对方提出问题的方向和范围限制，主动性的阐述，是商务谈判中传达大量信息、沟通感情及控制谈判进程的一种方法。恰当的陈述，对于双方信息有效传递的作用是不言而喻的。通常在陈述中应该遵循以下原则。

（一）叙述应注意具体而生动

为了使对方获得最佳的倾听效果，我们在叙述时应注意生动而具体。这样做可使对方集中精神，全神贯注地收听。

叙述时一定避免令人乏味的平铺直叙，以及抽象的说教，要特别注意运用生动、活灵活现的生活用语，具体而形象地说明问题。有时为了达到生动而具体，也可以运用一些演讲的艺术手法，声调抑扬顿挫，以此来吸引对方的注意，达到本方叙述的目的。

（二）叙述应主次分明、层次清楚

商务谈判中的叙述不同于日常生活中的闲叙，切忌语无伦次、没有主次、层次混乱，让人听后不知所云。为了能让对方方便记忆和倾听，应在叙述时符合听者的习惯，便于其接受；同时，分清叙述的主次及其层次，这样可使对方心情愉快地倾听我方的叙说，其效果应该是比较理想的。

（三）叙述应客观真实

商务谈判中叙述基本事实时，应本着客观真实的态度进行叙述。不要夸大事实，同时也不缩小事情本来实情，以使对方相信并信任我方。如果万一由于自己对事实加以修饰的行为被对方发现，哪怕是一点点破绽，也会大大降低本方公司的信誉，从而使本方的谈判实力大为削弱，再想重新调整，已是悔之无及。

（四）叙述的观点要准确

另外，在叙述观点时，应力求准确无误，力戒含混不清，前后不一致，这样会给对方留有缺口，为其寻找破绽打下基础。

当然，谈判过程中观点有时可以依据谈判局势的发展需要而发展或改变，但在叙述的方法上，要能够令人信服。这就需要有经验的谈判人员来掌握时局，不管观点如何变化，都要以准确为原则。

第五节 商务谈判“辩”的技巧

一、辩论的基本原则

（一）观点要明确，立场要坚定

商务谈判中的“辩”的目的，就是论证己方观点，反驳对方观点。论辩的过程就是通过摆事实，讲道理，以说明自己的观点和立场。为了能更清晰地论证自己的观点和立场的正确性及公正性，在论辩时要运用客观材料，以及所有能够支持己方论点的证据，以增强自己的论辩效果，从而反驳对方的观点。

（二）思路要敏捷、严密，逻辑性要强

商务谈判中辩论，往往是双方进行磋商时遇到难解的问题时才发生的，因此，一个优秀辩手，应该是头脑冷静、思维敏捷、论辩严密且富有逻辑性的人，只有具有这种素质的人才能应付各种各样的困难，从而摆脱困境。

任何一个成功的论辩，都具有思路敏捷、逻辑性强的特点，为此，商务谈判人员应加强这方面基本功的训练，培养自己的逻辑思维能力，以便在谈判中以不变应万变。特别是在谈判条件相当的情况下，双方能在相互辩驳过程中思路敏捷、严密，逻辑性强，谁就能在谈判中立于不败之地。这也就是谈判者能力强的表现。

（三）掌握大的原则，枝节不纠缠

在辩论过程中，要有战略眼光，掌握大的方向、大的前提，以及大的原则。辩论过程中要洒脱，不在枝节问题上与对方纠缠不休，但主要问题上一定要集中精力，把握主动。在反驳对方的错误观点时，要能够切中要害，做到有的放矢。同时要切记不可断章取义、强词夺理、恶语伤人，这些都是不健康的、应摒弃的辩论方法。

（四）态度要客观公正，措辞要准确犀利

文明的谈判准则要求：无论辩论双方如何针锋相对，争论多少激烈，谈判双方都必须以客观公正的态度，准确地措辞，切忌用侮辱诽谤、尖酸刻薄的语言进行人身攻击。如果某一方违背了一准则，其结果只能是损害自己的形象，降低了本方的谈判质量和谈判实力，不会给谈判带来丝毫帮助，反而可能置谈判于破裂的边缘。

二、诡辩的形式

诡辩形式形形色色。在论题方面，常常表现为偷换概念、转移论题；在论据方面，又常常表现为诉诸权威、预期理由、以偏概全、类比不当等。下文将对商务谈判中常常出现的几种典型的诡辩术表现形式进行分析，并提出驳倒诡辩的具体方法和对策。

（一）以现象代本质

所谓以现象代本质的诡辩术，实际上就是故意掩盖事实真相而强调问题的表现形式并虚张无关紧要的利害关系的一种论证方法。狡诈的商人往往借用此种方法达到掠取暴利的目的。在商务谈判中，我们只要坚持辩证思维的客观性、具体性的原则，就能识破对方摆出的迷魂阵，从而把握事物的本质，使谈判循着客观公正的方向进行。

案例 8-2

我国某科研机构曾经准备购进 10 台 4000 万次/秒大型计算机，并与日本某公司正式接触洽谈。在第一轮谈判中，日方报价每台 115 万美元。我方根据掌握的同类产品的国际行情为每台 112 万美元。我方要求对方就此报价做出解释并压低价格。

第二轮谈判开始，日方同意将计算机单价压至 110 万美元，并且论证："我方为与贵方建立持久的友好贸易关系考虑。决定每台让利 5 万美元。我们很尊重贵方的意见，并且不惜工本将价格降到了不能再降的地步，贵方可以接受这个价格了。"

此后，日方闭口不谈上述报价的形式基础，而将谈判纠缠在一个议题之中，即日方已考

虑顺应了我方的要求,对产品进行了大幅度的降价。如我方再不接受,那么谈判就无法取得圆满结果。围绕着已经降价这一现象,日方代表大肆鼓舌,千方百计迫使我方动摇进一步谈判的决心。

分析:此时,我方代表如果贸然接受日方的价格方案,那么对方将于其中获得丰厚的利润,谈判之于我方就是某种意义上的失败;如果被对方的思路牵着鼻子走,我方代表只是觉得降价的幅度尚不足以让人接受,但又提不出令人信服的充分理由,那么固执己见则有可能导致谈判破裂,我方更不能达到自己的目的。如何对付这种貌似正确的诡辩术呢?我们必须在全面掌握客观情况的基础上应用辩证思维的基本方法,以具体性的原则透过现象抓住事物的本质。

我方代表须明确指明:

第一,就同类产品来看,欧美市场的零售价格约是每台112万美元,因此日方提出的110万美元的单价,并非是让利5万美元。

第二,我方一次就需购买10台计算机,这种大宗生意即使在欧美市场,对方也是以优惠价供货的。

第三,日本计算机研制技术在世界上处于领先地位,技术进步的直接结果便是生产成本的下降,并且由于日本工人工资大大低于欧美国家人均工资,劳动力价格的低廉必将导致产品价格进一步降低。

第四,据我方对日本一般市场行情的调查表明,4000万次/秒的计算机单价110万美元并不属于优惠价。

做出如上具体的分析和论证后,一般来说,日方谈判人员不再可能坚持最低限价为每台110万美元的谈判立场了。

资料来源:佚名.谈判中的诡辩及驳倒诡辩[EB/OL].2019-04-12[2020-07-08].https://wenku.baidu.com/view/f8b198f9f4335a8102d276a20029bd64793e626c.html.

(二)以相对为绝对

以相对为绝对是一种故意混淆相对判断与绝对判断的界线,并以前者代替后者以期扼制、压倒对方谈判人员的论证方式。为了促使对方接受某个立场,经验老到的谈判人员往往运用此种方法控制对手,进而掌握住谈判发展的进程。这尽管不公道,但都很见成效。

因此,在商务谈判中,业务人员只有了解此种诡辩术的特点和表现形式,才能迅速识破其本质,使己方的谈判过程中立于不败之地。

案例 8-3

改革开放以来,我国人民的消费观念和家庭的消费结构发生了很大变化,各种现代化的家用电器由"奢侈品"成为生活必需品。国家为了从根本上改变彩电长期以来依赖进口的不利局面,决定引进彩电生产流水线。在与外商洽谈时,我方代表要求对方提供最先进的彩电生产技术和设备。

外商积极响应了这一提议,但同时提出:"既然我方提供的是最先进的技术设备,那么贵方就需相应付出最高的价格。"高技术需要高价格,这是顺理成章的逻辑推理。此时,我方谈判人员该如何摆脱在谈判中的被动局面呢?

分析：实际上，造成上述局面的责任首先在于我方。我方谈判人员忽略了技术设备的具体发展性，从一开始就提出一个抽象的“最先进”的概念。外商正好乘虚而入，将计就计地要求提高价格。在意识到这种失误以后，我方代表在以后的谈判中就应尽快走出这个自我设定的陷阱，而从被动走向主动。具体实现则需要通过分析相对与绝对辩证关系这一途径。

首先，要尽量指出对方论点的不足之处，证明对方提供的并非是最新的技术与设备。彩电技术发展日新月异，从外观来看，立式替代了卧式笨重型，已逐渐走向超薄型。从质上来分析，平面直角彩电已开始在市场上出现，高清晰度电视也基本解决了技术上的难题而进入试制阶段。因此，对方准备提供的 20 英寸立式彩电生产线并非是所谓的最新设备。（有时对方明知道有更新的技术即将问世，一般也不会透露消息，此时掌握全面的技术信息就显得十分重要了。）

其次，从发展的角度分析，即使对方现在提供的是最新的彩电生产技术和设备，但整条生产线从引进安装到输出产品，需要 2～3 年时间，对方未必能保证到时彩电生产线仍是最先进的技术和设备。

最后，基于上述原因，我方的引进决策承担着较大的风险，庞大的资金投入未必就能取得预期的效益。指出了这些客观因素，就能分析出对方绝对判断中包含的相对性，从而迫使对方在价格上做出让步。

资料来源：佚名. 商务谈判逻辑和思维[EB/OL]. 2017-07-24[2020-07-08]. https://max.book118.com/html/2017/0724/124062036.shtm.

以相对为绝对的诡辩术还包含其他的方式，例如，将相对降价说成绝对降价即为较典型的一种。上例中我方如在开始时采用招标的方法来确定引进目标，假使有 A、B、C、D 四国公司投标，A 公司代表在阐述己方条件时指出，我方实际生产能力最强，因为我们不仅可提供 20 英寸的彩电生产流水线，还有其他型号的生产线——如 24 英寸、21 英寸平面直角等——可供选择，因此相对于其他投标公司，我方报价实际下降了“若干”。对付这种论证方法，完全可以一针见血地指出，我方生产大纲要求引进的只是 20 英寸彩电生产线，其他型号此次招标不予考虑，因此，贵公司提出的价格优惠是不存在的，我们只能在上述特定前提下，比较各公司生产线技术设备的先进程度和价格的优惠程度，才能确定哪个公司中标。如此，对方的诡辩招数和虚假论证就不攻自破了。

（三）以偶然为必然

以偶然为必然是一种故意将某事物发展中发生的偶然事件（或偶然性）作为不可避免的趋势，从而推及其他事物与过程，并将其作为敲诈对方的条件或作为己方加码条件的推理方法。由于商务谈判涉及的对象、环境、条件的可变异性，诡辩论者往往从大量偶然性中拾取其一并任意发挥，以求为己方谋取最大的利益。

1989 年初某纺织厂与某原料供应基地初步商定于当年夏季购进 100 吨初级麻布，在签订经济合同时，由于生产厂家商品暂处滞销状态，故要求卖方延期半年交货。供货单位同意这一提议，但认为须相应改动合同中的价格条款。理由是：1988 年我国物价上升指数为 20 个百分点，货物顺延半年交货，则原料价格也应上涨 20%。对卖方的这种涨价要求，买方如何答复呢？

分析：坚持分析事物的客观性与具体性，是驳斥上述建立在以偶然为必然诡辩术基础上的涨价论的根本方法。买方应向对方阐明如下观点。

其一,1988年通货膨胀率并不能说明1989年的通货膨胀率,因此,对方以此为基础的涨价要求是没有客观依据的。

其二,由于国内消费市场处于疲软状态,麻制产品也出现滞销现象,以发展的眼光来看,生产厂家不景气的直接后果必然是原料供应处于饱和状态,而原料一旦供过于求,则其降价势在必行。

其三,如对方一定坚持上浮价格,那么条款中应做如此规定:至交货之日,如果国内生产麻布原料价格上涨,则买方相应补足其差价部分,反之价格相应下降。价格上浮与下降的幅度,以半年后国内市场此类商品浮动的实际为准。

资料来源:佚名.商务谈判的谈判人[EB/OL].2017-11-13[2020-07-08].http://www.doc88.com/p-9903542380939.html.

(四)平行论证

平行论证也是一种在洽谈中使用较多并每每奏效的诡辩术,西方的谈判术语又称其为“双行道战术”。实际上,平行论证是一种“偷梁换柱”或“避实就虚”的辩论伎俩,它往往通过转移论题的方式来消除己方的不利因素或掩盖自身谈判条件的弱点,以达到压服对方牟取私利的目的。

在谈判过程中,当一方论证他方的某个弱点时,他方则虚晃一枪另辟战场,抓住你的另一个缺陷开战(有时,他方也可能故意提出新的论题大做文章)。这种论战形式,即为“平行论证”。平行论证的结果是混淆了事物的因果关系,扰乱对方谈判人员的思维方式,从而使谈判失去确定的方向。因此,任何谈判人员对此都不能掉以轻心。

某甲自行车厂准备与某乙自行车厂联营生产某种型号的自行车,甲方负责厂房、设备、资金与工人的安排等事宜,乙方则向甲方提供生产指导、技术培训并转让商标的使用权。

洽谈时,甲方就技术指导培训的具体问题(如对方将派出多少以及哪一等级的技工人员,通过何种途径传授技术并使本厂人员提高到何种程度,等等),要求对方做出较为明确的答复,但乙方一直回避上述问题,而大谈联营后产品利润的分成问题,要求对方拿出具体的分成方案进行讨论。

某甲向某乙销售某型号精密机床,谈判开始后,卖方马上提出了报价,买方要求对方解释报价形成的构成因素和基础。对此要求卖方充耳不闻(主要怕过早泄露信息),而扬言对买方的供货性能要求不甚了解,不好做“最终报价”,目前报价的可变因素甚多,最好对方确切说明了供货数量与性能要求,并提出可接受的价格,而后己方才能最终报价,等等。如何认清这种似乎有理的诡辩术并使谈判继续进行呢?

分析:在第一个案例中,甲方代表采用的是一种避实就虚的方法。甲方之所以要与乙方联营,最关键的是缺少高超的生产技术,否则,联营就失去了基础。因此,甲方要向乙方说明,只有在确定了乙方所能提供的技术指导和培训的范围及其程度之后,才能进一步商谈产品利润的分配等其他事宜，前一个问题不清楚，后面的问题就无从解决。

在第二个案例中，如果买方被纠缠到供货数量与性能要求中去，并明确乙方可接受的价格，那么在谈判中无疑就陷入被动挨打的境地。

此时，买方摆脱对方纠缠的最好办法是要求对方谈判人员回到逻辑推理的起点：贵方提出了目前的报价，所以我方要求解释这种报价的形成基础，如果贵方不讲清"目前的报价"，我方则无法提出供货的具体意见，最终报价也就无法形成。所以，贵方对我方的要求是不妥和缺乏前提条件的。做出了上述论证后，对方若希望谈判成功，就不好再固执己见了。由此可见，只要坚持以具体性、客观性法则去分析平行论题的内在因果联系，就能使平行论证的诡辩术失去招架之力。

资料来源：佚名. 商务谈判的谈判人[EB/OL]. 2017-11-13[2020-07-08]. http://www.doc88.com/p-9903542380939.html.

（五）滥用折中

滥用折中是谈判人员面对两种差距极大或根本对立的观点，不做任何客观具体的分析，而用"和稀泥"的方式从抽象的概念上折中二者的诡辩手法。

例如，某货物卖方要价 200 元，买方提出用 100 元购买，买卖双方的价格分歧是 100 元，卖方提出各让 50 元，表面上看来公平合理，实质上却缺乏任何具体的分析。比如，此物的实际市场流通价只是 100 元，折中成 150 元，买方岂不活活被卖方硬性讹去 50 元？假使双方成交的是大批的生意，那么其后果对买方来说将是灾难性的。

因此，建立在公平原则上的贸易关系，应以客观性为基础，一方必须允许对方再行讨价还价，直至货物价格接近于市场同类产品的合理价格为止。

如果贸易双方的分歧不是表现在产品的价格上而是在合同的条文上，则滥用折中的危害性更大。合同条款的分歧一旦发生在某些原则上（如条文与法律规定的抵触），则有问题的一方应主动地加以全面纠正，其间不存在折中变通的做法。

当然在很多时候，谈判双方为了促使贸易关系的尽快形成，针对双方的分歧，各自做出某种让步，对彼此都是有益的，也是必要的。因为这种贸易的结果是双方都能于其中得到利益。但建立在诡辩术基础上的滥用折中，却只能严重损害他方的利益，既无法体现出商务谈判所应遵循的公平合理的原则，也不可能成为双方宽容和解精神的象征。

总之，商务谈判中，诡辩术的表现形式是多种多样的，任何谈判人员对此都应有清醒的认识。从根本上来说，对付玩弄诡辩伎俩者的最佳方法，是掌握好辩证逻辑的思维方式，以客观性、具体性、历史性三原则认清其诡辩本质并加以正确地处理。

第六节　商务谈判说服的技巧

说服，即设法使他人改变初衷并接受你的意见。说服谈判对手，就是消除障碍，诸如直接指出对方的错误，用提问的方式引导对方说服自己或重复其异议以削弱其异议等。为了使说服效果更理想，可以借助逻辑和情感力量来进行。逻辑使人思考，情感使人感动。

一、说服的弊病

想要说服他人的人，总是希望自己能够成功，但是如果不讲究手法，不掌握要领，急于求成,往往会事与愿违。人们在说服他人时常犯的弊病如下。

一是先想好几个理由,然后才去和对方辩论;二是站在领导者的角度上,以教训人的口气,指点他人应该怎样做;三是不分场合和时间,先批评对方一通,然后强迫对方接受其观点,等等。这样其实未必能够说服对方。因为这样做,其实质是先把对方推到错误的一边,也就等于告诉对方,我已经对你失去信心了,因此,效果往往十分不理想。

二、说服的技巧

(一)说服的前提取得他人的信任

中国有句古语"无信则不立"。信任是成功谈判所必备的基本要素。一般来说,如果双方很熟又相互信任,则很容易接受对方的意见。谈判者应该学会利用谈判桌外的时间来增进人际关系,与对方建立友好、熟悉、相互尊重的关系,积极进行"公关活动",取得对方信任,无形中会化解对方的心理警戒,从而在谈判中掌握主动权。

(二)说服的基础先言利后言弊

一般来说,对方接受已方的意见都会有利有弊,应提供给对方利弊两方面的信息。动之以情,晓之以理,更应言之以利。

一方面,要向对方指出,倘若接受了建议会得到什么利益,并可指出其看法的荒谬性、片面性或错误性。另一方面,还应把不利的方面讲出,把好坏的全部信息传递给对方。陈述的原则一般是先讲利,后言弊,并在陈述过程中进行得失比较,并指出利大于弊,从而说服别人接受你的意见。

(三)必须强调互利,激发认同感

谈判中既有合作,也有冲突。没有合作,就无法圆满结束谈判;没有冲突,就没有谈判的必要。谈判是在双方互利的基础上达成协议的,也有人用法国的一句关于爱情的定义来形容谈判为"合作的利己主义"。

在谈判中,不要掩饰所提意见对己方有利的一面,因为谈判中强调利益的一致性比强调利益的差异性更容易提高对方的认知程度和接纳的可能性。

(四)站在他人的角度设身处地地谈问题

要说服对方,就要考虑到对方的观点或行为存在的客观理由,也就是要设身处地地为对方想一想,从而使对方对你产生一种"自己人"的感觉。这样,对方就会信任你,就会感到你是在为他着想,这样,说服的效果将会十分明显。

(五)创造出良好的"是"的氛围

从谈话一开始,就要创造一个说"是"的气氛,而不要形成一个"否"的气氛。不形成一个否定气氛,就是不要把对方置于不同意、不愿做的地位,然后再去批驳他、劝说他。比如,"我知道你会反对……可是事情已经到这一步了,还能怎样呢?"这样说来,对方仍然难以接受你的看法。

在说服他人时,要把对方看作是能够做或同意做的。比如,"我知道你是能够把这件事情做得很好,却不愿意去做而已";又如,"你一定会以这个问题感兴趣的"等。商务谈判事实表明,从积极的、主动的角度去启发对方、鼓励对方,就会帮助对方提高自信心,并接受已方的意见。

（六）说服用语要推敲

在商务谈判中，欲说服对方，用语一定要推敲。事实上，说服他人时，用语的色彩不一样，说服的效果就会截然不同。通常情况下，在说服他人时要避免用“愤怒”“怨恨”“生气”或“恼怒”这类字眼，即使在表述自己的情绪时，比如像担心、失意、害怕、忧虑等，也要在用词上注意推敲，这样才会收到良好的效果。

课后案例

中日货车质量谈判

中日双方为FP-418货车质量问题举行谈判。在此之前，双方都慎重地为这一不寻常的谈判做好了充分的准备，分析了各自谈判的价值构成，预测对方的价值构成，选择了适当的谈判方案，为谈判过程的讨价还价打下了一个良好的基础。

谈判一开局，中方便简明扼要地介绍了FP-418货车在中国各地的坏损情况及用户对此的反映。中方在此虽然只字未提索赔问题，但已为此做了铺垫，展示了中方谈判的威势，恰到好处地拉开了谈判的序幕。日方对中方的这一招早有预料，因为FP-418货车的质量问题是一个无法回避的事实，日方无心在这一不利的问题上纠缠。

为避免劣势，日方不动声色地说：“是的，有的车子轮胎炸裂，挡风玻璃炸碎，电路有故障，铆钉震断，有的车架偶有裂纹。”日方的此番回答看起来是自责，但细细品味，却是避重就轻、话中有话，不过是想将谈判之舟引入己方划定的水域。

中方觉察到对方的用意，便反驳道：“贵公司代表到现场看过，经商检和专家小组鉴定，铆钉非属震断，而是剪断的，车架出现的不仅仅是裂纹，而是裂缝、断裂！而车架断裂不能用‘有的’或‘偶有’，最好还是用比例数据表达，更科学、准确……”中方谈判代表用词的准确犀利，使对方一惊。

他们此时深感到中国谈判对手的老道。日方代表为了掩饰内心的震动，不禁淡然一笑说：“请原谅，比例数尚未准确统计。”“那么，对FP-418货车质量问题贵公司能否取得一致意见？”中方抓住这一问题穷追不舍。“中国的道路是有问题的。”日方转了话题。答非所问。中方立即反驳：“诸位已去过现场，这种说法是缺乏事实根据的。”

中方步步紧逼，日方步步为营，谈判气氛渐趋紧张。中日双方在谈判开局不久，就在如何认定FP-418货车质量问题上陷于僵局。日方坚持说中方有意夸大货车的质量问题：“FP-418货车质量问题不至于到那种严重的程度吧？这对我们公司来说，是未曾发生过的，也是不可理解的。”

此时，中方觉得该是举证的时候了，便将有关材料向对方一推说：“这里有商检、公证机关的公证结论，还有商检拍摄的录像。如果……”“不！不！对商检、公证机关的结论，我们是相信的，我们是说贵国是否能够做出适当的让步。否则，我们无法向公司交代。”日方在中方所提质量问题的攻势下，及时调整了谈判方案，采取以柔克刚的手法，向公司踢皮球。但不管怎么说，日方在质量问题上设下的防线已被攻克了。这就为中方进一步提出的索赔要求打开了缺口。随即，双方谈判的论题升级到索赔的具体金额上——报价、讨价、还价、讨价还价，一场毅力和技巧较量的竞争展开了。

中方主谈代表擅长经济管理和统计，精通测算。在他纸笺上的大大小小索赔项目旁，布满了密密麻麻的阿拉伯数字。在谈判前,他翻阅了许多国内外有关资料,深知在技术业务谈判中,不能凭大概和想当然,只有事实和科学的数据才能服人。

此刻,他望着信笺上满满的数据,胸有成竹地向对方发问:“贵公司对每辆车支付的加工费是多少?”“每辆车10万日元,总计5.84亿元。”日方接着反问道:“贵国报价是多少?”中方立即回答:“每辆16万元,此项共计9.5亿日元。”

精明强干的日方主谈人与其副手耳语了一阵,问:“贵国报价的依据是什么?”中方主谈人将车辆坏损各部件,需如何修理、加固、花费多少工时等逐一报价。“我们提出的这笔加工费并不高。”接着中方代表运用了一招:“如果贵公司感到不合算,派员维修也可以。但这样一来,贵公司的耗费恐怕是这个数目的好几倍。”这一招很奏效,顿时把对方将住了。

日方为中方如此精确的计算所折服,自知理亏,转而以恳切的态度征询:“贵国能否再压低一点?”此刻,中方意识到,就具体数目的实质性讨价还价开始了。中方回答:“为了表示我们的诚意,可以考虑对方的要求。那么,贵公司每辆出价多少呢?”日方答:“12万日元。”中方问:“13.4万日元怎么样?”日方答:“可以接受。”日方深知,中方在这一问题上已做出了让步。于是双方很快就此项索赔达成协议。日方在此项费用上共支付了7.76亿日元。

然而,中日双方争论索赔的最大数额的项目却不在此,而在于高达几十亿日元的间接经济损失赔偿金。在这一巨大数目的索赔谈判中,日方率先发言。他们也采用了逐项报价的做法,报完一项就停一下,看看中方代表的反应,但他们的口气却好似报出的每一个数据,都是不容打折扣的。最后,日方统计可以给中方支付赔偿金30亿日元。

中方对日方的报价一直沉默不语,用心揣摸日方所报数据中的漏洞,把所有“大概”“大约”“预计”等含糊不清的字眼都挑了出来,有力地抵制了对方所采用的浑水摸鱼的谈判手段。

在此之前,中方谈判班子日夜奋战,液晶体数码不停地在电子计算机和荧光屏上跳动着,显示出各种数据。在谈判桌上,当中方代表报完了自己的每一个项目及金额,并论证了这些数据的测算依据,最后提出中方的间接经济损失索赔额为70亿日元。日方听完中方的报价,惊得目瞪口呆,一时没有发话。此刻,他们不仅对70亿日元的高额索赔数额望而生畏,且对中方谈判代表的精明过人深感不安。但他们表面上依旧泰然自若,连连说:“差额太大!差额太大!”

中日双方各抒己见,互不相让,谈判气氛再度紧张。这种拉锯式的讨价还价,对双方来说是一种毅力和耐性的考验。因为谈判桌上,率先让步的一方可能被动。

“贵国提出的索赔数额过高,若不压半,我们会被解雇的。我们是有妻儿老小的。”老谋深算的日方主谈人使用了哀兵制胜的谈判策略。“贵国生产如此低劣的产品,给我国造成多么大的经济损失!”中方接过日方的话头,顺水推舟地说:“我们不愿为难诸位代表,如果你们做不了主,请贵方决策人来与我方谈判。”双方针锋相对,兵来将挡,水来土掩,互不相让,只好暂时休会。

随后,日方代表即用电话与日本S汽车公司的决策人密谈了数小时。接着谈判重新开始。此轮谈判一接触就进入高潮,双方舌战了几个回合,又沉默了下来。此时,中方意识到,己方毕竟是实际经济损失的承受者,如果谈判破裂,就会使已获得的谈判成果付诸东流;而要诉诸法律,麻烦就更大了。

为了使谈判已获得的成果得到巩固,并争取有新的突破,适当的让步是打开成功大门的钥匙,中方主谈人与助手们交换了一下眼色,率先打破沉默说:“如果贵公司真有诚意的话,彼此均可适当让步。"中方主谈人为了防止由于己方率先让步所带来的不利局面，建议双方采用"计分法"，即双方等量让步。"计分法"一经为谈判双方所采用，就等于为谈判的成功规定了程序和方案。

"我公司愿付40亿日元。"日方退让了一步，并声称："这是最高突破数了。""我们希望贵公司最低限度必须支付60亿日元。"中方坚持说。

这样一来，中日双方各从自己的立场上退让了10亿日元。双方比分相等，谈判又出现了转机。双方报价之间仍有20亿日元的差距。该如何解决这"百米赛跑"最后冲刺阶段的难题呢？双方的谈判行家都是很精明的，谁也不愿看到一个前功尽弃的局面。

几经周折，双方共同接受了由双方最后所报金额相加除以2，即50亿日元的最终谈判方案。除此以外，日方仍愿承担下列三项责任：

(1) 确认出售在中国的全部FP-418货车为不合格品，同意全部退货，更换新车；

(2) 新车必须重新设计试验，并请中方专家检查验收；

(3) 在新车未到之前，对旧车进行应急加固后继续使用，由日方提供加固件和加固工具等。

就这样，一起特大索赔谈判终于获得了成功。

资料来源：佚名. 中日汽车索赔谈判案例分析[EB/OL]. 2020-04-10[2020-07-08]. https://wenku.baidu.com/view/0d1926fd86c24028915f804d2b160b4e777f8135.html.

讨论：

(1) 在这场艰巨的谈判中，谈判双方都运用了哪些讨价还价的方法和技巧？

(2) 请结合案例分析一下这次谈判的成功之处。

课后作业

一、单项选择题

1. 能够控制谈判方向的技巧是(　　)。

A. 问　　B. 答　　C. 听　　D. 看

2. "已经到期了，对不对？""买卖不成情义在，我们不能为了一点小事伤了和气，以后抬头不见低头见，您说是吧？"这是运用的(　　)提问技巧。

A. 一般式　　B. 选择式　　C. 是非式　　D. 诱导式

3. "您刚才所说的5万元是指美元还是指欧元？"是运用的(　　)提问技巧。

A. 澄清式　　B. 探索式　　C. 诱导式　　D. 间接式

4. 先把对方容易接受的、分歧性小的内容放在前面，把困难较大、双方分歧较大的内容放在后面。是说服策略必要原则中的(　　)。

A. 一致性原则　　B. 先易后难原则　　C. 首尾原则　　D. 先好后坏原则

5. 要有充分的思考时间，如喝口水、点支烟等，延缓一下时间，以便进行一些思考，然后再行回答。这是答复技巧中的(　　)。

A. 重复要求　　B. 断章取义　　C. 延缓答复　　D. 答非所问

二、多项选择题

1. 商务沟通的作用包括(　　)。

A. 有利于维护和加强商务组织的良好形象
B. 有助于调整商务组织的形象
C. 为商务组织创造生存与发展的环境
D. 改进商务组织的工作作风

2. 商务谈判沟通的原则包括(　　)。
A. 语言表达清楚　　B. 语言表达要有力度
C. 语言表达要生动　　D. 要讲究语言文明

3. 下列可以作为提问的时机的是(　　)。
A. 在对方发言完毕之后提问　　B. 在对方情绪激动时提问
C. 在对方发言停顿和间歇时提问　　D. 在议程规定的辩论时间提问
E. 在己方发言前后提问

4. 一般来说,说服的技巧主要有(　　)。
A. 取得他人的信任　　B. 先言利后言弊
C. 必须强调互利,激发认同感　　D. 准备好简化接纳提议的手续

三、简答题

1. 为什么说倾听技巧最重要?
2. 提问、答复、说服、陈述的技巧有哪些?举例说明。

实践课堂

中欧圣诞树机器销售谈判

一、背景:中国工艺品进出口公司向欧洲比尔公司推销一批制作圣诞树的机器,询盘后得到回音,一场涉外谈判即将开始。

二、谈判内容的制定。

(1) 卖方原先报价的预期利润幅度为销售总额的33%。在报盘的有效期内,如无意外风险,拟以30.5%的利润成交。

(2) 支付方式。在出口贸易中,卖方常常会遇到一些不利的支付条件。买方提出只付5%的预付款,并要求把货款的10%放在两年以后才支付。如果这样,就会造成商业开支2.5%的利息损失。

(3) 交货延期罚款金。按国际惯例分析,卖方报盘中的交货期应是签约后的两个月,但买方提出签约后一个月交货,而且按每迟交一周,罚金1%;如按买方的条件成交,卖方就要冒罚款4%迟交金的风险。

(4) 保证条件。卖方提出的保证期是一年。但买方提出保证期为两年,这样一来卖方就要增加1%的费用。

三、模拟谈判安排。

学生每四人分为一组,其中一方作为卖方,另外一方是买方。谈判尽可能在40分钟内完成。学生读完背景材料介绍后可以先在自己的同伴之间讨论,确定下一步的计划和打算,重点考虑问题:卖方如何通过谈判获得既定的利润?

第九章　商务谈判的策略

【学习目标】

(1) 了解商务谈判策略的概念及商务谈判策略的作用。

(2) 熟悉谈判各环节中运用的谈判策略，掌握不同势态下商务谈判策略的方法。

◆ 引导案例

如何提升我国外贸企业获取客户的能力

2020年的外贸行业，除了国内企业需要普遍面临的问题外，由于国际上对人流和物流的限制与管控，给外贸营销、国际物流等带来了挑战。

第一，2020年一季度展会等线下营销受到较大影响。对B to B外贸企业来说，订单成交对线下商务谈判的依赖度很高，无法线下见面导致成交日期被大大延后。同时，交流渠道和频次减少，不利于通过沟通争取外国客商对交付延迟、物流费用增长等问题的谅解。

第二，湖北地区和食品行业受物流管控影响较大，印度尼西亚、俄罗斯、约旦等国均出台了相关食品限制政策。

第三，物流管控措施提升交易成本。同时，货物交期延迟，或可能会引起外国客商退货和变更供应商。

外贸业务在"黑天鹅"事件里暴露出的诸多薄弱环节。一是渠道问题。渠道单一仅依靠外贸采购商，在外贸顺风顺水发展的时候，风险和危机意识不足。现阶段疫情影响订单取消造成的库存积压，外贸企业急需寻找渠道消化去库存。二是现金流有限。在订单取消，收入骤降，人员工资、银行利息、汇率波动加剧收款风险等刚性支出的多重压力下，活下去成了企业的第一要务，外贸企业生存能力不足尽显无疑。三是营销推广能力弱。外贸流程简单，营销推广流程没有内销复杂，转内销团队能力匹配不足。而此时突破销售渠道，如尝试直播带货、线上化等成为诸多外贸企业的救命稻草。

随着海外需求放缓，这让产能正在爬坡的外贸企业陷入线下订单被暂停甚至取消的窘境。欣慰的是，近期随着部分海外地区居家限制令逐步放开，海外线上订单暴增趋势渐显。据多位跨境卖家表示，亚马逊美国站销售开始"回暖"，有的甚至恢复之前的水平。

根据世界贸易组织报告，今年全球贸易可能下降13%～32%，全球零售业在未来几个月内将陷入可以预见的惨淡景象。危机之下，大批外贸工厂踏上了自救之路，转内销、订单线上化则成为众多中国外贸企业最先选择的出路。

1. 由外而内转移风险

国内各大电商平台以及各地政府纷纷出台政策支持外贸工厂转内销。比如，上海于4月28日上线首批出口转内销商品，包括拼多多等电商平台设立"出海优品+云购申城"上海外贸企业产品专区;宝安联合京东提供5000万元的消费券帮扶出口转内销企业;宁波市人民政府牵手拼多多,5月31日之前,宁波有超过1500家重点外贸企业通过拼多多开拓内需市场。

不过,外贸转内销实际上并非一条坦途。一方面,内贸市场相比较外贸更为复杂,并非所有出海的产品都适合返航;另一方面,虽然外贸利润低,但量大信用回款可控。而转战内贸,需要备库存铺货压货,回款周期长,或将加剧企业资金周转困难。

2. 外贸业务转战线上

越来越多的外贸工厂开始将目光投向了线上。近期,绍兴工厂众茂家纺借助线上直播发布会,发布200余款新品,并在短短两个半小时,吸引了近1.4万的潜在客户。

作为不少外贸企业获取订单的重要平台,2020年广交会正式"试水"直播,尤为引人注目。雨果网也正式启动跨境电商选品直播,其跨境电商的线上选品直播看货之家具家居专场将于4月27日重磅上线,深挖宅经济下的"爆品"良机。

展会线上化其实是顺势而为。通过线上直播选品,可以更好地帮助企业和采购商做好产品对接的工作,为后续市场的反弹,获客和消费提前进行蓄势。这也促使商业模式的变化发展:线上化、数字化、智能化也会是未来商务模式的常态。

资料来源:疫情新常态下,外贸企业如何借助线上营销工具,提升获客能力?[EB/OL]. 2020-02-21[2020-07-08]. https://www.cifnews.com/article/60973.

启示:整体而言,外部环境给外贸行业带来诸多影响,但是从行业全局出发,影响是有限的和可控的。当大多数海外线下订单暂停的时候,跨境电商订单逆势增长。截至目前,除美国外,加拿大、德国、日本、韩国的电商销售量增长快速。

第一节 商务谈判策略概述

一、谈判策略的含义与作用

(一) 谈判策略的含义

谈判策略是指谈判人员为取得预期的谈判目标而采取的措施和手段的总和。它对谈判成败有直接影响,关系到双方当事人的利益和企业的经济效益。恰当地运用谈判策略是商务谈判成功的重要前提。

谈判策略的运用具有重要的意义。它是在谈判中扬长避短和争取主动的有力手段。商务谈判的双方都渴望通过谈判实现自己的既定目标,这就需要认真分析和研究谈判双方各自所具有的优势和弱点,即对比双方的谈判"筹码"。在掌握双方的基本情况之后,若要最大限度地发挥自身优势,争取最佳结局,就要靠机动灵活地运用谈判策略。

谈判策略是谈判者维护自身利益的有效工具。谈判双方的关系虽非敌对,但也存在着明显的利害冲突。因此,双方都面临如何维护自身利益的问题,恰当地运用谈判策略则能够解决这一问题。在商务谈判中,如果不讲究策略或策略运用不当,就可能轻易暴露己方意图,以致无法实现预定的谈判目标,高水平的谈判者应该能够按照实际情况的需要灵活运用各种谈判策略,达到保护自身利益、实现既定目标的目的。

(二) 谈判策略的作用

我国谈判学专家丁建忠老师所言:"商务谈判中的策略,虽无导弹危机、劫持人质那样血淋淋的后果，但事关时刻使人揪心的钱袋”。美国前总统的首席谈判顾问罗杰·道森说：“全世界赚钱最快的办法就是谈判！”由此，谈判策略的作用略见一斑。具体作用有以下四方面。

1. 有利于把握谈判的方向和进程

商务谈判是一个过程，无论是全过程还是单项谈判，均要掌握好方向。没有宏观的眼光和策略，方向就会偏离，谈判就会走弯路。因此，在风云多变的谈判过程中，应运用好谈判策略，顺利时要加速，僵持时要解冻，分歧时要弥合，混乱时要清理，这都有赖于谈判策略的运用。

2. 有利于实现商务合作

商务谈判过程是合作的过程，如何在保护各自利益前提下达成协议，乃至建立良好的合作关系，则需要正确的谈判策略做指导。

3. 有利于取得最佳的谈判成果

谈判双方能否以满意的条件达成协议，直接关系到合同能否顺利签订及执行。所以围绕谈判目标实施有效的策略是最重要的环节。

4. 具有目标导向作用

商务谈判的各方在一些利益上是对立的，但也存在一致性。高明的谈判人员在谈判过程中，会采用各种策略引导、提醒对方顾大局、识大体，在坚持己方利益的前提下共同努力。因此，商务谈判策略起到了引导谈判顺利进行的“航标”作用。

二、商务谈判策略的特征

1. 具有针对性和预谋性

谈判人员要根据具体的谈判对象、谈判内容、谈判目标及对方的谈判风格制订自己的谈判策略，具有很强的针对性。预谋性是指商务谈判策略的制订是谈判及相关人员基于对主客观条件的分析与判断，在掌握充分资料和信息的前提下，结合谈判人员的经验，制订出正确的谈判策略，这是谈判人员事先谋划的。

2. 具有时效性和随机性

谈判策略只有在一定时间内才会产生效用，超过特定的时间就会失效。如疲劳战策略只有在谈判对手行程远的情况下使用，一般适宜在谈判初期或签约阶段使用。随机性是指谈判策略要根据谈判进程中的实际情况，灵活运用，有时事先决定采用的策略，在谈判中不一定合适，是动态、变化的。要求谈判者根据获取的信息，及时反馈，动态地调整策略。

3. 具有隐匿性和艺术性

隐匿性是指一方的谈判策略是秘而不宣的，主要是怕对方知道后，采取相应的反策略。艺术性是指不同人运用谈判策略的效果和熟练程度不同，带有鲜明个人色彩。

小贴士

攻心战：满意感、头碰头、鸿门宴、恻隐术。

蘑菇战：疲劳战、挡箭牌、磨时间和车轮战。

影子战：稻草人、空城计、欲擒故纵、声东击西和回马枪。

强攻战：针锋相对、最后通牒、请君入瓮和说绝话。

蚕食战：挤牙膏、连环马、减兵增灶、小气鬼和步步为营。

擒将战：激将法、宠将法、感将法、告将法和训将法。

运动战：货比三家、预备队、红白脸、化整为零。

外围战：打虚头、反间计、中间人、缓兵计和过筛子。

决胜战：折中调和、好坏搭配、放线钓鱼和谈判升格。

第二节 各种势态下的谈判策略

一、优势条件下的谈判策略

优势条件意味着商务谈判双方的实力对比悬殊，双方主谈人的谈判能力存在明显差异。具体表现为：一方在经济实力、政治背景、协作关系等方面占有较大优势；另一方的经济实力、谈判能力较弱。

商务谈判中一方处于优势是很正常的现象。当处于优势时，通常情况下，只要充分利用其优势，促成交易并不困难。但若对本次交易成交的要求比较急迫，或者想与对方建立长期的合作关系时，运用适宜的策略就显得尤为重要。

商务谈判活动中，实力处于优势的一方，往往采用不开先例、先苦后甜、规定时限和声东击西等策略。

（一）不开先例策略

不开先例策略是指握有优势的卖方坚持自己提出的交易条件，尤其是价格条件，而不愿让步的一种强硬策略。当卖方不能接受买方所提的要求时，卖方谈判者向买方解释说：如果答应了买主这一次的要求，对卖方来说，就等于开了一个交易先例，这样就会使卖方今后在遇到类似的其他客户发生交易行为时，至少要提供同样的优惠，而这是卖方客观上承担不起的。

当谈判中出现以下情况时，卖方可运用“不开先例”的策略。

(1) 谈判内容属保密性交易活动时。如高级生产技术的转让、特殊商品的出口等。

(2) 交易商品属于垄断经营时。

(3) 市场有利于卖方，而买方急于达成交易时。

(4) 当买方提出的交易条件难以接受时，采用这一策略是退出谈判最有礼貌的托词。

一次，某商店搞促销，买方看中一个打6折的商品，想要卖方再让1个折扣，卖方说：“这是打折商品，我们已经打到了最低，如果我给您打了5折，就合不上了。再说，这么做，其他客户也会要求我们做出同样的让步。”买方听后觉得在理，只得把6折的商品买走了。

卖方在运用“不开先例”的谈判策略时，对所提的交易条件应反复衡量斟酌，说明不开先例的事实与理由，使买方觉得可信。否则，不利于达成协议，除非已经不想再谈。

对于买方来讲，问题的关键是难以获得必要的情报和信息，来确切证明卖方所宣称的“先例界限”是否属实。即使在目前的谈判中卖方决定给该买主更大的优惠，是否真的成为一个“先例”，也是无法了解的。因此，买方除非已有确实情报可予揭穿，否则只能主观来判断，要么相信，要么不信。

总之，不开先例策略是一种保护卖方利益，强化自己谈判的地位和立场的最简单有效的方法。当然买方如居优势，对于有求于己的推销商也可参照应用。

（二）先苦后甜策略

先苦后甜策略，是一种先用苛刻的虚假条件使对方产生疑虑、压抑、无望等心态，以大幅度降低其期望值，然后在实际谈判中逐步给予优惠或让步，使对方满意地签订合同，己方从中获取较大利益的策略。

在一次商品交易中，买方想要卖方在价格上多打些折扣，但同时也估计如果不增加购买数量，卖方很难接受这个要求。于是买方在价格、包装、质量、运输条件、交货期限、支付方式等一系列条款上都提出了十分苛刻的要求，并草拟了有关条款作为洽谈业务的蓝本。此谓先给对方一点“苦”。

然后在讨价还价的过程中，买方会让卖方明确地感到在绝大多数的交易项目上买方都“忍痛”做了重大让步。买方并没有多费口舌就实现了自己的目标。此谓“后甜”。

在具体运用先苦后甜的策略时，谈判组的成员可以分工。例如，可以让第一个人先出场，提出较为苛刻的要求和条件，并且表现出立场坚定，毫不妥协的态度，扮演一个“红脸”角色。然后，随着谈判的深入，“红脸”自然会出现与对方相持不下，争得不可开交时，谈判组的第二个人便可登场了。

第二个人和颜悦色，举止谦虚，给人以和事佬的形象，扮演一个温和的“白脸”角色，显得通情达理，愿意体谅对方的难处。经过左思右想，尽管显得面有难色，仍表示通过做“红脸”角色的工作，使其一步一步地后退。其实，所剩下的那些条件和要求，正是所要达到的目标。

（三）规定时限策略

规定时限的谈判策略，是指谈判一方向对方提出的达成协议的时间限期，超过这一期限，提出者将退出谈判，以此给对方施加压力，使其无可拖延地做出决断，以求尽快解决问题。

当谈判中出现以下情况时，可以选择运用规定最后期限策略：对方急于求成时，如急需采购生产用的原料等；对方存在众多竞争者时；己方不存在众多竞争者时；己方能充分满足对方的主要交易条件时；对方谈判小组成员有意见分歧时；发现与对方因交易条件分歧较大，达成协议的可能性不大时。选用规定最后期限的策略，目的是促使对方尽快地达成协议，而不是使谈判破裂。

（四）声东击西策略

“声东击西”初见《三国志·魏书·武帝纪》，意思是说，善于指挥打仗的人，能灵活用兵，虽然攻击的目标在西边，偏要大造攻击东边的声势，以扰乱敌人的耳目，创造打败敌人的条件。用于商务谈判，指的是我方为达到某种目的，故作声势地将洽谈的议题引导到某些并非重要的问题上去，以引起对方的错觉。

采用声东击西策略，一般说来主要有以下四个方面。

1. 转移视线

作为障眼法，转移对方的视线，隐蔽己方的真实意图。如己方实质关心的是价格问题，又明知对方在运输方面存在困难，是其最不放心的问题。己方就可以用“声东击西”的办法，即“集中力量”帮助对方解决运输上的困难，来达到“击西”的目的，使对方在价格上对己方做出较大的让步。

2. 分散注意力

说东道西,分散对方的注意力,或者从中达到干扰延缓对方所要采取的行动,或者使对方在谈判上失误,为以后若干议题的洽谈扫平道路。

3. 诱使对方

诱使对方在对己方无关紧要的问题上进行纠缠,使己方能抽出时间对有关问题做调查研究,掌握情况,迅速制订出新的对策。

4. 投其所好

有时为投其所好,故意在己方认为是次要的问题上花费较多的时间和精力。目的在于表明己方的重视,提高该次要议题在对方心目中的地位,使己方在这个问题上一旦做些让步,对方会感到很有价值。这一策略当然不仅仅是优势一方采用的,但握有主动权的一方使用时更为得心应手。

(五)价格陷阱策略

价格陷阱策略是指谈判中的一方利用市场价格预期上涨的趋势以及人们对之普遍担心的心理,把谈判对手的注意力吸引到价格问题上来,使其忽略对其他重要条款的讨价还价的一种策略。

这一策略,是在价格虽看涨,但到真正上涨还需要较长时间的情况下运用的。例如,某机器销售商对买方说:"贵方是我公司的老客户了,因此,对于贵方的利益,我方理应给予特别照顾。现在,我们获悉,今年年底前,我方经营的设备市场价格将要上涨,为了使你方在价格上免遭不必要的损失,如果你方打算订购这批货,就可以趁目前价格尚未上涨的时机,在订货合同上将价格条款按现价确定下来,这份合同就具有价格保值作用,不知贵方意下如何?"在此时,如果市场价格确实有可能上涨,这个建议就会很有诱惑力。

在谈判中,若要破解这个"价格陷阱"策略,就必须坚持做到以下两点。

(1) 谈判的目标、计划和具体步骤一经确定,就要毫不动摇地坚持去做,决不要受外界情况的干扰而轻易地加以改变,也不要随意迁就。

(2) 买方要根据实际需要来确定订货单,不要被卖方在价格上的蝇头小利所迷惑,这对于买方是至关重要的。

(六)先声夺人策略

先声夺人策略是在谈判开局中借助于己方的优势和特点,以求掌握主动的一种策略。它的特点在于"借东风扬己所长",以求在心理上抢占优势。

先声夺人策略是一种极为有效的谈判策略,但运用不适当会给对方留下不良印象,有时会给谈判带来副作用。例如,有些谈判者为了达到目的以权压人、过分炫耀等,会招致对方的反感,刺激对方的抵制心理。因此,采用先声夺人的"夺"应因势布局,顺情入理,适当地施加某种压力也是可以的,但必须运用得巧妙、得体,才能达到"夺人"的目的。

对付先声夺人的策略是在心理上不要怵,要敢于和对手争锋。在次要性问题上可以充耳不闻,视而不见,但在关键问题上应"含笑争理"。这样,先声夺人的"造势"策略便不攻自灭了。

二、劣势条件下的谈判策略

劣势条件通常表现为,在谈判双方实力对比中,一方为弱方,对方为强方,对方在经济实力、企业背景、谈判能力等某一方面处于优势，己方处于劣势；双方需求不等，己方有求于人，对方的需求不急迫。

谈判是双方实力的竞争。如果一方在谈判中处于劣势地位，就难以进行势均力敌的较量，至少失去与对方抗衡的筹码，难以达成令双方都满意的协议。因此，正视谈判中的劣势，改变谈判中的劣势地位就显得非常重要。

在商务谈判中，实力处于劣势的一方，可采用疲惫策略、吹毛求疵策略、联合策略和先斩后奏策略等。

（一）疲惫策略

疲惫策略主要是通过“软磨硬泡”，来干扰对方的注意力，瓦解其意志，从而寻找漏洞，抓住有利时机达成协议。

在商务谈判中，实力较强一方的谈判者常常咄咄逼人，锋芒毕露，表现出居高临下，先声夺人的姿态。对于这种谈判者，疲劳策略是一个十分有效的策略。这种策略的目的在于通过许多回合的“疲劳战”，使趾高气扬的谈判者逐渐地消磨锐气，同时使己方的谈判地位从不利和被动的局面中扭转过来。

到了对手精疲力竭之时，己方则可乘此良机，反守为攻，抱着以理服人的态度，摆出己方的观点，力促对方做出让步。

谈判需要思想高度集中、思维敏捷。马拉松的谈判，本已存在着会场气氛、精力等自然障碍，再加上“疲劳策略”的运用，人为地拖延谈判时间，往往把对方的休息和娱乐的时间也安排得满满的，看来好像是礼遇隆重，实际上是一种圈套，使对方不过午夜不能上床，不醉不能罢休。甚至到这样的地步，即影响谈判结局的决定因素是谈判人员的精疲力竭，而不是高明的谈判技巧。这种策略看似不道德，却是自古有之。重要的是需要知道这种策略，提防别人使用。

（二）吹毛求疵策略

吹毛求疵策略是指处于谈判劣势的一方，对谈判中处于有利一方炫耀己方的实力，大谈特谈其优势时，采取回避态度，或者避开这些实力，而寻找对方的弱点，伺机打击对方的士气。

案例 9-1

有位顾客到不讲价的百货商店，想买一件漂亮的衣服。她明明看中了，而且非常满意，但为了攻破价格堡垒，便“鸡蛋里面挑骨头”，有意提出一个个“不满意”的“缺陷”，一会儿是颜色不如意，一会儿是质量有问题。最后顾客说：“尽管这衣服有些不合我意，但我喜欢这衣服的样式，你们是否能以 8 折的价格将这件衣服卖给我？”

开始时，这位顾客处于弱势，因为这商店是不讲价的。但她开动脑筋，找出对方降价疵点，最终如愿达成了交易。

启示：这种吹毛求疵策略，是通过再三挑剔，提出一大堆问题和要求来运用的。当然有的问题是存在的，有的则是虚张声势。之所以这样做，主要是降低对方的期望值，找到讨价还价的理由，达到以攻为守的目的。

（三）联合策略

联合策略是指谈判实力较弱的一方向对方提出有利于对方的交易以外的行为活动，通过这些行为、活动与交易本身的联系促进协议达成的策略。联合策略是一种很能吸引对方的有效办法。如果一个买主在与卖主商谈中做一些谈判外的承诺，往往可以增强自己的实力，获得对手新的让步。

1. 借机承诺

"我想借此谈判机会向您承诺，我们以后将做更大的交易，成为您固定的客户，并随着业务的扩展，不断扩大对您的订货。"

2. 主动服务

"我将为您的产品做出有益的宣传，帮助您找到更多如我一样的顾客。"

3. 协助收集信息

"我们将为您广泛收集市场信息，以帮助您改进产品，更加适应顾客的需要。"

（四）先斩后奏策略

先斩后奏策略又称"人质策略"，在商务谈判活动中可以解释为"先成交，后谈判"，即实力较弱的一方通过一些巧妙的办法使交易成为事实，然后在举行的谈判中迫使对方让步。先斩后奏策略的实质是让对方先付出代价，并以这些代价为"人质"，扭转自己实力弱的局面，让对方通过衡量所付出的代价和终止成交所受损失的程度，被动接受成交事实。

先斩后奏策略做法主要有以下三种。

(1) 卖方先取得买方的预付金，然后寻找理由提价或延期付货。

(2) 买方先获得了卖方的预交商品，然后提出推迟付款。

(3) 买方取得货物之后，突然又以堂而皇之的理由要求降价等。

当然，以上做法如无正当理由，可视为缺乏商业道德，不宜采用，但必须懂得该策略。

针对先斩后奏策略的采取对策，首先，要尽量避免"人质"落入他人之手，让对方没有"先斩"的机会；其次，即使交易中必须先付定金或押金时，必须做好资信调查，并有某种情况下退款保证；最后，还可采取"以其人之道，还治其人之身"的做法，尽可能相应掌握对方的"人质"，一旦对方使用此计，则可针锋相对。

（五）难得糊涂策略

难得糊涂策略作为一种处理弱势条件下的防御性策略，是指在出现对谈判或己方不利的局面时，故作糊涂，并以此为掩护来麻痹对方的斗志，以达到蒙混过关目的策略。假装糊涂可以化解对手的步步紧逼，绕开对己方不利的条款，而把谈判话题引到有利于己方的交易条件。

当对方发现误解了他的意思时，往往会赶紧解释，在不知不觉中受你的话语影响，在潜移默化中接受你的要求。所以，谈判老手总是把"难得糊涂"作为他们的一个信条，必要时就潇洒地"糊涂"一回。

假装糊涂贵在一个"巧"字，倘若弄巧成拙，结果自然不好。装糊涂要有一定的度，倘若超过了这个度，超过了对方的承受范围，势必影响感情，甚至引起谈判的破裂。另外，装糊涂、故意犯错或误解不能超出法律所许可的范围，否则会惹来许多不应有的官司。

识破装糊涂的陷阱要十分谨慎，当发现对手在制造这种陷阱时，千万不要默认。对对方在谈判中的各种口头上的装糊涂，贵在以巧治巧，婉言点出其圈套，既不伤面子，又不至于在谈判中处于下风。谈判对手的假装糊涂不只表现在口头谈判上，更表现在协议或账单的文字上，将各种数字有意加错、遗漏或更改等。所以谈判者在审查协议或账单时应十分仔细，再三检查，避免陷入对方的"糊涂"陷阱之中。

（六）权力有限策略

权力有限策略是指在商务谈判中，实力较弱的一方的谈判者被要求向对方做出某些条件过高的让步时，宣称在这个问题上授权有限，无权向对方做出这样的让步，或无法更改既定的事实，以使对方放弃所坚持的条件的策略。

权力有限策略是隐蔽手中的权力，推出一个"假设的决策人"，以避免正面或立即回答对方的问题。例如，"您的问题我很理解，但需向有关部门的领导汇报""我本人无权回答贵方提出的问题，需向我的上级请示才能答复"等。

（七）反客为主策略

反客为主策略是指谈判中处于劣势的一方，采用让对方为谈判付出更大代价的方法，从而变被动为主动，达到转劣势为优势的目的的策略。

其特点是，运用了在谈判中谁付出的代价大，谁就不想谈判失败的原理，使占有谈判优势的一方，在人力、物力、时间等方面消耗更大，进而确立自己的主动地位。一般说来，谈判的动力在于谈判者的利益需求，但是谈判的各方对利益需求的层次和程度有时是不一样的，这就决定了谈判者在谈判中的地位不同。对谈判需求较大、依赖程度较深的一方就会处于劣势；反之，对谈判需求较小，依赖程度较浅的一方就会处于优势。处于劣势的一方就可运用反客为主策略扭转被动局面。

总之，劣势方应避其锋芒，设法改变谈判的力量对比，保护自己，以达到满足己方利益的目的。除了运用以上的策略外，还可运用沉默、忍耐、多听少讲、情感沟通等策略。

三、均势条件下的谈判策略

在商务谈判活动中，有时出现谈判双方势均力敌的状态。均势条件下常用的谈判策略主要有私人接触策略、合作策略、引导策略等。

（一）私人接触策略

私人接触策略是指在与谈判对手的私人接触时，采用各种形式增进了解、联络感情、建立友谊，从侧面促进谈判顺利进行的策略。私人接触的形式很多，如电话联系、拜访、共同娱乐、宴请等，多在会外活动。

1. 电话联系

电话联系是私人接触的一种常用交际方式。打电话之前应能够做好准备，选择好表达方式、语言声调，注意礼貌。无论在多么紧急的情况下，不可一旦接通即进行实质交谈，而要先寒暄问候。每次谈话的内容，要力求简明扼要，逻辑严谨，节奏适中。关键的地方要放慢速度。特别是涉及谈判议程、时间和地点等方面的内容，一定不能马虎，最好请对方重复或记录，再经核对。

2. 拜访

拜访是主方为联络感情，关照食宿，及时满足其生活需求，或表示尊重等，而到客方住所进行的拜望和访问。拜访有礼节性拜访和事务性拜访。礼节性拜访不一定有预定的目的，交谈的范围可以很广，方式也可以灵活多样。

事务性拜访通常都要先有一定的主题，这种约会式的拜访应事先商定时间，不可突如其来，或强求对方会见。赴约要严格遵守时间，一般以比约会时间早 5 分钟为宜，拜访的时间一般不宜过长。通常要注意对方的兴趣、情绪、双方的观点是否一致等，适时告退。

3. 共同娱乐

共同娱乐是谈判双方人员为工作而结交私人朋友的有效手段，如游览名胜古迹、打球、下棋、看戏、跳舞等，但要注意礼貌。

私下接触的形式很多，并无定式。各地区、各国商人往往有独特的偏好，例如，日本人喜欢在澡堂一起洗澡闲谈；芬兰人乐于在蒸汽浴室一起消磨时间；而英国人则倾向于一同去绅士俱乐部坐坐；我国广东人喜欢在茶楼聊天。对于不同的谈判对手要了解习俗，兼顾偏好，则有利于联系感情。

采用这一策略应注意：一是小心谨慎，谨防失言；二是在气氛很好的时候，也不能丧失原则；三是要提高警惕，不要轻易相信对方的虚假消息。

(二) 合作策略

合作策略是谈判者以合作的态度与对方进行各方面的沟通与协商，既能促成谈判的成功，又可以达到己方的目的，获取最终的谈判利益的策略。

高水平的谈判者总是以合作的态度投入谈判，并试图从中获得自己所需要的谈判利益。

在谈判中合作策略对于谈判的成功至关重要。谈判者在无利可图，甚至要面临亏本经营的情况下，以诚恳的态度同对方合作，促成谈判成功，并不是他们放弃谈判利益，而是以舍弃暂时的小利来谋取长久的合作和更大的利益。

这一切并不是依靠欺骗的手段取得的，而是凭借谈判中的诚恳与合作，让对方充分感受到己方的态度和实力，先将双方合作的基调和方向确定下来，然后再与对方进行具体的合作事宜的沟通，最终达到双赢的结果。

(三) 引导策略

在方案提出前，先问对手如何解决问题，在对方提出自己中意的或能够接受的设想后，尽量承认这是对手的创见，解决问题的最佳方案是由对方提出的。这就是引导对手提出自己需要的方案的方法。引导对手提出自己需要的方案时要注意以下两点。

(1) 让对手尽量思考和参与自己的方案。从谈判过程的准备阶段，就可以尽量让对手感觉到是他在主持着谈判和设计方案，使对手表现出更大的合作意向。

(2) 不能让对方在设计方案时遇到困难。如果要对手为你的建议和方案付出艰苦的努力和大量的时间，可能遭到拒绝。因此，既要让对手感到自己发挥了作用，又不能让他的难度过大，要减少对手的难度。

(四)"意大利香肠"策略

"意大利香肠"策略是谈判者在谈判之初并不提出自己全部的真正要求，而是随着谈判的不断深入，采取挤牙膏的方法，顺顺当当地使对方做出一个又一个的承诺，直到满足自己的所有要求为止。

"意大利香肠"策略告诉我们：商务谈判中，与其让自己的目光总是盯着最高目标，不如从最容易实现的物质条件开始，一点一滴地去争取。谈判中采用此种策略时必须要有耐心，要小心谨慎，否则不会获得成功。

“意大利香肠”策略即传统的“蚕食谈判策略”，具体内容是：意欲取其尺利，则每次谋取毫厘，就像切香肠一样，一片一片地把最大利益切到手。

（五）避免争论策略

谈判人员在开始谈判之前，要明确谈判意图，做好思想上的准备，以创造融洽、活跃的谈判气氛。谈判双方为了谋求各自的利益，必然要在一些问题上发生分歧。分歧出现后，要防止感情冲动，保持冷静，尽可能地避免争论。可采取以下 3 种态度：一是冷静地倾听对方的意见；二是婉转地提出不同的意见；三是分歧产生后谈判无法进行时，应马上休会。

（六）欲擒故纵策略

欲擒故纵策略是指在谈判中的一方虽然想做成某笔交易，却装出满不在乎的样子，将自己的急切心情掩盖起来，似乎只是为了满足对方的需求而来谈判，使对方急于谈判，主动让步，从而实现先“纵”后“擒”目的的策略。欲擒故纵策略是基于谁对谈判急于求成，谁就会在谈判中先让步的原理发生作用的。主要通过煽动对方的谈判需要而淡漠己方的谈判需要，使对方急于谈判，主动让步

具体做法是，注意使自己的态度保持在不冷不热、不紧不慢的程度。比如在日程安排上，不是非常急迫，主要随和对方。在对方态度强硬时，让其表演，不慌不忙，不给对方以回应，让对方摸不着头脑，制造心理战术。本策略“纵”是手段，“擒”是目的。“纵”不是“消极”的纵，而是“积极”、有序的纵；通过“纵”激起对方迫切成交的欲望而降低其谈判的筹码，达到“擒”的目的。在运用这一策略时应该注意以下几点。

1. 要给对方以希望

谈判中表现得若即若离，每一“离”都应有适当的借口，不让对方轻易得到，也不能让对方轻易放弃。当对方再一次得到机会时，就会倍加珍惜。

2. 要给对方以礼节

注意言谈举止，不要有羞辱对方的行为，避免在情感上伤害对方，转移矛盾的焦点。

3. 要给对方以诱饵

要使对方觉得确实能从谈判中得到实惠，这种实惠足以把对方重新拉回到谈判桌上，不至于让对手稍“纵”即逝。

（七）大智若愚策略

大智若愚策略是指谈判的一方故意装作糊里糊涂、惊慌失措、犹豫不决、反应迟钝，以此来松懈对方的意志，达到后发制人目的的策略。

有时候愚笨就是聪明，聪明反而就是愚笨。在回答对方的问题之前，要使自己获得充分的思考时间。为了争取充分的时间，可以让对方重复所提出的问题，或推托要请示领导自己不能决定，或让自己的助手做一些无关紧要、非实质性的答复，或顾左右而言他，有时表现得非常果断、能干、敏捷、博学或者理智的人并不见得聪明，或者说占不到什么便宜，如果能了解得慢些，少用一点果断力，稍微不讲理些，可能反而会得到对方更多的让步。

大多数人都希望别人认为自己很聪明，而大智若愚策略则需要让别人认为自己较为蠢笨。在运用这一策略时应大胆地说，“我不知道”或“请你再说一遍”。需要注意的是，大智若

愚策略技术性强，运用起来要求谈判者老谋深算，通过知而示之不知，能而示之不能，在静中观察对方的表演，在暗中运筹自己的方案达到最终大获全胜的目的。

（八）走马换将策略

走马换将策略是指在谈判桌上的一方遇到关键性问题或与对方有无法解决的分歧时，借口自己不能决定或其他理由，转由他人再进行谈判的策略。这里的“他人”或者是上级、领导，或者是同伴、合伙人、委托人、亲属和朋友。

运用这种策略的目的在于：通过更换谈判主体，侦查对手的虚实，耗费对手的精力，削弱对手的议价能力；为己方留有回旋余地，进退有序，从而掌握谈判的主动权。作为谈判的对方需要不断向使用走马换将策略的这一方陈述情况，阐明观点，面对更换的新的谈判对手，需要重新开始谈判。这样会付出更多的精力、体力和投资，时间一长，难免出现漏洞和差错。这正是运用走马换将策略一方所期望的。

走马换将策略的另外一个目的是能够补救己方的失误。前面的主谈人可能会有一些遗漏和失误，或谈判效果不尽如人意，则可由更换的主谈人采取补救，并且顺势抓住对方的漏洞发起进攻，最终获得更好的谈判效果。

（九）浑水摸鱼策略

浑水摸鱼策略是指在谈判中，故意搅乱正常的谈判秩序，将许多问题一股脑儿地摊到桌面上，使人难以应付，借以达到使对方慌乱失误的目的的策略。这也是在业务谈判中比较流行的一种策略。

研究结果表明，当一个人面临一大堆难题，精神紧张时，就会信心不足，甚至自暴自弃。比如，有人就愿意很快把事情搅和到一起。会谈开始没多久就提出质量标准、数量、价格、包装、运输工具、支付方式、送货日期和售后服务等一大堆问题，把事情弄得很复杂。有人会提出一大堆琐碎资料和繁杂的数字，使对方考虑没有思想准备的问题，促使对方屈服或犯错误。

（十）留有余地策略

在谈判中，如果对方提出某项要求，即使能全部满足，也不必马上做出答复，而是先答应其大部分要求，留有余地，以备讨价还价之用。

（十一）以退为进策略

让对方先开口说话，表明所有的要求，己方耐心听完后，抓住其破绽，再发起进攻，迫其就范。有时在局部问题上可首先做出让步，以换取对方在重大问题上的让步。

（十二）利而诱之策略

根据谈判对手的情况，投其所好，施以小恩小惠，促其让步或最终达成协议。请客吃饭、观光旅游、馈赠礼品等，实际上是在向对方传递友好讯号，是一种微妙的润滑剂。

（十三）相互体谅策略

谈判中最忌索取无度，漫天要价或胡乱杀价，使谈判充满火药味和敌对态势，谈判双方应将心比心，互相体谅，可使谈判顺利进行并取得皆大欢喜的结果。

（十四）埋下契机策略

双方若不能达成的圆满结果，谈判面临破裂之际，不要逞一时口舌之快，伤了双方和气。

小贴士

犹太人的经商法则最富有个性和实用性、有着与众不同的策略和战术，犹太人在商战上击败了众多竞争对手，被称为全世界唯一通用的经商法则。

犹太商人认为，谈判绝不是双方坐在谈判桌前简单的交换意见，而是一幕精心策划的戏剧，需要积极地准备和非凡的艺术，是彼此间智慧和勇气的较量，通过调整和妥协，使双方达成一致，获得基本满足。

第三节 不同谈判阶段的策略选择

一、谈判开局策略

谈判者为了谋求谈判开局的有利形势，实现对谈判开局的控制而采取的行动方式或手段。营造适当的谈判气氛实质上就是为实施谈判开局策略打下基础。商务谈判开局策略一般包括以下五个方面。

1. 协商式开局策略

协商式开局策略是以协商、肯定的语言进行陈述，使对方对己方产生好感，创造双方对谈判的理解充满“一致性”的感觉，从而使谈判双方在友好、愉快的气氛中展开谈判工作。

协商式开局策略比较适用于谈判双方实力比较接近，双方过去没有商务往来的经历，第一次接触，都希望有一个好的开端。要多用外交礼节性语言、中性话题，使双方在平等、合作的气氛中开局。

比如，谈判一方以协商的口吻来征求谈判对手的意见，然后对对方意见表示赞同或认可，双方达成共识。要表示充分尊重对方意见的态度，语言要友好礼貌，但又不刻意奉承对方。姿态上应该是不卑不亢，沉稳中不失热情，自信但不自傲，把握住适当的分寸，顺利打开局面。

2. 坦诚式开局策略

坦诚式开局策略是指以开诚布公的方式向谈判对手陈述自己的观点或意愿，尽快打开谈判局面。

坦诚式开局策略比较适合双方过去有过商务往来，而且关系很好，互相了解较深，将这种友好关系作为谈判的基础。在陈述中可以真诚、热情地畅谈双方过去的友好合作关系，适当地称赞对方在商务往来中的良好信誉。由于双方关系比较密切，可以省去一些礼节性的外交辞令，坦率地陈述己方的观点以及对对方的期望，使对方产生信任感。

坦诚式开局策略有时也可用于实力不如对方的谈判者。本方实力弱于对方，这是双方都了解的事实，因此没有必要掩盖。坦率地表明己方存在的弱点，使对方理智地考虑谈判目标。这种坦诚也表达出实力较弱一方不惧怕对手的压力，充满自信和实事求是的精神，这比“打肿脸充胖子”大唱高调掩饰自己的弱点要好得多。

3. 慎重式开局策略

慎重式开局策略是指以严谨、凝重的语言进行陈述，表达出对谈判的高度重视和鲜明的态度，目的在于使对方放弃某些不适当的意图，以达到把握谈判的目的。

慎重式开局策略适用于谈判双方过去有过商务往来，但对方曾有过不太令人满意的表现，己方要通过严谨、慎重的态度，引起对方对某些问题的重视。

例如，可以对过去双方业务关系中对方的不妥之处表示遗憾，并希望通过本次合作能够改变这种状况。可以用一些礼貌性地提问来考察对方的态度、想法，不急于拉近关系，注意与对方保持一定的距离。这种策略也适用于己方对谈判对手的某些情况存在疑问，需要经过简短的接触摸底。当然慎重并不等于没有谈判诚意，也不等于冷漠和猜疑，这种策略正是为了寻求更有效的谈判成果而使用的。

4. 进攻式开局策略

进攻式开局策略是指通过语言或行为表达己方强硬的姿态，从而获得谈判对手必要的尊重，并借以制造心理优势，使谈判顺利进行下去。这种进攻式开局策略只有在特殊情况下使用。

例如，发现谈判对手居高临下，以某种气势压人，有某种不尊重己方的倾向，如果任其发展下去，对己方是不利的，因此要变被动为主动，不能被对方气势压倒。采取以攻为守的策略，捍卫己方的尊严和正当权益，使双方站在平等的地位上进行谈判。

进攻式策略要运用得好，必须注意有理、有利、有节，不能使谈判一开始就陷入僵局。要切中问题要害，对事不对人，既表现出己方的自尊、自信和认真的态度，又不能过于咄咄逼人，使谈判气氛过于紧张，一旦问题表达清楚，对方也有所改观，就应及时调节一下气氛，使双方重新建立起一种友好、轻松的谈判气氛。

5. 挑剔式开局策略

挑剔式开局策略是指在谈判开局时，对对手的某项错误或礼仪失误严加指责，使其感到内疚，从而营造低调气氛，迫使对手让步的目的。

以上的谈判策略，要结合不同内容和不同类型的谈判，进行合理的选择和灵活运用。

二、报价阶段策略

谈判双方在结束了非实质性交谈之后，就要将话题转向有关交易内容的正题，即开始报价。这里的报价包括产品价格在内的关于整个交易的各项条件(包括商品的数量、质量、包装、价格、装运、保险、支付、商检、索赔、仲裁等)。其中价格条件具有重要的地位，是商务谈判的核心。报价阶段的策略主要有以下几种。

(一) 价格起点策略

价格起点策略有以下两个。

1. 欧式报价策略

欧式报价策略是指作为卖方报价起点要高，即开最高的价，再与对手讨价还价，最后做出让步达成协议的谈判策略，被形象地称为“狮子大张口”。

一位美国商业谈判专家曾和2000位主管人员做过许多试验，结果发现这样的规律：如果买主出价较低，则往往能以较低的价格成交；如果卖主喊价较高，则往往也能以较高的价格成交；如果卖主喊价出人意料得高，只要能坚持到底，则在谈判不致破裂的情况下，往往会有很好的收获。可见，该策略的运用，能使自己处于有利的地位，有时甚至会收到意想不到的效果。

运作这种策略时，喊价要狠，让步要慢。凭借这种方法，谈判者一开始便可削弱对方的信心，同时还能乘机考验对方的实力并确定对方的立场。

应对方法：要求对方出示报价或还价的依据，或者本方出示报价或还价的依据。

2. 日式报价策略

日式报价策略是指买方先提出一个低于己方实际要求的谈判起点，以让利来吸引对方，试图首先去击败参与竞争的同类对手，然后再与被引诱上钩的卖方进行真正的谈判，迫使其让步，达到自己的目的。

商业竞争可分为三大类，即买方之间的竞争、卖方之间的竞争以及买方与卖方之间的竞争。在买方与卖方之间的竞争中，一方如果能首先击败同类竞争对手，就会占据主动地位。当对方觉得别无所求时，就会委曲求全。

应对方法：其一，把对方的报价内容与其他客商（卖主）的报价内容一一进行比较和计算，并直截了当地提出异议；其二，不为对方的小利所迷惑，自己报出一个一揽子交易的价格。

日式报价策略虽然最初提出的价格是最低的，但它却在价格以外的其他方面提出了最利于己方的条件。对于买方来说，要想取得更好的条件，就不得不考虑接受更高的价格。因此，低价格并不意味着卖方放弃对高利益的追求。多数人习惯于价格由高到低，逐步下降，而不是相反的变动趋势。

（二）除法报价策略

除法报价策略是一种价格分解术，以商品的数量或使用时间等概念为除数，以商品价格为被除数，得出一种数字很小的价格，使买主对本来不低的价格产生一种便宜、低廉的感觉。

案例 9-2

保险公司为动员液化石油气用户参加保险，宣传说：参加液化气保险，每天只交保险费 1 元，若遇到事故，则可得到高达 1 万元的保险赔偿金。这种做法，用的就是该策略。相反，如果说，每年交保险费 365 元的话，效果就完全不同。

因为人们觉得 365 是个不小的数字，而用“除法报价法”说成每天交 1 元，人们听起来在心理上就容易接受了。

（三）加法报价策略

加法报价策略是指在商务谈判中，有时怕报高价会吓跑客户，就把价格分解成若干层次渐进提出，使若干次的报价，最后加起来仍等于当初计划一次性报出的高价。

案例 9-3

文具商向画家推销一套笔墨纸砚。如果一次报高价，画家可能不会买。文具商可以先报笔价，要价很低；成交之后再谈墨价，要价也不高；待笔、墨卖出之后，接着谈纸价，再谈砚价，抬高价格。画家已经买了笔和墨，自然想“配套”，不忍放弃纸和砚，很难在价格方面做出让步了。

启示：采用加法报价策略，卖方多半是靠所出售的商品具有系列组合性和配套性。针对这一情况,作为买方,谈判前就要考虑商品的系列化特点,谈判中及时发现卖方“加法报价”的企图,挫败这种“诱招”。

(四)差别报价策略

差别报价策略是指在商务谈判中针对客户性质、购买数量、交易时间、支付方式等方面的不同,采取不同的报价策略。这种价格差别,体现了商品交易中的市场需求导向,在报价策略中应重视运用。例如,对老客户或大批量需求的客户,为巩固良好的客户关系或建立起稳定的交易联系,可适当实行价格折扣;对新客户,有时为开拓新市场,也可给予适当让价;对某些需求弹性较小的商品,可适当实行高价策略;对方“等米下锅”的客户,价格则不宜下降。

(五)报价对比策略

报价对比策略是指向对方抛出有利于本方的多个商家同类商品交易的报价单,设立一个价格参照系,然后将所交易的商品与这些商家的同类商品在性能、质量、服务与其他交易条件等方面做出有利于本方的比较,并以此作为本方要价的依据。价格谈判中,使用对比策略,往往可以增强报价的可信度和说服力,一般有很好的效果。报价对比可以从多方面进行。

例如,将本商品的价格与另一可比商品的价格进行对比,以突出相同使用价值的不同价格;将本商品及其附加各种利益后的价格与可比商品不附加各种利益的价格进行对比,以突出不同使用价值的不同价格;将本商品的价格与竞争者同一商品的价格进行对比,以突出相同商品的不同价格等。

应对方法有以下 4 点:其一,要求对方提供有关证据,证实其所提供的其他商家的报价单的真实性;其二,仔细查找报价单及其证据的漏洞,如性能、规格型号、质量档次、报价时间和其他交易条件的差异与不可比性,并以此作为突破对方设立的价格参照系屏障的切入点;其三,本方也抛出有利于自己的另外一些商家的报价单,并做相应的比较,以其人之道还治其人之身;其四,找出对方价格参照系的一个漏洞,并予以全盘否定之,坚持本方的要价。

(六)数字陷阱策略

数字陷阱策略是指卖方抛出自己制作的商品成本构成计算表(其项目繁多,计算复杂)给买方,用以支持本方总要价的合理性。在分类成本中“掺水分”,以加大总成本,为本方的高出价提供证明与依据。运用此策略可以为本方谋取较大利益,击退或是阻止对方的强大攻势。但是若成本构成计算表被对方找出明显错误,则本方就会处于被动局面,易使谈判复杂化,进程缓慢。

此策略一般是在商品交易内容多、成本构成复杂、成本计算方法无统一标准,或是对方攻势太盛的情形下使用。实施时,成本计算方法要有利于本方,成本分类要细化,数据要多,计算公式要尽可能繁杂,水分要掺在计算复杂的成本项中,水分要掺得适度。一句话,就是要使对方难以核算出总成本,难于发现“水分”所在,从而落入本方设计好的“陷阱”,接受本方的要价。

应对方法有以下 3 点:其一,尽可能弄清与所交易的商品有关的成本计算统一标准、规则与惯例;其二,选择几项分类成本进行核算,寻找突破口,一旦发现问题,就借机大举发动攻势;其三,寻找有力的理由,拒绝接受对方抛出的成本构成计算表,坚持本方原有的立场与要价。

三、磋商阶段策略

1. 投石问路策略

投石问路策略即在谈判的过程中，谈判者有意提出一些假设条件，通过对方的反应和回答，来琢磨和探测对方的意向，抓住有利时机达成交易的策略。其目的是弄清对方的虚实，尽可能得到一些通常不易获得的资料，从而为谈判做出最佳的选择。

例如，"如果我们购买的数量增加一倍，你方的价格是多少?""如果我们自己供给材料(或工具或技术)呢?""如果我们在你处购买全套设备呢?"等。

该策略可以更进一步了解对方的商业习惯和动机，了解对方的要求和意向，以及可能成交的最低价格。通过这种探问的方式，试探对方的价格情况，从而使本方在讨价还价中做到心中有数。

该策略一般是在市场价格行情不稳定、无把握，或是对对方不大了解的情形下使用。实施时要注意：提问要多，且要做到虚虚实实，煞有其事；要让对方难于摸清你的真实意图；不要使双方陷入"捉迷藏"，进而使问题复杂化。

2. 先造势后还价策略

先造势后还价策略是指在对方开价后不急于还价，而是指出市场行情的变化态势(涨价或降价及其原因)，或是强调本方的实力与优势(明示或暗示对方的弱势)，构筑有利于本方的形势，然后再提出本方要价的一种策略。

运用此策略可以给对方造成客观存在的心理压力，从而使其松动价格立场，并做出让步。但运用不当，有可能吓跑对方，或使对方产生抵触情绪，从而招致对方的顽强反击，使谈判步履艰难或不欢而散。

该策略一般是在对方有求于己方达成交易，且市场行情明显有利于己方，或己方优势突出的情形下使用。实施时，造势要有客观事实依据，表达的语气要肯定，还价的态度要坚决，同时根据需要，灵活掌握造势的尺度。

应对方法有以下两点：其一，不为对方的气势所吓倒，尽力去寻找对自己有利的形式和对方的弱点，紧紧抓住不放地去反击对方，化解对方的优势；其二，坚持本方的开价，或做小的让步后，再坚持强硬立场。

3. 情感转移策略

情感转移策略是指当正式谈判中出现僵局或碰到难以解决的谈判障碍时，谈判组织者就应该有意识地通过转换谈判的环境、气氛及形式，使谈判对手的情感发生转移的一种策略。在这种情况下，谈判双方通常能比较坦率地谈及真正的问题，这样就为克服障碍、推动以后的谈判铺平道路。

当然，高明的谈判者并非要等到谈判出现僵局时才这样做，而是在谈判全过程中始终注意运用情感转移的方法，在使对手情感不断转移的动态过程中，逐渐缩小双方的差距，最后达成谈判协议。

国外有谈判专家专门对此进行过十多年的研究，结果发现，在大型商业谈判中常出现这种局面，即越到谈判的最后阶段，正式谈判的会期往往变得越来越短，而分散的非正式的谈判则变得越来越长，场外的交易也跟着频繁起来。

另外，在使用情感转移策略时，要告诫手下谈判人员在非正式谈判场合值得警惕的问题,例如,不要做单方面的告白,防止泄漏己方谈判机密;防止对方利用这种手法对己方人员进行收买;对私下传播的信息要进行认真分析,防止受骗上当等。

总之,从谈判控制的角度,巧妙地进行谈判情景的选择和运用,以期取得谈判的主动权,进而获得最优结局,这是值得谈判者们从理论和实践上不断深入探讨的问题。因为它与谈判者的言语表达及交流有直接联系,共同对谈判现场发生着作用,是谈判双方能否获得双赢的重要的情感基石。

四、成交阶段策略

当谈判双方的目标已相当接近时,就会产生结束谈判的愿望,进入成交阶段。成交阶段是谈判双方最终确立交易条件,缔结协议的过程,同时也是各自的利益得以最终确认的过程。

成交阶段商务谈判的主要目标有三:一是力求尽快地达成交易;二是尽量保证己方已取得的谈判成果不要丧失;三是争取获得最后的利益收获。可以采用以下的谈判策略。

(一) 场外交易策略

场外交易策略是指当谈判进入成交阶段,双方将最后遗留的意见分歧放下,东道主一方安排一些旅游、酒宴、娱乐项目,以缓解谈判气氛,争取达成协议的做法。谈判后期,如果仍然把个别分歧问题摆到谈判桌上来商讨,往往难以达成协议。其原因如下。

第一,经过长时间的谈判,已经令人很烦闷,会影响谈判人员的情绪,也会影响谈判协商的结果。

第二,谈判桌上紧张、激烈、对立的气氛及情绪迫使谈判人员自然地去争取对方让步。即使是正常的,但在最后环节上的让步,让步方会认为丢了面子,可能会被对方视为战败方。

第三,即使一方主谈或领导人头脑清楚、冷静,认为做出适当的让步以求尽快达成协议是符合本方利益的,但因同伴态度坚决,情绪激昂而难以当场做出让步的决定。此时,运用场外交易策略是最为恰当的。

场外轻松、友好、融洽的气氛和情绪很容易缓和双方剑拔弩张的紧张局面。轻松自在地谈论自己感兴趣的话题,交流私人感情,有助于化解谈判桌上激烈交锋带来的种种不快。这时适时巧妙地将话题引回到谈判桌上遗留的问题上来,双方往往会很大度地做出让步而达成协议。

在运用场外交易策略时,要注意谈判对手的不同习惯。有的国家的商人忌讳在酒席上谈生意。为此必须事先弄清,以防弄巧成拙。

(二) 最后让步策略

最后让步策略是指为了尽快结束谈判达成协议,而愿意做最后一次让步。使用时要注意以下两点。

(1) 把握好让步的时间,不能过早也不能太晚。过早会被认为是前一段讨价还价的结果,而不是达成协议做出的终局性的最后让步;过晚会削弱对对方的影响和刺激作用,增加下一阶段谈判的难度。让步的主要部分在最后期限之前做出,次要部分在最后时刻做出。

(2) 控制让步的幅度,不能过大或过小。幅度过大会让对方认为这不是最后的让步;幅度过小会让对方认为微不足道。让步的幅度常常要根据对方出场人物的职位做出。

（三）不遗余“利”策略

1. 不忘最后的获利

通常，在双方将交易的内容、条件大致确定，即将签约的时候，精明的谈判人员往往还要利用最后的时刻，去争取最后的一点收获。

在成交阶段最后收获的常规做法是：在签约之前，突然提出一个小小的请求，要求对方再让出一点点。由于谈判已进展到签约的阶段，谈判人员已付出很大的代价，也不愿为一点小利而伤了友谊，更不愿为这点小利而重新回到磋商阶段，因此往往会很快答应这个请求，以求尽快签约。

2. 争取最后的让步

针对谈判磋商阶段遗留的最后有分歧的问题，需要通过最后的让步才能求得一致。在许多情况下，到谈判的最后关头，往往对方管理部门中的重要高级主管会出面，参加或主持谈判，这时便可争取最后让步。

3. 注意为双方庆贺

在商务谈判即将签约或已经签约的时候，可谓大告成功。此时，己方可能心中暗喜，认为自己在交易中比对方获得的更多，这时己方一定要祝贺谈判双方，强调谈判结果是双方共同努力的结果，满足了双方的需要，实现了双赢。不要忘记赞扬对方谈判人员的才干。这样做会使对方得到心理上的平衡和安慰，并感到十分欣慰，为以后双方的履约和往来打下良好基础。

4. 慎重地对待协议谈判的成果

要靠严密的协议来确认和保证谈判的结果，协议是以法律形式对谈判成果的记录和确认，它们之间应该完全一致，不得有任何误差。

课后案例

巧用策略压低建筑设计费

中外合资企业重庆某房地产开发有限公司总经理张先生，获悉澳大利亚著名建筑设计师尼克先生将在上海做短暂的停留。张总经理认为，澳大利亚的建筑汇聚了世界建筑的经典，何况尼克是当代著名的有许多杰作的建筑设计师。为了把正在建设中的金盾大厦建设成豪华、气派，既方便商务办公，又适于家居生活的现代化综合商住楼，必须使之设计科学、合理，不落后于时代新潮。

具有长远发展眼光的张总经理委派高级工程师丁女士作为全权代表飞赴上海与尼克先生洽谈。既向这位澳洲著名设计师咨询，又请他帮助公司为金盾大厦设计一套最新方案。丁女士一行肩负重担，风尘仆仆地赶到上海。一下飞机，便马上与尼克先生的秘书联系，确定当天晚上在银星假日饭店的会议室见面会谈。

下午5点，双方代表准时赴约，并在宾馆门口巧遇。双方互致问候，彬彬有礼地进入21楼的会议室。

根据张总经理的指示精神，丁女士一行介绍了金盾大厦的现状，她说：“金盾大厦建设方案是在七八年前设计的，其外形、外观、立面等方面有些不合时宜，与跨世纪建筑的设计要求存在很大差距。我们慕名远道而来，恳请贵公司合作与支持。”丁女士一边介绍，一边将事先准备好的有关资料,如施工现场的相片、图纸,国内有关单位的原设计方案、修正资料等,提供给尼克一行。

尼克在我国注册了"博榭联合建筑设计有限公司"。该公司是多次获得大奖的国际甲级建筑设计公司,声名显赫。在上海注册后,尼克很快赢得了上海建筑设计市场。而且,内地市场还没有深入进来,该公司希望早日在大陆内地的建筑设计市场上占有一席之地。由于有这样一个良好的机会,所以尼克一行对该公司的这一项目很感兴趣,他们同意接受委托,设计金盾大厦 8 楼以上的方案。

可以说,双方都愿意合作。然而,根据重庆某公司的委托要求,博榭联合建筑设计有限公司报价 40 万元人民币。这一报价令人难以接受。博榭公司的理由是:本公司是一家讲求质量、注重信誉,在世界上有名气的公司,报价稍高是理所当然的。而且,鉴于重庆地区的工程造价以及中国大陆的实际情况,这一价格已是最优惠的了。

据重庆方面的谈判代表了解,博榭联合建筑设计有限公司在上海的设计价格为每平方米 6.5 美元。若按此价格计算,重庆金盾大厦 25000 平方米的设计费应为 16.25 万美元;根据当天的外汇牌价,应折合人民币 136.95 万元。

的确,40 万元人民币的报价算是优惠的了!"40 万元人民币,是充分考虑了内地情况,按每平方米设计费人民币 16 元计算的。"尼克说道。但是,考虑到公司的利益,丁女士还价:"20 万元(人民币)。"对方感到吃惊。

顺势,丁女士解释道:"在来上海之前,总经理授权我们 10 万元的签约权限。我们出价 20 万元,已经超出了我们的权力范围……如果再增加,必须请示正在重庆的总经理。"双方僵持不下,谈判暂时结束。

第二天晚上,即 7 月 26 日晚上 7 时,双方又重新坐到谈判桌前,探讨对建筑方案的设想、构思,接着又谈到价格。这次博榭联合建筑设计有限公司主动降价,由 40 万元降为 35 万元,并一再声称:"这是最优惠的价了。"

重庆方面的代表坚持说:"太高了,我们无法接受!经过请示,公司同意支付 20 万元,不能再高了!请贵公司再考虑考虑。"对方谈判代表嘀咕了几句,说:"鉴于你们的实际情况和贵公司的条件,我们再降 5 万元,30 万元好了。低于这个价格,我们就不搞了。"重庆方面的代表分析,对方舍不得丢掉这次与本公司的合作机会,对方有可能还会降价,重庆方面仍然坚持出价 20 万元。过了一会儿,博榭公司的代表收拾笔记本等用具,根本不说话,准备退场。

眼看谈判陷入僵局,这时,重庆某公司的蒋工程师急忙说:"请贵公司的代小姐与我公司总经理通话,待我公司总经理决定并给我们指示后再谈。贵公司看这样好不好?"由于这样提议,紧张的气氛才缓和下来。

7 月 27 日,代小姐等人打了很多次电话,与重庆某公司张总经理联系。在此之前,丁副总经理已与张总经理通话,向张总经理详细汇报了谈判的情况及对谈判的分析和看法。张总经理要求丁女士一行:"不卑不亢!心理平衡!"所以当代小姐与张总经理通话后,张总经理给出具体指示。

在双方报价与还价的基础上,二一添作五。重庆某公司出价 25 万元。博榭公司基本同意,但提出 8 月 10 日才能提交图纸,比原计划延期两周左右。经过协商,当天晚上草签了协议。7 月 28 日,签订正式协议。

资料来源:https://wenku.baidu.com/view/20d37d250066f5335a812110.html.

讨论：

(1) 在谈判过程中，双方主要运用了哪些谈判策略？

(2) 如果你是博榭一方的代表，面对丁女士使用有限权力策略，如何应对？

(3) 如何理解谈判中"有限的权力才是真正的权力"？

课后作业

一、概念

谈判策略　不开先例策略　先苦后甜策略　声东击西策略　吹毛求疵策略　私人接触策略　合作策略　引导策略

二、填空题

1. 谈判策略是指谈判人员为取得预期的谈判目标而采取的________和________的总和。

2. 商务谈判策略具有的特征是________、________、________。

3. 商务谈判活动中，实力处于优势的一方，往往采用________、________、________等策略。

4. 在商务谈判中，实力处于劣势的一方，可采用________、________、________和________等。

5. 私人接触策略的形式有________、________、________等。

三、单项选择题

1. 掌握优势的卖方坚持自己提出的交易条件，尤其是价格条件，而不愿意让步的一种强硬策略，该策略是(　　)。

A. 先苦后甜策略　B. 不开先例策略　C. 声东击西策略　D. 先声夺人策略

2. 主要通过"软磨硬泡"，来干扰对方的注意力，瓦解其意志，从而寻找漏洞，抓住有利时机达成交易的策略是(　　)。

A. 疲惫策略　B. 吹毛求疵策略　C. 难得糊涂策略　D. 反客为主策略

3. 谈判中的一方虽然想做成某笔交易，却装出满不在乎的样子，将自己急切的心情掩盖起来，似乎只有满足对方的需求而来谈判的，使对方急于谈判，主动让步的策略是(　　)。

A. 大智若愚策略　B. 浑水摸鱼策略

C. 欲擒故纵策略　D. "意大利香肠"策略

4. 卖方抛出自己制作的商品成本构成计算表(其项目繁多、计算复杂)给买方，用以支持本方的总要价的合理性的策略是(　　)。

A. 先造势后还价策略　B. 投石问路策略

C. 情感转移策略　D. 数字陷阱策略

四、多项选择题

1. 运用谈判策略的作用是(　　)。

A. 有利于把握谈判的进程和方向　B. 有利于实现商务合作

C. 有利于取得最佳的谈判效果　D. 具有目标导向作用

2. 谈判的开局策略包括(　　)。

A. 协商式开局策略　　B. 坦诚式开局策略
C. 慎重式开局策略　　D. 进攻式开局策略
E. 挑剔式开局策略

3. 价格起点策略包括(　　)。

A. 欧式报价策略　　B. 日式报价策略
C. 加法报价策略　　D. 除法报价策略

五、简答题

1. 怎样理解商务谈判策略,谈谈你的看法。
2. 商务谈判策略有哪些类型?

实践课堂

(1) 实践目的:锻炼运用商务谈判策略的能力。

(2) 实践内容:甲公司欠乙公司近 200 万美元的贷款,出口方谈判代表多次催促都无效,于是,想通过法律扣押其全部资产。甲公司见状,向乙公司代表建议:请其上司到甲公司参观考察,使其相信甲公司有还款能力,请求推迟还款,这样不至于使其破产,还可以不使甲公司代表为难。乙公司代表的上司接受了邀请。

在参观过程中,甲公司对乙公司上司好吃、好喝、好招待。拜年话不断,营造了"诚恳"的气氛。介绍其资产——办公楼、库房、存货、销售网络等,使乙公司的上司了解甲公司的实力,提出了逐步还款的建议。

乙公司上司看到对方的实力和诚意,原则上同意对方建议,具体形式有待商量。

于是,甲公司躲过了即刻清债的危机,还获得了乙公司的信任。

(3) 实践要求:以小组为单位进行分析并汇报甲公司的谈判效果。甲公司在谈判中运用了什么策略? 阐述为什么甲公司的策略能成立。

第十章　商务谈判僵局的突破

【学习目标】

(1) 了解商务谈判僵局产生的类型和产生原因。

(2) 理解商务谈判僵局产生的原因,以及如何避免僵局出现。

(3) 掌握打破商务谈判僵局的方法,熟练运用突破僵局的策略与技巧。

◆ 引导案例

苹果公司与中国银联谈判的僵局

2015年4月9日,苹果公司发布了最新系统iOS 8.3,Apple Pay正式支持中国银联网络是其中意义最重大的一项更新。另有消息称,银联将在之后举办Apple Pay入华的媒体发布会,Apple Pay或将在4月底就正式登陆中国。但是,据报道,其实苹果与银联之间的合作一直没谈拢,甚至有银联内部人士表示公司目前并未与美国科技公司有何合作。谈判陷入僵局,推出时间遥遥无期。

银联是中国银行卡联合组织,掌握着中国最主要的银行资源,其中银联的POS机是中国各银行的主要支付方式,目前仅大陆的POS机已超过1500万台,遍布全国各地。所以,如果Apple Pay要进入中国,银联不点头,则困难重重。

除了银联,消息人士称苹果2014年还与中国八家主要银行进行了谈判,只是这些谈判都以失败告终。除了技术障碍,苹果Apple Pay的手续费也是主要问题。在美国,Apple Pay每次支付苹果收取0.15%手续费。中国银行不愿意向苹果支付相同的手续费。

中国银联总裁时文朝解释称,双方最大的分歧是在利润分成上。此前,无论是VISA、万事达卡,还是银联,坚持的都是四方模式(卡组织、发卡机构、商户、收单机构),苹果作为手机生产商,只是提供一个终端设备,在传统的四方模式中,终端设备角色不参与分润。然而,苹果的诉求是要参与分润,因而与四方模式的成员形成分歧。“如果大家都用苹果支付,实际上已经帮苹果卖手机了,苹果就不应该再收费。”时文朝说道。知情人士曾透露,Apple Pay在谈判中表现非常强硬。

在最近的两年中,以支付宝和微信支付为代表的扫码支付,通过大量的线下促销活动抢占市场份额,在清算体系上完全绕开了银联,不断蚕食原有银联和银行收单网络的业务。因此,有观点认为,苹果支付已经错过了进入中国市场的最佳时机。对于进入时机问题,时文朝的回答颇为“暧昧”:“只要你相信自己不晚,那就不晚。”

最终在2015年11月18日,中国银联和苹果公司宣布合作,将在中国推出Apple Pay。其合作模式是:银联卡持卡人可以将银联卡添加到iPhone、Apple Watch以及iPad上,只需将iPhone靠近支持银联云闪付的POS终端,就可完成支付。目前仅支持iPhone 6及以上型号。

内情报道:Apple Pay入华谈判中对首批合作的中资商业银行做出大幅让步,Apple Pay目前从银行抽取的刷卡手续费的费率相比此前谈判时的0.15%降了一半多。"虽然苹果强势,但中国的四大行也很强势,最后谈判的结果是双方都退一步。"一位银行人士透露。Apple Pay两年内不抽取消费者刷卡手续费。但依仗苹果的品牌和人气,Apple Pay向银行抽取一定的费率,银行对此戏称"苹果税",即两年后从发卡行信用卡交易抽取的手续费率总体上约为境外0.15%的一半左右。

资料来源:Apple Pay入华遇阻,苹果与银联陷谈判僵局[EB/OL]. 2015-02-25[2020-07-08]. http://www.100ec.cn/detail--6233131.html.

启示:实际上,谈判早期出现僵局不一定是坏事。因为,当对方的要求太强硬或者施加压力时,另一方最好暂时退离。暂时离开,恰恰显示了自己的独立性,显示了自己的坚定立场,毫无妥协余地。如果一方想将生意做成,那他会修正目标,主动地接近对方。

值得注意的是,一定要抓住时机。在制造僵局时必须是对方对自己要给他们的那些东西很感兴趣的时候。否则,对方会让这种僵局一直持续下去,迫使自己重新回到谈判桌边,那时的效果将适得其反。

谈判一旦出现僵局,说服对方改变其期望是双方共同的任务。撒切尔夫人运用强硬、威胁的谈判手法是成功的。如果没有能力驾驭谈判的人,在谈判中一味顽固地坚持自己的立场是不明智的。应付强硬措施最有效地办法就是灵活,只要灵活有方,措施得当,任何强硬的立场都是可以改变的。

第一节 谈判中僵局的种类

谈判是伴随整个商务合作过程的,是自始至终要进行的。在谈判中,双方观点、立场的交锋也持续不断,当利益冲突变得不可调和时,危机便出现了。因此,僵局的发生也是随时随地都有可能出现的。

一、按照谈判阶段可能出现的僵局分类

也就是从签订合作协议的一场谈判来看,僵局可能发生在谈判的初期、中期或后期等不同阶段。

1. 谈判初期出现的僵局

谈判初期主要是双方彼此熟悉、了解、建立融洽气氛的阶段,双方对谈判都充满了期待。因此,谈判初期僵局一般不会发生,除非由于误解,由于双方对谈判准备得不够充分等原因,使一方感情受到很大伤害而有可能导致谈判草草收场。

2. 谈判中期出现的僵局

谈判中期是谈判的实质性阶段,双方需就有关技术、价格、合同条款等进行详尽讨论、协商,此时隐含于合作条件之中各自利益的差异就可能使谈判暂时朝着使双方难以统一的方向发展,产生谈判中期僵局。

例如,在建立中外合资企业的谈判中,中外双方对各自投资比例大小会产生分歧。有些国外大公司认为它掌握了先进的技术,因此它在合资企业中一定要占50%以上股权,以达到控股的目的;而中方合伙人则可能认为,外方提供的技术并不是独家所有,而今后的产品在

国内市场却有很大的潜能，因此为何一定要让外方控股以将更多的利益拱手相让呢？于是就会僵持不下。

此种僵局在谈判中期常常会此消彼长，反反复复。有些僵局通过双方重新做一些沟通、矛盾便可迎刃而解，有些则因双方都不愿在关键问题上退让而使谈判长时间悬而难决。因此，中期僵局主要表现出纷繁多变的特点，谈判的破裂经常发生在这一阶段。

3. 谈判后期出现的僵局

谈判后期是双方达成协议阶段，在解决了技术、价格这些关键问题后，还要就诸如项目验收程序、付款条件等执行细节进行商议，特别是合同条款的措辞、语气经常容易引起争议。虽然合作双方的总体利益及其各自利益的划分已经通过谈判确认，但只要正式的合同尚未签订，总会留有未尽的权利、责任、义务、利益和一些细节尚需确认与划分。

在大局已定的情况下，只需一方表现得大度一些，稍做让步谈判便可圆满结束。所以谈判后期产生僵局一般不会如中期出现的僵局那样棘手，但是这个时期的僵局仍然轻视不得，如果掉以轻心，有时仍会出现重大问题，甚至前功尽弃。

通常一个大型合作项目的谈判又可以分成若干个子项目的谈判，有时，整个项目的合作条件很快通过谈判得以确定，而个别子项目的谈判却会出现僵持的局面。尽管这种子项目的合同标的金额占整个项目的比例不大，但是，只要其标的金额大到足以令合作双方感到有吸引力，那么，由于这种利益的划分而产生争执也就不足为奇了。

二、按照谈判项目合作的进程可能出现的僵局分类

项目合作过程分为合同协议期和合同执行期，谈判僵局也就有了协议期的谈判僵局和执行期的谈判僵局两大类。前者是双方在磋商合作条件过程中意见产生矛盾而形成的僵持局面，后者是指在执行项目合同过程中双方对合同条款理解不同产生分歧，或出现双方始料未及的情况而把责任推向对方，或一方未能严格履行协议引起另一方的严重不满等，由此引起对责任分担的争议。

三、按照谈判的具体内容可能出现的僵局分类

不同的谈判主题都会使谈判陷入僵局，例如，标的的技术要求、项目的合同价格，项目实施的进度安排及其交付使用期限、履约地点、验收标准与验收程序、付款条件、违约责任等，也就是说只要可能写入合同文本的内容都有可能成为谈判僵局的导火线。

值得一提的是，国际商务合作经常需要以多种文字表述的合同确定下来，因此合同的措辞很值得研究，特别是对同一事件的表述方式在合作双方各自母语中各不相同，往往会有多种解释，以致造成分歧。当谈判双方对合同的理解引起分歧与争议时，该以何种文本为难常常成为谈判桌上最后的争执。当然，在所有可能导致谈判僵局的谈判主题中，价格是最敏感的，是产生僵局频率最高的一个方面。国际商务谈判自然也不例外。

案例 10-1

美国约翰逊公司的研究开发部经理，从一家有名的 A 公司购买一台分析仪器，使用几个月后，一个价值 2.95 美元的零件坏了，约翰逊公司希望 A 公司免费调换一只。A 公司却不同意，认为零件是因为约翰逊公司使用不当造成的，并特别召集了几名高级工程师来研究，

寻找证据。

双方为这件事争执了很长时间，几位高级工程师费了九牛二虎之力终于证明了责任在约翰逊公司一方，取得了谈判的胜利。但此后整整20年时间，约翰逊公司再从未在A公司买过一只零件，并且告诫公司的职员，今后无论采购什么物品，宁愿多花一点钱，多跑一些路，也不与A公司发生业务交往。请你来评价一下，A公司的这一谈判究竟是胜利还是失败？原因何在？

资料来源：佚名. 商务谈判原则与标准[EB/OL]. 2013-09-26[2020-07-08]. https://wenku.baidu.com/view/2df1e3d5f90f76c661371a4f.html.

第二节 谈判中僵局产生的原因

在谈判进行过程中，僵局无论何时都有可能发生，任何主题都有可能形成分歧与对立。表面上看，僵局表现的时机与形式、对峙程度的高低是五花八门的。然而，谈判陷入危机往往是由于双方感到在多方面谈判中期望相差甚远，并且在各个主题上这些差异相互交织在一起，难以出现缓解的迹象，因而造成谈判僵局的原因可能是多方面的。

如果对这些原因没有准确的判断与适度的把握，那就像一个医生由于诊断失误而不能对症下药一样，突破僵局也就无从谈起。然而，即使一个复杂的僵持局面是由各种因素交错作用的结果，那么，冷静下来仔细地分析一番，其原因也不外乎是以下几个方面。

一、立场观点的争执

对于谈判者来讲，立场争执是他们在谈判中最容易犯的错误，由此造成的僵局也是最常见的一种。

让我们先看看生活中的这样一个例子：图书馆里一片寂静，然而两个邻座的读者却为了一件小事发生了争执。一个想打开临街的窗户让空气清新一些，保持头脑清醒，有利于提高读书的效率；一个想关窗不让外面的噪音进来，保持室内的安静，以利于看书。

二人争论了半天，却未能找到双方满意的解决方法。这时，管理员走过来，问其中一位读者为什么要开窗，答曰："使空气流通"。她又问另一位为什么要关窗，答曰："避免噪声"。管理员想了一会儿，随即打开另一侧面对花园的窗户，既让空气得到流通，又避免了噪声干扰，同时满足了双方的要求。

这是个由立场争执导致谈判僵局的典型例子，两位读者只在开窗或关自上坚持自己的主张，谁也不愿让步。在这种争执中，当对方越坚持，你就越会抱住自己的立场不变；你真正的利益被这种表面的立场所掩盖，而且为了维护自己的面子，非但不愿让步，反而会用顽强的意志来迫使对方改变立场。于是，谈判变成了一种意志力的较量。

所以谈判双方在立场上关注越多，就越不能注意调和双方利益，也就越不可能达成协议。或者即使最终达成了协议，那也只是图书馆的窗子"只开一条缝"或"半开"或者"开四分之三"之类的妥协，这种妥协撇开了那位管理员所注意到的事实，即双方达到目的的途径分别是"空气流通"和"避免噪声"，因而也就不可能使双方都得到充分满意。

相反，由于谈判者都不想太快做出让步，或以退出谈判作为要挟，或步步为营。这些做法增加了达成协议的困难，拖延了时间，甚至使谈判一方或双方丧失信心与兴趣，使谈判以破裂告终。

所以，纠缠于立场争执是低效率的谈判方式，它撇开了双方各自的潜在利益，不容易达成明智的协议，而且由于久争不决，它还会直接损害双方的感情，谈判者要为此付出巨大代价。可惜的是，对于谈判者来讲，立场争执是他们在谈判中最容易犯的错误，由此造成的僵局也是最常见的一种。

二、面对强迫的反抗

强迫，对于谈判来说是具有破坏性的，因为强迫意味着不平等、不合理，意味着恃强欺弱，这是与谈判的平等原则相悖的，是与"谈判不是一场竞技赛""成功谈判最终造就两个胜利者"的思想相悖的。

在国际商务谈判中，任何一方恃强威胁、逼迫对方会都会带来谈判破裂的风险。当谈判一方觉得风险责任与风险收益不均衡时，在谈判形态上就会出现僵持不下的局面，因为接受那种无谓的风险或损益期望失衡的风险，就意味着接受不公平，意味着屈服强权，这是任何理智的谈判者都会予以抵制的。强迫造成的谈判僵局是一种屡见不鲜的常见病。

在国际商务交往中，某些外商会要求我方向派往我国的外方工作人员支付过高报酬，或要求低价包销由其转让技术所生产的、市场旺销产品，或强求购买他们已经淘汰的设备，等等，否则，就以取消贷款、停止许可证贸易等条件相威胁。

相反，我国的一些企业有时也会由于担心吃亏而采取过分的立场，强迫那些渴望合作的外商接受他们难以接受的条件，那种做法看起来立场十分坚定，但并不符合我国根本利益，是一种幼稚的做法。

如上海某项扩建改造工程中，要求外方将其设备、材料存放在上海的施工现场，企图以此来保证工程的进度，然而在外方看来这是强迫他们承担设备、材料损失的风险，为此相应提高了工程造价，造成双方在项目价格上相持不下的僵局，如此等等，这些都是在国际商务合作中常犯的担心失误、过分小心的毛病。

不管怎样，谈判中由某一方采取了强迫手段而使谈判陷入僵局的事实是经常发生的。况且在国际商务谈判中，除了经济利益的考虑外，谈判者还有维护国家、企业及自身尊严的需要。因此，他们越是受到逼迫，就越是不会退让，谈判的僵局就更加难以避免，僵局就越发难以被打破。

三、信息沟通的障碍

谈判过程是一个信息沟通的过程，只有双方信息实现正确、全面、顺畅的沟通，才能互相深入了解，才能正确把握和理解对方的利益和条件。但是实际上双方的信息沟通会遇到种种障碍，造成信息沟通受阻或失真，使双方产生对立，从而陷入僵局。

现实中有时谈判进行了很长时间却无甚进展，甚至双方争论了半天，搞得很不愉快，使谈判陷入了僵局，然而双方冷静地回顾了争论的各个方面，结果却发现彼此争论的根本不是一回事，此种谈判僵局就是由沟通障碍引起的。信息沟通障碍就是指谈判双方在交流彼此情况、观点，洽商合作意向、交易的条件等的过程中所可能遇到的主观与客观原因造成的理解障碍。

1. 文化背景差异造成的沟通障碍

在国际交流中,一方本国语言中的某些特别表述难以用另一种语言表述而造成误解属于文化背景差异造成的沟通障碍。

某跨国公司总裁访问一家中国著名的制造企业,商讨合作发展事宜。中方总经理很自豪地向客人介绍说:"我公司是中国二级企业……"此时,译员很自然地用 Second-Class Enterprise 来表述。不料,该跨国公司总裁闻此,原本很高的兴致突然冷淡下来,敷衍了几句立即起身告辞。在归途中,他向中方陪同人员抱怨道:"我怎么能同一个中国的二流企业合作?"可见,一个小小的沟通障碍会直接影响到合作的可能与否。

案例 10-2

中国国内一家旅行社邀请马来西亚一家旅行社洽谈一笔国际旅游业务。双方约定于某日上午十点在饭店进行洽谈。后在双方商讨价格时,因双方提出的交易条件与价格相差较大,中方代表有点不悦,谈判中因失去耐心而来了情绪,说话声音过高,且在条件与价格方面不肯做出让步,而马方代表年纪较大,认为中方代表的言语举动对他们不礼貌、不尊重。

在享用午宴过程中,中方代表为了增进双方感情拿出接待贵宾专用酒茅台,并极力劝说马方代表饮用。又由于中方忽略了马来西亚旅行社代表是穆斯林,在午宴中点了青菜,但是忘记嘱咐厨师不要用猪油,被马方认为没有诚意而离开,致使谈判陷入了僵局。

资料来源:佚名.商务谈判案例分析[EB/OL].2016-06-29[2020-07-08].https://wenku.baidu.com/view/7157f5c12f60ddccda38a0ec.html.

分析:在准备与不同国度、语言和宗教的客户谈判之前,需要预习相关的语言、文化背景和宗教禁忌,尤其是到对方环境进行谈判时要做到入乡问俗,避免文化误解、宗教观念碰撞甚至冒犯对方造成僵局。

2. 信息理解差异造成的沟通障碍

信息理解差异造成的沟通障碍是因为接受信息者对信息的理解出于其职业习惯、受教育的程度以及为某些领域内的专业知识所制约。有时表面上看来,接受信息者似已完全理解了,但实际上这种理解却常常是主观、片面的,甚至往往与信息内容的实质情况完全相反。这种情况是有关沟通障碍案例中最常见的。

如一次关于成套设备引进的谈判中,某市的谈判班子对外方所提供的资料进行研究,认为对方提供的报价是附带维修配件的,于是按此思路与外方进行了一系列的洽谈,然而在草拟合同时,发现对方所说的附带维修配件,其实是指一些附属设备的配件,而主机配件并不包括在内,需要另行订购。

这样,己方指责对方出尔反尔,而对方认为我们是故意作梗。事后中方仔细核对原文,发现所提及的"附带维修配件"只是在谈到附属设备时出现过。而中方误以为对所有设备提供备件。其实,这种僵局是完全由于沟通障碍所造成的,是己方未能正确理解对方的意见,做出错误判断所造成的。

3. 心理背景差异造成的沟通障碍

心理背景差异造成的沟通障碍是指一方虽已理解却不愿接受这种理解。因为他是否能够接受现实,往往受其心理因素的影响,包括对方的态度、与对方以往打交道的经历,以及个人的成见等。

我国曾获得一笔世界银行某国际金融组织贷款用以建造一条二级公路。按理说，这对于我国现有筑路工艺技术和管理水平来说是一件比较简单的事情。然而负责这个项目的某国际金融组织官员却坚持要求中方聘请外国专家参与管理，这就意味着中方要大大增加在这项目上的开支，于是中方表示不能同意。

中方在谈判中向该官员详细介绍了我们的筑路水平，并提供了有关资料，这位官员虽然提不出疑义，但由于以往缺乏对中国的了解，或是受偏见支配，他不愿放弃原来的要求，这时谈判似乎已经陷入了僵局。为此，中方就特地请他去看了我国自行设计建造的几条高水准公路，并由有关专家做了详细的说明和介绍。正所谓百闻不如一见，心存疑虑的国际金融组织官员这才总算彻底信服了。

资料来源：佚名.商务谈判僵局的处理[EB/OL]. 2020-01-08[2020-07-08]. https://wenku.baidu.com/view/68b47e9a905f804d2b160b4e767f5acfa0c78378.html.

分析：由于谈判主要是靠面对面的“讲”和“听”来进行的。即使一方完全听清楚另一方的讲话，予以了正确的理解，而且也能接受这种理解，但并不意味着就能完全把握对方所要表达的思想。孔子说过：“书不尽言，言不尽意。”可见，有时沟通障碍还由于表达者本身的表达能力有限造成。

在不少国际商务谈判中，由于翻译人员介于其中，双方所有的信息在传递过程，都要被多转换一次，这种转换必然要受到翻译人员的语言水平、专业知识、理解能力以及表达能力等因素的影响。依据传播学理论，这些影响因素就构成了对传播过程中的信息起干扰作用的“噪声”。噪声干扰使一方最终接受的信息与另一方最初发出的信息之间形成了一定的差异性，这方面的例子很多，不胜枚举。

信息传递过程中的失真会使谈判双方产生误解而出现争执，并因此使谈判陷入僵局。除了口头传递会导致信息失真以外，对文字材料的不同理解也是双方沟通中产生误解的原因之一，这同涉外谈判中口头翻译的情况相类似。因此，谈判双方对确定何种文本的合同为准，合同条款如何措辞都会非常谨慎，双方都想避免由于对合同的不同理解而造成对自身的不利影响。

尽管人们重视合同的语言问题，但由此产生理解上的差距仍时有发生，因此合同的执行陷入僵局，并使谈判人员重新回到谈判桌前，这些都是由于沟通障碍所造成的。

四、谈判者行为的失误

谈判人员素质始终是谈判能否成功的重要因素，尤其是当双方合作的客观条件良好、共同利益较一致时，谈判人员素质高低往往会起决定作用。除谈判人员因素质本身需对某些谈判风险负责外，事实上，谈判者行为的失误也常常会引起对方的不满，使其产生抵触情绪和强烈的对抗，使谈判陷入僵局。

例如，个别谈判人员工作作风、礼节礼貌、言谈举止、谈判方法等方面出现严重失误，触犯了对方的尊严或利益，就会产生对立情绪，使谈判很难顺利进行下去，造成很难堪的局面。

谈判人员的无知、好自我表现、怕担责任等不仅会给谈判与交易带来风险，而且也是造成谈判僵局的重要原因。

在总体上，有些风险是否产生以及损失大小也在一定程度上取决于谈判人员素质和谈判者在谈判中的表现，如果对这种风险的预知存在严重差异，双方在谈判中对于利益的考虑与划分就会不一致，于是谈判就极易陷入对峙状况。

在深入分析由立场争执、强迫手段、沟通障碍引起的谈判僵局的原因中，我们已经发现谈判人员素质缺陷的因素。除此之外，不适宜地采用隐瞒真相、拖延时间、最后通牒等手段也是导致谈判过程受阻、对方感情受损的经常性原因。

这些手段的失误追根究底大多在于谈判人员素质方面。因此，无论是谈判人员作风方面的，还是知识经验、策略技巧方面的不足或失误都有可能造成谈判僵局乃至败局。这也就是反复强调谈判人员素质重要性的原因所在。

五、双方合理要求的差距

在许多商务谈判中，即使双方都表现出十分友好、坦诚与积极的态度，但是如果双方谈判方案中所确定的成交底线差距太大，对各自利益的预期也有很大差距，而且这种差距很难弥合时，谈判就会陷入僵局。而且这种僵局难以处理，基本都会以谈判失败或破裂而告终。

例如，当你走进一家汽车商店，看见一辆标价 10000 美元的红色敞篷轿车，你情不自禁地想买下来。但你手上只有 8000 美元，并且你最多也只愿付这个数。于是你与店主开始讨价还价，你调用一切手段想证明你非常渴望得到这辆车，并运用各种技巧让店主相信你的出价是合理的。你达到了被理解的目的，可是店主只愿打 5%的折扣，并告诉你这是他的最优惠条件了。

这时谈判已陷入僵局，其实谁也没有过错，从各自角度看，双方坚持的成交条件也是合理的。只要双方都想从这桩交易中获得所期望的好处而不肯做进一步的让步时，那么这桩交易就没希望成功。究其原因，就是双方成交底线差距太大。许多国际商务谈判与此相仿，即使双方都表现出非常配合的态度，但是如果双方预期收益存在巨大差距，那么谈判就会搁浅。当这种差距难以弥合时，那么合作必然走向流产。

当然谈判就此暂停乃至最终破裂都不是绝对的坏事。谈判暂停，可以使双方都有机会重新审慎地回顾各自谈判的出发点，既能维护各自的合理利益又注意挖掘双方的共同利益。如果双方都逐渐认识到弥补现存的差距是值得的，并愿采取相应的措施，包括做出必要的进一步妥协，那么这样的谈判结果也真实地符合谈判原本的目的。即使出现了谈判破裂，也可以避免非理性的合作——这种合作不能同时给双方都带来利益上的满足。有些谈判似乎形成了一胜一负的结局，实际上失败的一方往往会以各种方式来弥补自己的损失，甚至以各种隐蔽方式对付对方，结果导致双方都得不偿失。

所以谈判破裂也并不总是以不欢而散而告终的。双方通过谈判，即使没有成交，但彼此之间加深了了解，增进了信任，并为日后的有效合作打下了良好基础。可以说，在双方条件相距甚远的情况下，一场未达成协议的谈判也可能带来意外收获。只要冷静地、审慎地看待谈判结果，就会发现达成协议并非是谈判的唯一目标，所以，经过长时间的谈判，最终未能谈成不一定就是坏事，有时倒是有意义的好事。

尽管造成谈判僵局的原因很多，但究其原因不外乎上述几种。当我们确切把握一个僵局的症结所在，我们也就如同大夫找到了病因一样，接下去的任务就是要对症下药，开出有效的药方了。在一场商务谈判中，僵局的发生常常是难免的。然而僵局又是为了被打破而存在的，否则任何谈判都有可能是一场徒劳无益的空谈。

第三节　打破谈判中僵局的做法

如果要突破僵局，除了要了解僵局产生的原因之外，还要了解僵局的具体内容和原因，要搞清楚谈判双方是在哪些环节上产生了分歧，是价格问题，还是责任分担问题，抑或是合同条款与国家某些政策规定存在矛盾等。

在这样的基础上，就可进一步来估计目前谈判所面临的形势，我们要了解先前谈判的备忘录，认真检查一下自己曾经做出的哪些许诺和自己可能在哪些问题上存在的不当之处，并进而认真分析对方在这些问题上不愿意让步的原因，困难在什么地方，特别要想方设法找出造成僵局的关键问题，找出对方在谈判中起决定作用的关键人物，然后，要认清自己在谈判中的制约因素，如时间、资金、国家政策规定等，并主动做好与有关方面的疏通工作，寻求理解、帮助与支持，通过内部协调，我们就可对自己的进退方针、分寸做出大致的选择。随之，就要认真研究突破僵局的具体策略，确定整体行动方案。各项准备工作完成，就可实施突破僵局的计划了。

在整个计划的策划过程中，找出关键问题和关键人物是突破僵局的关键。所谓找出关键问题就是指要确切认识造成僵局的关键所在，否则纵有千万条对策，也会如病急乱投医一般，没把病人治好，反把病人给治死了。而要找出关键人物，是因为对方参与谈判的人可能有很多，但真正起举足轻重作用的往往只有一两个人，故因人而异常常可达到事半功倍的效果。

商务谈判总的指导思想应该是“互相了解、互相信任、互惠互利、长期合作”，对于谈判整个过程是如此，对于谈判过程的环节之一——僵局突破而言，所有的策略也应该建立在这个认识基础之上。

一、尽可能运用双方都能接受的客观准则

在某些谈判中，尽管主要方面双方有共同利益，但在一些具体问题上双方存在利益冲突，而又都不肯让步。这种争执对于谈判全局而言可能是无足轻重的，但处理不当，由此成为导火线，就会使整个合作事宜陷入泥潭。

由于谈判双方可能固执己见，因此不找到一项超越双方利益的方案，就难以打破这种僵持。这时，设法建立一项客观的准则——让双方都认为是公平的，既不损害任何一方面子，又易于实行的办事原则、程序作为衡量事物的标准——往往是一种一解百解的枢纽型策略。

比如，兄弟俩为分一个苹果吃而争吵，谁都想得到稍大的那一半。于是父亲出来调停了：“你们都别吵，我有个建议，你们中一个人切苹果，由另一个人先挑，这样分好吗？”父亲提出了一个简单的程序性建议，兄弟俩就马上停止了争吵，而且会变得相互谦让起来。生活中这样的例子在国际政治、经济事务纠葛的实际处理中也屡见不鲜。

二、关注谈判利益而不是死守谈判立场

（一）谈判利益是谈判最高出发点

谈判者是为了自身的利益坐到一起来的，然而在实际谈判中，谈判人员往往把更多的注

意力集中在各自所持的立场上，当双方的立场出现矛盾或对立时，僵局就不可避免了。虽然谈判者的立场是根据自己的认识与判断所做出的，但形成这种立场的关键则是利益。

有趣的是，在双方处于僵持状态时，谈判者似乎并不愿再去考虑双方潜在的利益到底是什么，而是一味地希望通过坚持自己的立场来"赢"得谈判。这种偏离谈判的出发点，错误地把谈判看作是"胜负战"的做法，其结果只会加剧僵局本身。

一家百货公司计划在市郊建立一个购物中心，而选中的土地使用权归大庄村所有。百货公司愿意出价100万元买下使用权，而大庄村却坚持要200万元。经过几轮谈判，百货公司的出价上升到120万元，大庄村的还价降到180万元，双方再也不肯让步了，谈判陷入了僵局。

双方的利益要求都是合理的：大庄村坚持的是维护村民利益的立场，因为农民以土地为本，失去了这片耕地的使用权，他们就没有很多选择，只是想多要一些钱来办一家机械厂，另谋出路，而百货公司站在维护国家利益的立场上，因为百货公司是国有企业，让步到120万元已经多次请示上级后才定下的，他们想在购买土地使用权上省下一些钱，用于扩大商场规模。

然而，冷静地审视双方的利益，则可发现双方对立的立场背后存在着共同利益，失去土地的农民要办一家机械厂谈何容易，而百货公司要扩大商场规模，就要招募一大批售货员，这也是必要考虑的任务。早些将项目谈成，让购物中心快点建起来，依靠购物中心吸纳大量农村劳动力，既可解决农民谋生问题，又可解决补充售货员的困难，成为双方共同的利益所在。于是，僵局就有了的突破点。

双方经过深入的沟通，很快就找到了突破僵局的方案。方案之一，按120万元成交，但商场建成后必须为大庄村每户提供一个就业的名额；方案之二，大庄村以地皮价120万元入股，待购物中心建成后，划出一部分由农民自己经商，以解决生活出路问题。双方的需要全部得到满足，谈判就顺利地突破了僵局，进入两个方案的比较与选择中去，不久协议就很容易地达成了。

分析：商务谈判不可能总是一帆风顺的，双方磕磕碰碰是很正常的事，这时，谁能创造性地提出可供选择的方案，确立相应的立场，谁就掌握了谈判中的主动。而谈判人员经常简单地采用某一方案，而当这种方案不能为双方同时接受时，僵局就会形成。

而这时调整立场保全利益是万全之策。因此不要试图在谈判开始就确定什么是唯一的最佳方案，这往往阻止了许多其他可做选择的方案的产生，也僵化了自己的立场。相反，在谈判准备时期，就能构思彼此有利的更多方案，往往会使谈判如顺水行舟，一旦遇有障碍，只要及时调转船头，即能顺畅无误地到达目的地。

资料来源：佚名. 商务谈判案例集[EB/OL]. 2020-02-26[2020-07-08]. https://wenku.baidu.com/view/6ffefaac4531b90d6c85ec3a87c24028905f85f3.html.

（二）立场可以因利益而改变

在谈判中，在对立立场背后所存在的共同性利益，经常大于冲突性利益，若重新把注意力集中于立场背后的利益，就可能给谈判带来新希望。认识和发现到这一点，就为谈判僵局突破带来了契机。

三、尽可能换位思考，运用角色移位寻找突破方法

所谓角色移位就是要设身处地的从对方角度来观察问题。这是谈判双方实现有效沟通的重要方式。当我们多从对方角度来思考问题，或设法引导对方站到己方的立场思考问题，就能多一些彼此的理解。这对消除误解与分歧，找到更多的共同点，构筑双方都能接受的方案，有积极的推动作用。

在涉外谈判中，常常有谈判陷入僵局的情况，首先谈判者先审视自己所提的条件是不是合理，是不是有利于双方合作关系的长期发展，然后再从对方的角度看看他们所提的条件是不是有道理。如果善于用对方思考问题的方式进行分析，会获得更多突破僵局的思路。

事实上，这种换位思考是很有效的，一方面，可以使自己保持心平气和，可以在谈判中以通情达理的口吻表达我们的观点；另一方面，可以从对方的角度提出解决僵局的方案，这些方案有时确实是对方所忽视的，所以一旦提出，就很容易为对方所接受，使谈判顺利地进行下去。

第二次世界大战后，一些新兴的工业国家迅速崛起，现在中国与这些国家的商务交往也越来越多。在同这些国家的厂商打交道中，中方会发现他们有时会提出一些过分的要求，如要求中方购买他们的非常先进但不太经济的设备，这与中方的要求相距甚远。

当遇到这种谈判僵局时，中方就可以设法引导他们设身处地地从中方的角度多考虑，“我们投在这个项目上的资金是有限的，因为我们国家目前的状况同你们国家在第二次世界大战后的一段时期内的情形是相似的。你们国家当初要发展，也是非常希望获得高投入产出比的。为什么今天我们要把一分钱掰成两半用时，你们就不能理解了呢?”这样的提问容易使对方产生一种认同感，从而把合作条件恢复到合理的水准上来。

四、分析症结所在，抓住要害突破僵局

打蛇打七寸，才能以致命一击；反之，不得要领，乱打一气，却会被蛇紧紧地缠住，结果会消耗更多的时间、精力与体力，甚至赔上自己的性命。把这一思想运用到谈判中来，就是要善于拨开笼罩在关键问题上的迷雾，找出问题症结所在，抓住要害进行突破；否则，无休止地在表面问题上争执，既会伤及双方和气，又会使问题变得更加复杂，如果不小心，还会被对方抓住破绽，使自己陷入极其被动的境地。

案例 10-6

某人驾驶汽车经过一个停车场，突然从停车场内飞驶出来一辆摩托车，由于避让不及，那位摩托车手被撞后弹出很远。警察赶到时，现场没有目击者，责任在谁很难辩明。

恰巧一位力学教授路经此地，他让警察测量了撞车位置与那位摩托车手摔倒的位置之间的距离，询问了摩托车手的体重，而后掏出计算器摁了几下，告诉警察，根据运动物体抛物线轨迹原理，这辆摩托车当时的速度至少在每小时 45 千米以上，而交通规则规定停车场区域的车速不得高于每小时 25 千米。结果，驾驶汽车者不但没有责任，反而从保险公司得到

了1000美元的赔偿。

高速公路上车道相当拥挤,车子一辆接着一辆地行驶着,突然尾随在后面的一辆车超车,结果撞上了前车,发生了意想不到的车祸。不久后,警察赶到了。那位肇事司机向警察喋喋不休解释了半天,最后警察向前车司机询问时,他只对警察讲了一句:"他试图从我右边超车"。听了此话,警察一切都清楚了。前车得到了那位肇事司机的赔偿。在整个过程前车司机只说了一句话,却顶上了对方所说的一大堆话。

资料来源:佚名.商务谈判僵局[EB/OL].2016-08-05[2020-07-08].https://www.docin.com/p-1698698894.html.

分析:这些情况在国际商务谈判中同样适用,在谈判中要善于抓住本质的问题,抓住对方的破绽,这确实是突破僵局的一种策略。问题是能不能抓住要害,这就要靠深刻的分析与犀利的判断,以及果断及时的出击。当然这些并不是天生的,要靠生活的积累及实践。但是,只要注意了这一点,天长日久必有收获。

五、善于利用对方阵营的矛盾消化僵局

一个优秀的谈判者要善于抓住谈判对手阵营中的矛盾,把它作为谈判僵局的突破口。有时僵局倒不是双方协调不够造成的,恰恰是对方自身内部矛盾的结果,此时以子之矛,攻子之盾,就会使对方陷入进退两难的尴尬境地。

利用对方内部的矛盾进行巧妙的谈判与斗争,使对方不得不付出造成谈判僵局的代价。突破僵局的责任要由对方来负担,就会促使对方寻找突破口,这样无形之中,僵局就会被逐步地"消化"掉。

案例10-7

中方曾从F国获得了2000万美元的政府贷款,合同签订后发生了一些国际纠纷,两国的贸易开始下降,贷款协议迟迟不能生效,延误了时间,这给一个获得几百万美元合同的F国公司造成了一些损失。于是该公司就要求将合同价格提高4%,否则就要取消合作生产计划。

这个项目对中方来说相当重要,而该公司又已经将有限的资金,做了各种分配安排。如果答应了这个公司的提价要求,口子一开,其他厂商也会趁机要挟,这样后果不堪设想。形势一下变得非常严峻。

通过冷静分析,中方认为只有将矛盾引向F国内部才能争取在谈判中的主动权。于是中方一方面明确表示不能接受对方要求,另一方面做F国公司的心理工作:"对于贵公司的意外损失,我们深表同情,对于贵公司所提出的价格要求我们表示理解。然而整个过程是贵国政府基于对中国形势的错误估计而做出的错误决策所造成的,由此使我们在贵国的许多合作伙伴蒙受了许多不必要的损失。看来,这个责任只能由贵国政府承担。"这家公司认为我们讲得在理,于是就联合了这个项目的其他厂商一起向本国政府施加影响。

由于成功地转移了对方视线,将矛盾焦点引向对方内部,结果F国政府不得不做出一系列灵活的表示。于是F国的几个公司也都继续如约合作,僵局也就突破了。

资料来源:佚名.商务谈判打破僵局策略[EB/OL].2011-06-30[2020-07-08].http://www.docin.com/p-226707772.html.

第四节　突破僵局的技巧

要突破谈判僵局，就要对僵局的前因后果做周密的研究，然后在分析比较了各种可能的选择之后，才能确定实施某种策略或几种策略的组合。其运用的成功，根本上讲，还是要归结于谈判人员的经验、直觉、应变能力等素质因素。从这一点上讲，僵局突破是谈判的科学性与艺术性结合的产物，在分析、研究及策略的制订上属于科学，而在具体运用上，需要艺术性。

一、利益为先，有效退让

达到谈判目的的途径是多种多样的，谈判结果所体现的利益也是多方面的，有时谈判双方对某一方面的利益分割僵持不下，就轻易地让谈判破裂，这实在是不明智的。他们没有想到，其实只要在某些问题上稍做让步，而在另一些方面就能争取更好的条件。这种辩证的思路是一个成熟的商务谈判者应该具备的。

就拿从国外购买设备的合同谈判来看，有些谈判者常常因价格分歧而不欢而散，至于诸如设备功能、交货时间、运输条件、付款方式等尚未涉及，就匆匆地退出了谈判。事实上，购货一方有时可以考虑接受稍高的价格，然而在购货条件方面，就更有理由向对方提出更多的要求，如增加若干功能，或缩短交货期，或除在规定的年限内提供免费维修外还要保证在更长时间内免费提供易耗品，或分期付款，等等。谈判犹如一个天平，每当我们找到了一个可以妥协之处，就等于找到了一个可以加重自己谈判地位的砝码。

在国际商务谈判中，当谈判陷入僵局时，如果对国内、国际情况有全面了解，对双方的利益所在又把握得恰当准确，那么就应以灵活的方式在某些方面采取退让的策略，去换取另外一些方面的得益，以挽回本来看来已经失败的谈判，达成双方都能接受的合同。不能忘记：坐到谈判桌上来的目的毕竟是为了成功而非失败。因此，当谈判陷入僵局时，我们应有这样的认识，即如果促使合作成功所带来的利益要大于坚守原有立场而让谈判破裂所带来的好处，那么有效退让就是我们应该采取的行动。

二、有理有力，据理力争

谈判陷入僵局，并不只有客客气气地商议、平平和和地谅解才是解决问题的唯一方式。有时对于对方提出的不合理要求，特别是在一些原则问题上所表现的蛮横无理时，要做出明确而又坚决的反应。

案例 10-8

A 国政府曾为上海提供一笔捐款作为某个工业项目的可行性研究的资助，于是中方按照赠款的条件选择 A 国某管理咨询公司为合作伙伴。次年，该公司的专家全部离华，随后又迟迟不返，中方催促了几次也不来。

该公司在离华之前已经做了大量的前期工作，这时非但不派人来继续工作，而且还一再催促中方马上付款，同时请 A 国官员出面通融，结果都被中方拒绝了。中方的答复是：贵国政府基于错误的判断，曾经建议其商人在一段时间内最好不要来华，但不是命令贵公司一直不要来华。事实上,贵国许多公司的专家并没离开,即使离开的也早就回来了。既然现在合同依然有效,双方就应该按合同办事,对于任何违约行为和要求,我们是不可能认同和予以满足的。

但这家管理咨询公司的总经理得到消息后仍声称:"如果你们现在不付款,那么我方公司将永远不再来沪,一切后果由你方负责。"对外方这种无理要求,中方当然不能示弱,于是答复:"贵公司当然有权做这样的选择。但根据合同,你方的专家必须马上来上海,最好明天就来,而且只有来了以后并工作一段时间,确实表现出继续合作的诚意,我方才能付款。"不久对方无可奈何地派了三名专家来沪重新开始工作,并且工作得很努力,过了十天,这家公司负责该项目的副总经理又打电传过来,希望中方付款给该公司,这时中方才按合同的规定付了款。

遇到像这样对方明显理屈的情况,一定要据理力争。任何其他替代性方案都将意味着无原则的妥协,因为这样做只会助纣为虐,增加对方日后的"胃口",对自身来讲,却要承受难以弥补的损害。而同对方展开必要的斗争,让他们自知观点无法成立,就可能使他们清醒地权衡得失,做出相应让步。

资料来源:佚名.商务谈判各阶段的策略[EB/OL].2015-11-11[2020-07-08].http://www.docin.com/p-1353375722.html.

当然,面对对手的无理要求和无理指责,可以采取一些机智的办法对付,往往比鲁莽的正面交锋更有效,同样具有针锋相对的作用,而自己可以留有余地,将对手置于尴尬的境地。

比如,有一次多边国际商务谈判中,某大国的首席谈判代表在发言中非常傲慢,颐指气使,"你们必须……""你们不能……""我奉劝你们……",开口闭口都是教训的口吻,等他发言完毕,轮到我国代表发言时,我国代表不紧不慢地说:"中国有句俗话说,'不要班门弄斧'(Do not try to teach your grandmother to suck eggs.)"。这句中国俗话着实让那位外国谈判代表回味了好久,运用经济有效的手段应该成为谈判者追求的目标。

三、借题发挥,小题大做

借题发挥有时被看作是一种无事生非、有伤感情的做法。然而对于谈判对方某些人的不合作态度或试图恃强欺弱的做法,不用借题发挥的方法做出反击,是很难让他们有所收敛的,相反,还会招致对方变本加厉地进攻,从而使我们在谈判中进一步陷入被动。

事实上,在一些特定的形势下,抓住对方的漏洞,小题大做,会给对方一个措手不及,这对于突破谈判僵局会起到意想不到的效果。如果对方不是故意为难我们,而我方又不便直截了当地提出来,则以此旁敲侧击一下,也可使对方知错就改,主动合作。

借题发挥,这个"题"往往出在谈判对手的漏洞或者自身矛盾上。一个谈判者要善于抓住谈判对手阵营中的矛盾,把它作为谈判僵局的突破口。有时僵局倒不是双方协调不够造成的,恰恰是对方自身内部矛盾的结果,此时以子之矛,攻子之盾,就会使对方陷入进退两难的尴尬境地。

利用对方内部的矛盾进行巧妙的谈判与斗争,使对方不得不付出造成谈判僵局的代价。突破僵局的责任要由对方来负责,就会促使对方寻找突破口,这样无形之中,僵局就会被逐步地"消化"掉。

四、延请斡旋，借力打力

在国际政治事务中，特别是国家间、地区间冲突中，由第三者出面作为中间人进行斡旋，往往会获得意想不到的效果。能充分说明这一事实的例子，便是巴勒斯坦与以色列在国际社会的调停下，终于达成了和平协议，使中东的紧张局势得到了缓解。

国际商务谈判也完全可以运用这一方法来帮助双方有效地消除谈判中的分歧，特别是当谈判双方进入立场严重对峙、谁也不愿让步的状态时，找到一位中间人来帮助调解，有时能很快使双方立场出现松动。当谈判双方严重对峙而陷入僵局时，双方信息沟通就会发生严重障碍，互不信任，互相存在偏见甚至敌意，此时由第三者出面斡旋可以为双方保全面子，使双方感到公平，信息交流可以变得畅通起来。

中间人在充分听取各方解释、申辩的基础上，能很快找到双方冲突的焦点，分析其背后所隐含的利益分歧，据此寻求弥合这种分歧的途径。谈判双方之所以自己不能这样做，主要还是"不识庐山真面目，只缘身在此山中"。与国际政治事务冲突不同，国际商务谈判中的中间人主要是由谈判者自己挑选的。无论是哪一方，它所确定的斡旋者应该是被对方所熟识，被对方所接受的，否则就很难发挥其应有作用。因此这就成了谈判一方为打破僵局而主动采取的措施。

在选择中间人时不仅要考虑其能体现公正性，而且还要考虑其是否具有权威性。这种权威性是使对方逐步受中间人影响，最终转变强硬立场的重要力量，而主动运用借助中间人策略的谈判者就是希望通过中间人的作用，将自己的意志转化为中间人的意志来达到这一目的。

在实际谈判中，这种充当力量传递媒介的中间人可以是独立于谈判双方的第三者，也可以是与双方都有利益者，甚至选择一位对方集团中对对方谈判人员有实际影响力的关键人物作为突破口，借以劝服对方撤走设置在谈判桌上的防线，往往也是一种非常有效而又简捷明快的做法。

五、改弦更张，临阵换将

临阵换将是谈判中用来打破僵局的一种常用做法。如果僵局是由谈判人员失职或素质欠缺造成的，如随便许诺、随意践约、好表现自己、对专业问题缺乏认识等，这时不调换这些人就不能维护自身利益，不调换他们就不能打破僵局，甚至有可能损害与对方的友好合作。

然而有时在谈判陷入僵局时调换谈判人员倒并非出于他们的失职，而可以是一种自我否定的策略，用调换人员来表示：以前我方提出的某些条件不能作数，原来谈判人员的主张欠妥，因而在这种情况下调换人员也常蕴含了向谈判对方致歉的意思。

临阵换将，把己方对僵局的责任归咎于原来的谈判人员——不管他们是否确实应该担负这种责任，还是莫名地充当了替罪羊的角色——这种策略为自己主动回到谈判桌前找到了一个借口，缓和了谈判场上对峙的气氛。

不仅如此，这种策略还含有准备与对手握手言和的暗示，成为我方调整、改变谈判条件的一种标志，同时这也向对方发出新的邀请信号，我方已做好了妥协、退让的准备。

对方是否也能做出相应的灵活表示呢？谈判双方通过谈判暂停期间的冷静思考，若发现双方合作的潜在利益要远大于既有的立场差距，那么调换人员就成了不损体面、重新谈判的有效策略,而且在新的谈判氛围中,在经历了一场暴风雨后的平静中,双方都会更积极、更迅速地找到一致点,消除分歧,甚至做出必要的、灵活的妥协,僵局由此而可能得到突破。

但是,这种策略必须注意两点:第一,换人要向对方做婉转的说明,使对方能够予以理解;第二,不要随便换人,即使出于迫不得已而换人,事后也要做好被撤换的谈判人员的思想工作,不要挫伤他们的积极性。

六、破釜沉舟,背水一战

破釜沉舟、背水一战,是一种有风险的策略。它是指在谈判陷入僵局时有意将合作条件绝对化,并把它放到谈判桌上,明确地表明自己无退路,希望对方能够让步,否则情愿接受谈判破裂的结局。这样做的前提是双方利益要求的差距不超过合理限度,则对方有可能忍痛割舍部分期望利益、委曲求全。反之,如果双方利益的差距实在太大,是对方单方面的努力与让步所无法弥补时,谈判也只能就此收场了。

在一次引进设备的谈判中,中方选择了两家外商,A 公司和 B 公司作为可能的合作伙伴。中方根据两家公司报来的资料与价格,同两家公司分别做了初步接触,发现 A 公司名气较响,设备质量也较好,且报价也较高,达 630 万美元;B 公司虽名气不及 A 公司,但设备质量毫不逊色,功能却要多些,报价稍便宜,为 580 万美元。根据各方面情况的综合考虑,中方决定把 B 公司的设备作为首选对象。

然而,这个价格仍然偏高,谈判的关键是要它降价。于是中方邀请 B 公司派代表来华洽谈,通过几轮谈判,B 公司几次降价,最后报出价格为 520 万美元,并声明再降 1 美元,它就不干了。

然而,事实上据中方得到的情报,按照这个价格 B 公司可获得可观的利润,因此这个价格似乎仍高了些。因此在与 B 公司谈判的同时,中方也保持着与 A 公司的联系,这显然对 B 公司造成了一些压力。这时,我们就对 B 公司采用了破釜沉舟的计策。

中方坦率地告诉 B 公司谈判代表:虽然贵公司做了很大让步,但中方在该项目上最高价格是 500 万美元,超过这一限度,要单独向上级申请,能否批准并不确定,希望贵公司再做一次最后的报价,否则虽然非常希望购买贵公司的设备,但看来也只能另择伙伴了。B 公司谈判代表虽然不太满意,但眼看就要到手的合同有可能无果,只得再紧急与公司本部磋商,最后终于以 497 万美元同中方达成购买设备协议。

当然,这一策略不是轻易随便采用的。当谈判陷入僵局而又实在无计可施时,这往往是最后一个可供选择的策略。选择这种策略时,我们要做好最坏的准备,否则遇到对方应激过度,退出谈判会让自己手足无措。特别是盲目滥用这一做法,只会吓退所有的合作者,结果搞得竹篮打水一场空。

另外,如果僵局就此突破,我们就要表达感谢、兑现承诺,与对方签订协议,并在日后的执行中,充分合作,保证履约。切忌用 A 来压 B,因为搞得不好,两家公司联合起来对付我们,我们就会非常被动。在整个过程中,我们应该严格地遵守商业信用和道德,不能随意承诺。一旦承诺就要兑现,要注意货比三家与轮番压价绝对不是一回事。

僵局突破还有许多策略,在此不可能一一列举,然而需要强调的是,在具体谈判中,采用何种策略应该由谈判人员根据当时当地的谈判背景与形势来决定。一种策略可以有效地运用于不同的谈判僵局之中,但一种策略在某次僵局突破中运用成功,并不一定就适用于其他同样起因、同种形式的谈判僵局。只要僵局构成因素稍有差异，包括谈判人员的组成不同，各种策略的使用效果都有可能是迥然不同的。

课后案例

失败的教训

中海油某公司欲从澳大利亚某研发公司（以下简称C公司）引进“地层测试仪”，双方就该技术交易在2000年至2002年举行了多次谈判。地层测试仪是石油勘探开发领域的一项核心技术，掌控在国外少数几个石油巨头公司手中，如斯伦贝谢、哈利伯顿等。

他们对中国实行严格的技术封锁，不出售技术和设备，只提供服务，以此来占领中国广阔的市场，赚取高额垄断利润。澳大利亚C公司因缺乏后续研究和开发资金，曾在2000年之前主动带着他们独立开发的、处于国际领先水平的该设备来中国寻求合作者，并先后在中国的渤海和南海进行现场作业，效果很好。

中方于2000年年初到澳方C公司进行全面考察，对该公司的技术设备很满意，并就技术引进事宜进行正式谈判。考虑到这项技术的重要性以及公司未来发展的需要，中方谈判的目标是出高价买断该技术。但C公司坚持只给中方技术使用权，允许中方制造该设备，但是技术专利掌控在自己手中。

他们不同意将公司赖以生存的核心技术卖掉，委身变成中方的海外子公司或研发机构。双方巨大的原则立场分歧使谈判在一开始就陷入僵局。

中方向C公司表明了立场之后，对谈判进行“冷处理”，回国等待。迫于资金短缺的巨大压力，C公司无法拖延谈判时间，在2000年至2002年，就交易条件多次找中方磋商，试图打破僵局。由于种种原因，中澳双方最终没能达成协议，谈判以失败告终。而中海油科技工作者走出了一条自力更生的技术创新之路。

资料来源：佚名. 商务谈判僵局的处理[EB/OL]. 2020-10-06[2020-11-08]. https://wenku.baidu.com/view/74284cad3a3567ec102de2bd960590c69fc3d805.

讨论：

(1) 分析本次谈判僵局的成因。

(2) 中方面对僵局曾经做过哪些努力？

(3) 如果你是中方谈判成员，还有哪些可以尝试的打破僵局的方法？

课后作业

一、单项选择题

1. 最容易出现谈判僵局的时期是（　　）。

   A. 谈判初期　　B. 谈判中期　　C. 谈判后期　　D. 合同签订后

2. 最可能带来僵局无法解决的原因可能是（　　）。

   A. 立场观点的争执　　B. 信息沟通的障碍

   C. 谈判者行为的失误　　D. 双方合理要求的差距

3. 突破僵局的策略中风险最大的是（　　）。

A. 有理有力、据理力争　　　　　　　　B. 借题发挥、小题大做
C. 改弦易张、临阵换将　　　　　　　　D. 破釜沉舟、背水一战

二、多项选择题

1. 谈判中沟通障碍产生的原因包括(　　)。
A. 文化背景差异　B. 信息理解差异　C. 心理背景差异　D. 地理环境差异
2. 谈判利益和谈判立场的关系是(　　)。
A. 谈判利益决定谈判立场　　　　　　B. 谈判立场决定谈判利益
C. 谈判立场可以随谈判利益调整　　　D. 为了谈判利益必须死守谈判立场
3. 改弦易张、临阵换将表达了什么样的谈判意图(　　)。
A. 向谈判对方道歉　　　　　　　　　B. 暗示己方的谈判条件可以调整
C. 己方对对方的强烈不满　　　　　　D. 对对方发出新的邀请信号

三、简答题

1. 谈判中的僵局产生的原因有哪些?
2. 谈判利益和谈判立场的关系是什么?
3. 僵局的突破技巧有哪些?

实践课堂

中外合资某公司拟请澳大利亚著名设计师为公司的××大厦设计一套方案。公司全权代表向著名设计师介绍了大厦现状,并将准备好的资料,如施工现场照片、图纸、国内有关单位的原设计方案、修正资料提供给该设计师一行。

该设计师在我国注册了一家甲级建筑设计公司,希望自此开拓中国大陆的建筑设计市场,因此对这个项目很感兴趣。但是设计方报价 40 万元,使得公司全权代表感觉难以接受。

设计方称,设计方在上海的设计费用按面积收费,以××大厦 250 万平方米的面积,折合人民币至少要 130 万元人民币的价格,40 万元是优惠了的。而公司全权代表还价“20 万元”,设计方很吃惊。

公司全权代表解释道:“公司总经理授权我们 10 万元左右的签约权限,我们出价 20 万元,已经超过我们的权利范围……如果再增加,必须请示正在内地的总经理。”双方僵持不下,谈判暂时结束。

第二天,双方重新又回到谈判桌前,至此设计方同意主动降价,由 40 万元降为 35 万元,在公司再次要求后,降到 30 万元。内地代表分析对方舍不得丢掉这次合作的机会,仍然坚持出价 20 万元。这一回,设计方代表收拾用具根本不说话,准备退场。眼看谈判陷入僵局。

问题:僵局如何打破?

要求:

(1) 组织甲乙两个谈判小组,模拟谈判双方,第一轮,甲组模拟内地公司谈判代表,乙组模拟设计方代表,由甲组打破僵局,完成谈判。第二轮,两组角色互换,由乙组模拟内地公司谈判代表,打破僵局。完成谈判。(两组谈判中尽可能用不同的技巧和手法来突破僵局。)

(2) 模拟完成后,分析讨论此次僵局产生的原因,以及如何避免。

第十一章　商务谈判风险的规避

【学习目标】

(1) 了解商务谈判风险的类型。

(2) 理解商务风险产生的原因以及如何控制风险。

(3) 掌握规避商务风险的手段。

◆ 引导案例

中英经贸谈判及合作风险与对策

进入21世纪以来,中英两国经贸关系持续升温,双边贸易稳步增长,投资持续深化。当前,中国已经成为英国的第三大进口商品来源地、第五大出口商品目的地。同时,中英双边服务贸易保持良好发展势头,在运输、旅游、金融、计算机及信息服务、医疗等领域拥有巨大的贸易潜力。此外,中英双向投资规模不断扩大,英国是中国在欧洲的重要投资目的地和资金来源地。

目前中英经贸关系面临多重考验。首先,产业链复工复产不同步,关键产业链"断裂"风险增大。中英产业链上不同企业复工复产的时间不一致,导致物资生产需求时间错位,运输设备、机电产品、重型装备、消费品(服装、玩具、家具等)等产业链断裂风险增大。其次,双边货物进出口减少,货物贸易面临挑战。中英双方采取不同程度的管制措施,关闭边境非必要的交通要道,贸易限制措施增多,中英贸易压力重重。再次,跨境流动受阻,服务贸易受损严重。由于中英之间的航班往来大幅缩减,以商务、旅游以及留学为目的的人员跨境流动受限,旅游服务贸易和运输服务贸易骤减。最后,企业对外投资风险增大,双边投资活动放缓。企业的人员流动、市场调研、商务谈判、项目招投标等活动将被迫暂时停止,投资项目难以顺利推进,双边投资遭遇冲击。

为了减少两国经贸合作的风险,中英两国应采取以下措施。

(1) 尽快启动中英FTA谈判,防止中英产业链"断裂"。双方就货物贸易零关税等条款进行磋商,积极推动两国企业在金融、创新、通信、新能源等领域取得新的合作成果,争取更大发展空间。

(2) 建立中英产业链联防机制,确保关键产业链稳定。利用数字化手段建立开放、高效、网络化的产业链共享平台,以实现产业链企业数据共享,提高中英产业链韧性和抗风险能力,深化各环节的无缝对接。

(3) 充分利用境外经贸合作区,推动中英双边投资。积极推动中国在英境外经贸合作区的建立,完善合作区产业链条,构建互补性产业集群,落实涉企税费减免政策,成立合作区开发资金池,切实减轻企业运营资金负担,为中英经贸合作奠定良好基础。

(4) 扩大在英人民币债券发行规模,深化中英金融合作。中国应扩大在英人民币债券发行规模,推动人民币计价债券成为苏格兰银行合格质押品,继续推进"沪伦通",即上海证券交易所与伦敦证券交易所互联互通的机制。丰富境外人民币持有者的投资工具与风控手段,推动我国企业与境外资本市场对接。

(5) 扩大中英医疗贸易投资,加强双方医疗合作。加强双边医疗贸易投资,减免医疗产品的进出口关税,鼓励中英两国在生物医药和医药科技等领域的投资,消除国外市场对中药的疑虑,扩大对英国的医药产品出口。

(6) 增开义乌—伦敦等中欧班列,保障中英物流通道顺畅。充分发挥中欧班列作为跨境货物运输的"生命线"作用,必要时考虑增开厦门—伦敦等中欧班列,助力中英产业链、供应链稳定。

(7) 推动中英人工智能合作,实现双方优势互补。中英双方可采取项目联合攻关,共建研发机构以及组建产业技术创新联盟等多种方式加强人工智能合作,共同推动智能服务机器人、大数据分析系统和智能识别产品的应用。

资料来源:刘斌,王晓娜,戴臻.疫情冲击下,中英经贸需随机应变[EB/OL].2020-05-14[2020-07-08].http://www.chinatradenews.com.cn/epaper/content/2020-05/14/content_65942.htm?from=singlemessage.

启示:中英两国政府致力于推进中英伙伴关系的意愿没有改变,中英优势互补、合作共赢的格局没有改变,两国各界支持中英合作的主流民意没有改变,中英共同维护自由贸易、构建开放型世界经济的立场也没有改变。中英在政策协调、经验交流、疫苗研发、物资支持、国际协作等方面开展了良好合作,为中英关系增添了新内涵。从长远看,我们应该对未来的中英经贸合作保持信心。

第一节 商务谈判的风险分类

当今国际市场风云莫测,瞬息万变,影响商务活动盈亏的因素十分广泛、复杂,有时一个细微的变化也可能造成钱财的大进大出。因此在国际经济合作中,我们首先要明确:在商务交往中,风险是难以避免的。有风险不一定是坏事,风险大,往往意味着一旦成功,报酬会较大,同时,我们也要量力而行,不冒不必要的风险。就具体项目而言,则应寻求增加有相对稳定收益的机会,减小未来各种损失的可能。

一、风险的概念与特征

(一) 风险的概念

通俗地讲,风险就是发生不幸事件的概率。换句话说,风险是指一个事件产生我们所不希望的后果的可能性,某一特定危险情况发生的可能性和后果的组合。从广义上讲,只要某一事件的发生存在着两种或两种以上的可能性,那么就认为该事件存在着风险。而在商务活动实务中,风险仅指损失的不确定性。这种不确定性包括发生与否的不确定、发生时间的不确定和导致结果的不确定。

"风险"一词的由来,最为普遍的一种说法是,在远古时期,以打鱼捕捞为生的渔民们,每次出海前都要祈祷,祈求神灵保佑自己能够平安归来,其中主要的祈祷内容就是让神灵保佑自己在出海时能够风平浪静、满载而归。他们在长期的捕捞实践中,深刻体会到"风"给他们带来的无法预测无法确定的危险，他们认识到，在出海捕捞打鱼的生活中，“风”即意味着“险”，因此有了“风险”一词的由来。

而另一种据说经过多位学者论证的“风险”一词的“源出说”称，风险（risk）一词是舶来品，有人认为来源于阿拉伯语，有人认为来源于西班牙语或拉丁语，但比较权威的说法是来源于意大利语的“risque”一词。在早期的运用中，也是被理解为客观的危险，体现为自然现象或者航海遇到礁石、风暴等事件。大约到了 19 世纪，在英文的使用中，风险一词常常用法文拼写，主要是用于与保险有关的事情上。

现代意义上的风险一词，已经大大超越了“遇到危险”的狭义含义，而是“遇到破坏或损失的机会或危险”，可以说，经过两百多年的演义，风险一词越来越被概念化，并随着人类活动的复杂性和深刻性而逐步深化，并被赋予了从哲学、经济学、社会学、统计学甚至文化艺术领域的更广泛更深层次的含义，且与人类的决策和行为后果联系越来越紧密，风险一词也成为人们生活中出现频率很高的词汇。

无论如何定义风险一词的由来，但其基本的核心含义是“未来结果的不确定性或损失”，也有人进一步定义为“个人和群体在未来遇到伤害的可能性以及对这种可能性的判断与认知”。如果采取适当的措施使破坏或损失的概率不会出现，或者说凭借智慧的认知，理性的判断，采取及时而有效的防范措施，那么风险可能带来机会，由此进一步延伸的意义，不仅规避了风险，可能还会带来比例不等的收益，有时风险越大，回报越高、机会越大。

（二）风险的特征

风险具有以下 7 个主要特征。

1. 风险存在的客观性

风险是客观存在的，是不以人的意志为转移的。风险的客观性是风险产生和发展的自然基础。人们只能在一定的范围内改变风险形成和发展的条件，降低风险事故发生的概率，减少损失程度，而不能彻底消除风险。

2. 风险的损失性

风险发生后必然会给人们造成某种损失，然而对于损失的发生，人们却无法预料和确定。人们只能在认识和了解风险的基础上严防风险的发生和减少风险所造成的损失，损失是风险的必然结果。

3. 风险损失发生的不确定性

风险是客观的、普遍的，但就某一具体风险损失而言，其发生是不确定的，是一种随机现象。例如，火灾的发生是客观存在的风险事故，但是就某一次具体火灾的发生而言是不确定的，也是不可预知的，需要人们加强防范和提高防火意识。

4. 风险存在的普遍性

风险在人们生产生活中无处不在、无时不有，并威胁着人类的生命和财产的安全，如地震灾害、洪水、火灾、意外事故的发生等。随着人类社会的不断前进和发展，人类将面临更多新的风险，风险事故造成的损失也可能越来越大。

5. 风险的社会性

没有人和人类社会，就谈不上风险。风险与人类社会的利益密切相关，时刻关系着人类的生存与发展，具有社会性。随着风险的发生，人们在日常经济和生活中将遭受经济上的损失或身体上的伤害，企业将面临生产经营和财务上的损失。

6. 风险发生的可测性

单一风险的发生虽然具有不确定性,但对总体风险而言,风险事故的发生是可测的,即运用概率论和大数法则是可以对总体风险事故的发生进行统计分析的,以研究风险的规律性。

7. 风险的可变性

世间万物都处于运动、变化之中,风险也是如此。风险的变化,有量的增减,有质的改变,还有旧风险的消失和新风险的产生。风险因素的变化主要是由科技进步、经济体制与结构的转变、政治与社会结构的改变等方面的变化引起的。

二、商务风险的种类

国际商务活动就其活动范围、活动内容而言,要远比仅限于一国的商务活动来得广泛和复杂,由此带来的额外风险也增多了,这个问题从谈判开始就应予以重视。给国际商务活动带来损益变化的,不仅有其环境因素,也有谈判过程中的各种具体环节的问题,如国家政策、地区战争、贸易摩擦、自然灾害等,这些谈判人员所无法控制的风险因素既难以预测,也较难应对,谈判人员往往只能做出被动的滞后反应,我们可称为谈判中的非人员风险。

挑选合作对象不慎、对专业问题无知、不合理的合作条件等问题往往是谈判人员可预先了解并能控制的问题,并完全可以将风险消除在萌芽状态,因此我们可以称为谈判中的人员风险。

将国际商务谈判中的风险分为人员风险和非人员风险两大类是为了进一步探究这些风险的原因、特征、具体内容和可能造成的损害,以此为找出相应对策提供条件。具体来看,非人员风险主要有政治风险、市场风险、自然风险等,人员风险主要有技术风险、素质风险等。

(一) 非人员风险

1. 政治风险

尽管对政治风险的理解存在一定程度的差异,但一般人们认为政治风险是指一个国家的政治决策或事件(战争、恐怖活动等)使该国的经营环境发生超过某种程度的变化的可能性,以致投资者将损失金钱或在投资时达不到收益预期。

国际商务谈判中,政治风险是指由于政治局势的变化或国际冲突给有关商务活动的参与者带来可能的危害和损失,另外,由于商务合作上的不当和误会给国家间的政治关系蒙上阴影。如战后一些发展中国家先后实行国有化政策,一夜之间外来资本被剥夺,至今这一做法仍使不少发达国家在考虑向发展中国家进行投资时顾虑重重。其次,政治风险也包括由于商务合作上的不当或者误会给国家间的政治关系蒙上阴影。

2011 年 2 月,利比亚政局出现动荡,13 家央企在利比亚的项目全部暂停,工地、营地遭到袭击抢劫,直接经济损失达 15 亿元人民币。其中,中材国际、中国建筑、中国铁建等五大中资企业都蒙受了巨大损失,其他数十家在利实施工程建设项目的中国企业也未能幸免,除了固定资产的损失外,还包括了承包工程垫付款等方面的损失。据事后不完全统计,利比亚战乱导致在该国从事工程建设的中资企业的损失高达188亿美元，涉及合同工程55个。

资料来源：利比亚动荡中资公司损失惨重，浙江33亿项目搁浅[EB/OL]. 2011-03-24[2020-07-08]. http://news.sohu.com/20110324/n279971481.shtml.

分析：对于国内企业来说，承接海外工程时，不能只想着赚钱而不考虑政治风险。近年来，国际政治经济形势日趋复杂多变，给海外工程项目带来了巨大的风险。因此，在承接国际工程前，国内企业首先要对所在国和地区的政治、经济等进行认真的分析与充分的评估，对未来政治和战争发生概率比较高的，应尽量予以回避或减少投资，因为政治动乱或战争一旦发生，结果是难以预料和令人失望的，如政局及战局的不确定会导致项目现场设备、材料的保全情况及后续进展的不确定性。

政治风险分类标准较多，但通常按具体表现形式划分为财产剥夺与限制性经济政策两大类。

(1) 财产剥夺是商务活动中面临的政治风险中最常见的，也是最激烈的一种表现形式。分为国有化、征收和没收三种方式。

① 国有化是指一个主权国家依据其本国法律将原属于跨国公司所有财产的全部或部分采取征用或类似的措施，使其转移到本国政府手中的强制性行为。

② 征收则是一种有补偿地剥夺跨国公司的财产与控制权的方式。但是，一般而言，政府提供的补偿并不足以弥补跨国公司的损失。

③ 没收则是政府通过强制性手段实现跨国公司财产的无偿转移，是最为严厉的剥夺行为。征收或没收的方式获得的跨国公司财产可以收归国有，也可以转由本国公民所有。其涉及的范围也不一定波及整个行业，可以是针对个别企业的行动。

(2) 限制性经济政策比财产剥夺灵活与缓和得多，虽然它允许外国公司保全自己的财产，但对外国公司的经营活动设置了多种障碍，是目前跨国公司的政治风险的主要内容。

① 关税、非关税壁垒。对从事对外直接投资的跨国公司来说，关税、非关税壁垒均会对生产、经营活动产生直接影响。对于纵向一体化的跨国公司，关税、非关税壁垒会影响生产原料的进口和最终产品的出口。对于横向一体化跨国公司，则会影响中间产品或产成品的流动。

② 外汇管制包括禁止汇兑与多重汇率两种形式。东道国禁止汇兑，使得资金流转困难，利润难以汇回。多重汇率则对不同的商品采用不同的汇率，不同程度地加大了跨国公司进口原料的成本。

③ 税收政策。东道国往往出于限制跨国公司的对外直接投资的目的，提高子公司税率，从而减少跨国公司的利润，削弱跨国公司价格优势与市场竞争力。

④ 价格管制就是政府对跨国公司商品的价格涨幅进行控制，甚至不允许上涨的行为。这剥夺了跨国公司利用提高价格来减少与通货膨胀、生产要素成本上升等因素相关的利润损失的权力，从而加大了跨国公司利润损失的可能性。

⑤ 劳工方面的限制。有的东道国直接干涉跨国公司雇佣本土劳工，禁止跨国公司解雇本土劳工，要求跨国公司与本土劳工一起分享利润。这些都严重影响跨国公司的经营活动。

由此可见，政治因素确实与商务活动有着千丝万缕的联系，而且这种联系决定了政治风险的客观存在，一旦造成不良后果，往往难以挽回消极影响，损失亦难以弥补。因此，提高预见和防范政治风险的能力是开展国际商务合作的重要问题。

此外，随着中国企业实施“走出去”发展战略，在与有些东道国进行经济合作、商务谈判等商务活动时,需要十分警惕交往中蕴含的政治风险。

首先是政局稳定性风险,即东道国内部不同利益冲突所引发的政局动荡、民族与宗教冲突和内乱等使外国投资企业或其财产遭受重大损失。

其次是腐败。尽管全世界各国都在倡导创建高效清廉的政府,但是在很多国家,腐败现象依然存在,尤其在政府权力管理部门。东道国官员腐败行为的存在为投资者进行交易平添成本,使投资者无法按照国际惯例市场规则进行交易谈判,因此在与一些国家交往谈判时要考虑到这一风险的存在。

最后是法律制度。法律制度是一个广泛的概念,其中包含了法治、监管力度、企业经营活动合同的法律实施等方面。

例如,进入20世纪90年代,随着石油消费量剧增,中国变成了对外依存度不断攀升的石油进口国。中国的石油公司也都实施了"走出去"战略。在世界许多国家和地区进行国际石油合作投资,以保障国家的石油安全。在这个阶段,不可避免地遇到了大量的政治风险威胁,在遭受了许多资产甚至人员安全的损失之后,不断吸取经验教训,政治风险意识从空白状态逐渐得到建立和强化,近年来已形成了较为完备的政治风险防范与化解机制。

2. 市场风险

国际商务合作只有以国际市场为背景而不是仅以某一国家国内市场为依据,才能保证其公平性和合理性。然而国际市场上的各种因素朝夕变动,这就不可避免地给市场参与者带来各种损益的可能性,其风险主要有汇率风险、利率风险和价格风险。

(1) 汇率风险是指在较长的付款期中,由于汇率变动而造成结汇损失的风险。

在国际货币市场上,相对各种货币之间汇率的涨落天天发生。然而当这种涨落十分微小而货币交易量又不大时,对于交易双方来说其损益状况可能都是微不足道的。当这种涨落在一段时期内变得十分明显,且又涉及巨额货币交易量时,其结果只会让一方欢欣不已、另一方则痛心疾首。上海某商用大楼项目借日元还美元结果损失巨大就是非常典型的一例。这样的例子对于缺乏汇率风险意识的发展中国家来讲,不胜枚举。

案例 11-2

陆小姐在北京一家规模较大的管弦乐器进口公司负责报关。她所在的公司每年从欧洲进口各类提琴和号,再卖给国内的乐团。对于欧元的大幅贬值,陆小姐有着直观感受:"欧元跌得实在太厉害,去年3月我做表时还是1欧元兑8点多元人民币呢,今年竟然跌到6点多了。"

她所在的公司经营高档手工提琴,她预计公司今年因为汇率差价能发笔小财。"一把意大利纯手工云杉木小提琴的进价是5000欧元,加上关税、增值税、运费等成本,我们的成本价大概在7000欧元,国内售价人民币8万元左右一把。手工小提琴的制作周期通常是一年,由于我们公司是大买主,供应商同意先交货后付款。进价和售价在签合同时就谈好了。欧元贬值,国内售价不变,这样我们差不多能多赚15%。要早知道就多买几把囤货了。"

陆小姐谈道,精明的意大利工匠现在已经不用欧元,而改用美元标价了。"美元对人民币一直在升值,现在看来合作方的标价还能接受。如果它涨价,我们就考虑从德国采购了。"

资料来源:千帆. 汇率上蹿下跳商户左右为难[EB/OL]. 2015-03-17[2020-07-08]. https://finance.huanqiu.com/article/9CaKrnJIU2c.

分析：中国企业普遍缺乏外汇风险管理机制，面对人民币汇率双向波动的新常态，企业更应该强化汇率风险管理意识，制定一套系统、有效的汇率风险管理策略。面对有升有贬的汇率行情，企业判断人民币汇率趋势的难度增大，要做好汇率双向波动的各种准备。

(2) 利率风险，利率是金融市场的杠杆，利率的变动制约着资金的供给与需求的方向和数量。由于国际货币基金组织、世界银行及各国政府提供的贷款一般具有还款期限长，固定利率低的特点，因此，这种含有捐助性质的贷款一般不存在利率风险。利率风险主要是指国际金融市场上由于各种商业贷款利率的变动而可能给当事人带来损益的风险。

若贷款以固定利率计息，则同种贷款利率升高或降低就会使放款人损失或得益、受款人得益或损失。这种利率风险对于借贷双方都是同时存在并反向作用的。自 20 世纪 70 年代以来，由于各国受日趋严重的通货膨胀的影响，国际金融市场利率波动的幅度较大，金融机构很少贷出利率固定的长期贷款，因为放出长期贷款需要有相应的资金来源做支持，由于资金来源主要是短期贷款，短期贷款利率接近于市场利率，因此在通货膨胀的情况下，借入短期贷款而放出长期贷款的机构显然要承受风险损失。

为了避免这种损失，在国际信贷业务中逐渐形成在长期贷款中按不同的利率计息，主要有变动利率、浮动利率与期货利率，这些利率都有按照金融市场行情变化而变化的特点。因此在通货膨胀的情况下，放出贷款的机构可由此得以降低损失。

但对于因开展国际商务活动而需筹措资金者，就应根据具体情况采取相应办法。如果筹资时市场利率估计已达顶峰，有回跌趋势，则以先借短期贷款或以浮动利率借入长期贷款为宜，这样在利率回跌时就可再更新短期借款。如果筹资时市场利率较低，并有回升的趋势，则应争取设法借入固定利率的长期借款。

由于对国际金融市场行情观察角度不一，认识深度不一，对行情趋势分析也会不同，因此利用国际商业贷款从事商务活动，其承担的利率风险是不可避免的。

(3) 价格风险在这里是做狭义理解，它撇开了作为外汇价格的汇率和作为资金价格的利率的风险问题，而且，它主要是对于投资规模较大、延续时间较长的项目而言的。例如，大型工程所需要的有些设备往往要在项目建设后期提供，由此，在项目建设初期，甚至在合同谈判阶段就把这些设备的价格确定下来并予以固定，这是具有风险的，因为许多情况是要发生变化的。

影响工程设备远期价格的因素很多，主要有以下四个方面。

① 原材料价格，一般而言，钢材、有色金属、木材等价格随时间推移总是要上升的。

② 工资也是一项不断增长的费用。

③ 汇率、利率风险。

④ 国内外其他政治经济情况的变动，如地区冲突、石油禁运等。

因此，在合同标的金额较大、建设周期较长的情况下，若硬性要求外商以固定价格形式报价，就会使外商片面夸大那些不确定因素，并把它全部转移到固定价格中，使固定价格最终偏高，构成一种风险。

一般而言，价格形式除了固定价格以外，还有浮动价格和期货价格。期货价格既有避险的动因，也有投机的动因，然而无论是何者，都表明了其隐含的风险性。当我们对国际期货市场买卖尚缺乏经验时，采用浮动价格形式不失为一种积极的、稳妥的方法。

采用浮动价格形式，虽然不能同时避免汇率风险、利率风险，但至少可以在决定原材料、工资等方面的时更具客观性、公平性与合理性。由此,在一些大型涉外项目合作中,对于那些需要外商在项目建设开始后五年、七年才提供的有关设备,就可采用浮动价格形式,这样可以避免外商夸大原材料价格、工资等上涨因素,相对节约了项目投资。

国际商务往来中,价格风险不仅存在于硬件价格中,而且也存在于软件价格中。长期以来,我们对软件方面的投资不够重视,其实一定的软件投资对于发展中国家来说不仅重要,而且必要。然而计算合理的软件价格是一件十分困难的事。

虽然理论上可将对机会成本、市场占有率等因素的分析作为计算依据,但是受市场供求关系的影响,确定软件价格的弹性很大,因此,我们可以充分利用国外著名的管理咨询公司、专利事务所、律师事务所、会计师事务所等,通过他们的帮助来确定软件价格。

综上所述,市场供求的起伏波动决定着国际市场中外汇、资金、生产资料和劳务的价格变动,其中风险时时处处存在。值得注意的是,汇率、利率、价格的变动往往不是单一的,它们既可能归之于某一种共同因素的影响,又可能在它们之间构成互为因果的作用。所以汇率风险、利率风险、价格风险常常是错综复杂,交织在一起的。

(二)人员性风险

1. 技术风险

谈判中所要考虑的各类技术问题十分广泛,不仅有项目的技术工艺要求,还有项目管理的技术问题。因此,从广义上来理解,谈判中的技术风险所反映的内容很多,包括过分奢求引起的风险、合作伙伴选择不当引起的风险等。

(1) 技术上过分奢求引起的风险。在涉及引进技术、引进设备等项目谈判中,在进行项目技术谈判时,常有不适当地提出过高技术指标的情况,这种情况对于发展中国家来讲比较普遍,特别是那些参与谈判的工程技术人员总是希望对方提供的技术越先进、越完善、功能越全越好,这样做实际上也为项目成本的大幅度增长埋下了种子。

在项目合作中,我们在向外方提出任何技术要求时,都要有承受相应费用的准备,而且需要明白的是费用的上升幅度有时会大大超过功能、精度提高的增加幅度,事实上我们会发现这些要求中相当部分在实际运用中往往是不必要的。

如在一项远距离控制系统设备的引进及项目管理中,我方技术人员向外方提出了过多的要求,这给我方商务人员在合同价格谈判时带来了很大困难。需要指出的是,在项目管理中,我方要求对方承担部分责任,而这部分工作涉及我方负责的项目部分,对方感到要承担这种责任存在过多的不确定因素,这些因素对对方来讲都是未知的。

因此对方认为做这些事情风险很大,依据"较大的风险,较多的收益"的准则,他们提出的报价就比较高。他们企图在最大的风险条件下依旧能获得稳定的收益,通过抬高合同价格的途径把风险重新转移给我方。

由此可见,奢求也会带来风险。所以,我们的工程技术人员、谈判人员在提出有关要求时,应考虑这些要求既要能符合我方的需要,又要能符合对方的技术规范。这样不仅在技术上可行,在经济上也可以达到合理的目标,并且有助于商务谈判的顺利进展。

(2) 由于合作对象选择不当引起的风险。发展中国家在开展国际经济合作中,常常以引进资金、技术、设备及管理为主要内容,但能否如愿以偿地从发达国家的合作对象中得到这些东西,却往往不十分确定,不能仅仅认为对方是发达国家的企业,拥有先进技术,就一定能保证合作顺利成功。

案例 11-3

在我国L市的一个大型项目中，谈判者选择了美国的一家中型企业M公司作为技术设备供应商。事实证明，这个选择是不慎重的。M公司技术比较先进，但它的资金实力、商务协调能力比较差，对中国情况不了解，缺乏在中国开展活动的经验。尤其是它在美国收购了另一家T公司，T公司曾向银行借过一笔款项，到期无力偿还，这笔债务就转而由M公司承担。然而M公司此时亦无足够资金抵债，于是被银行冻结了它的银行账务往来，它的各项业务被迫全部停顿，并累及与L市合同的履行。

鉴于L市这个项目的重要性，本已紧张的工期不能再拖延，最后我方只得采取非常措施帮助M公司继续履行合同，使其摆脱困境，也使L市工程得以完成。

资料来源：佚名. 国际商务谈判试题汇编案例题[EB/OL]. 2012-06-06[2020-07-08]. http://www.doc88.com/p-686406549177.html.

分析：在国际商务合作项目中，除考虑合作对象的技术状况之外，考察其资信条件、管理经验等方面情况也是一个相当重要的问题。只有选择了合适的合作对象，才有可能保证项目合作达到预定目的。对于那些重要的、敏感的工程，我们更要寻找信誉良好、有实力的合作伙伴，为此承担稍高的合同价格也是完全值得的。

合作对象选择不当，不但会使项目在合作进程中出现一些难以预料甚至难以逆转的困难，造成不可挽回的损失，而且在项目尚未确定时，就有可能使我们蒙受机会成本的损失。所以，国际商务活动中，合作对象的选择是隐含着相当大的风险的。

(3) 强迫性要求造成的风险。在国际政治事务上，往往会有一些大国凭借自己的实力强迫弱小国家接受它们提出的方案，否则就以各种制裁相威胁。在这种形势下，事态的发展要么以弱小国家屈服妥协为结局，要么直接导致冲突加剧升级，甚至可能带来战争危险。

与此类似，在国际商务活动中，一些发达国家的企业在与发展中国家企业交往中，利用发展中国家的企业有求于发达国家的特点，比如希望给予政府贷款，要求转让某些技术等，在项目合作条件中，对发展中国家提出苛刻要求的事也时有发生。因此，发展中国家的企业就面临着“强迫风险”，要么接受不公平的条件，承受利益分配上的不平等，要么拒绝无理要求，承受机会成本损失。对于发展中国家来讲，既要维系与发达国家企业的合作，又维护自己的合理利益，这确实是有相当难度的。

反过来，发展中国家的有些企业在开展对外商务合作时，作为业主俨然以高高在上的“皇帝”自居，对国外客商的合作条件横加挑剔，强迫对方做一些他们根本做不到或做不好的事情，甚至以为这是理所当然的，唯有如此才能保证自己的利益不受损害。

这样一来，谈判就容易陷入僵局。如果外商知趣撤退，到头来就会弄得“鸡飞蛋打”，而且很难希望其他国外客商会“乘虚而入”，自愿受“斩”。即使最终外商被迫让步，接受了我们的要求，但是商人“不做亏本买卖”的秉性使他们在日后的合作中一定会伺机把他们早先失去的利益再偷偷地挖回去。

这种明亏暗补的做法，最明显的莫过于偷工减料，由此会对整个项目造成危害。对于这些商务谈判者来说，其结果也只能是真正领受一下“捡了芝麻丢了西瓜”的滋味。

曾有一个重大工程项目由中方某公司与外方某公司联合承包，由中方公司提供部分技术和设备，但在合同谈判中，中方公司为降低自己的风险，坚持要求外方公司负责整个项目的管理工作。外方公司认为整个项目主要是由中方公司承担的，这部分项目管理工作不应由外方公司负责，外方公司不愿因此承担连带责任。由于外方公司曾在十多年前因连带责任陷入危机，险些破产，心有余悸，因此谈判陷入僵局。后来，中方有关部门做了适当让步，矛盾才得以解决。

事实上，发展中国家在国际商务谈判中采取"强迫"的做法是与"奢求"的思想一脉相承的。当奢求的愿望变得愈加强烈，并且自恃有利地位逐步在态度上变得强硬起来，那么"强迫"就发生了，同时，风险也伴之而来。

看来，在对外商务合作中，我们既要反对国外合作伙伴的大国沙文主义立场，也要警惕我们自身的某种强人所难的态度和做法而可能给合作带来的危害。

2. 素质风险

在开展国际商务活动中，参与者的素质缺陷会给谈判造成不必要的损失。我们把造成这种损失的可能称为素质风险。商务谈判过程中非人员风险和人员风险的区别，就是前者主要由环境因素决定，后者主要受人员素质影响。

从根本上讲，各种状况的技术风险是人员素质欠佳造成的。这些现象反映了发展中国家的国际商务活动参与者，包括谈判人员经验不足，管理水平、谈判水平亟待提高的事实。除此之外，项目实施与管理过程中表现出来的人员内在素质缺陷，在很多情况下也构成了对商务合作潜在利益的威胁。

有的谈判人员在谈判过程中表现出急躁情绪，如急于求成、好表现自己，或者拖泥带水、迟缓犹豫、怕承担责任，由此不能真正把握时机，争取最佳获益。事实上，造成这种风险固然有谈判人员先天的性格因素，但更重要的往往是谈判作风方面的问题。

有些谈判人员不敢担负责任，一遇到来自对方的压力或来自自己上司的压力，就感到难以适从，不能自主。具体表现为：有时在未与对方充分交涉洽商的情况下匆忙承诺，使经过努力争取可以获取更大利益的局面丧失殆尽；有时则久拖不决，不从工作出发，而是沉湎于谈判结果对于个人进退得失影响的考虑，不能争取更有吸引力的合作前景。有的谈判人员刚愎自用，自我表现欲望过强，在谈判中坚持一切都要以他的建议为合作条件，寸步不让，从而使有些合作对象不得不知难而退。

案例 11-4

上海某机械厂拟引进一批先进设备，经有关部门牵线搭桥和多方比较，最终选定某国F公司的产品。F公司以前从未与中国有直接业务来往，因而合作态度十分积极，希望借此机会开拓中国市场。为此，F公司在商务谈判中报出了非常优惠的价格。

然而中方主谈者是一位新上任的副厂长，为了表现自己，把谈判看成是一场胜负赛，不顾实际情况，一再地向对方压价，并在合同条款上，向F公司提出了许多实在难以让人接受的条件，如对于一台定制设备，要求F公司货到上海十天内必须安装调试完毕，等等。

这位副厂长还公然声称"合同签七八个都可以，大不了再改"。这种表面看来有些毛糙的性格，实际上却是作风不踏实，责任心不强的反映。显然，这种做法也只会把客商吓跑，丧失一个良好的合作机会。

资料来源：佚名. 国际商务谈判试题汇编案例题[EB/OL]. 2012-06-06[2020-07-08]. http://www.doc88.com/p-686406549177.html.

分析：在国际商务活动中，由于缺乏必需的知识，又没有充分地调查与研究以及虚心地向专家请教，因此也会带来隐患。其实，在国际商务合作中，对客观环境不够了解、对专业问题不够熟悉是很正常的事，关键是谈判人员要正视自己的这种不足。

那些应该掌握的情况、可以预知的知识缺陷是可以通过一定途径、方式加以了解和弥补的，否则，就有可能蒙受不必要的经济损失。如果我们所面临的未知因素是事先无法预测和控制的，即主要是由外界环境的意外变化引起与决定的，那么自然我们也只能被动应付。

尽管有些情况反映了我们在专业知识方面存在不足，但是只要我们事先能充分地进行调查分析、认真全面地做好可行性研究，特别是聘请一些专家顾问，如工程技术人员、律师、会计师等参与可行性研究，那么就可能对这些客观因素的影响进行“预先”估计，并可相应地采取措施。因此，在国际商务活动中，我们要不断保持风险意识，积累实践经验，悉心观察，虚心求教，从而减少风险的发生。

第二节　商务风险的预见和控制

风险规避是指我们规避风险可能给我们造成的损失，并不意味着完全消灭风险，即一要降低这种损失发生的概率，这主要是指采取事先控制措施；二要降低损失程度，这包括事先预控、事后补救两个方面。

风险不仅有纯粹造成损失却没有受益机会的纯粹风险，例如货物运输途中，货物主人要面临船覆货毁的风险等，也有另一种既会带来受益机会又存在损失可能的投机风险，例如，出口某种产品，开拓海外市场，既有可能成功，也有可能失败。

纯粹风险是令人厌恶且避之不及的，而投机风险却具有诱人的特性。通常情况下，任何商务活动中纯粹风险和投机风险是同时存在的，例如，房产所有者同时面临诸如火灾之类的纯粹风险和诸如经济形势变化引起房产价格升降的投机风险。在国际商务谈判中，善于区别这两种风险并采取不同的应付策略具有重要意义。

评价风险的焦点集中在两个方面，一是对损失程度的估计，二是对事件发生概率大小的估计。如果未来损失程度对整个事件是无足轻重的，那么事件发生的概率再大，花费很大的精力和财力去对付它并不值得。相反，即使事件发生的概率较小，然而一旦发生会导致惨重损失，这就需要认真考虑对策，并不惜承担必要成本。因此我们首先要对风险做出比较可靠的预测。

一、商务风险的预见

一般说来，由人员因素引起的风险大多比较容易预先估计到，如技术人员出于对技术完美性的追求，他们往往追求最完美的设计、最健全的功能、最高的质量、最好的材料等，而不顾制造成本的高低，反映在有关引进技术设备的商务谈判中，就会表现为一种奢求风险。

事实上，在一定“标准”或均衡的性能价格比率基础上，每提高1%的性能要求，价格上升就会超过1%，并呈几何级数增长。对此可做出较为准确具体的估计，并对不同情况下各种方案的优劣做出评价，确定经济上较合理、技术上又先进可行的对策。对于其他由人为因素造成的风险，诸如现场管理、人员素质等，只要谈判人员以及其他参与人员规避风险的意识提高，那么这些风险是较容易预见又较容易控制的。

预见和控制非人员风险的难度较大,如非人员风险中的政治风险、自然灾害风险,往往是不可预测的,其发生常会令人难以适从,因此,只有采取事后补救的办法,但实际损失的绝大部分将无可挽回。苏伊士运河被切断、在拉美的外国私人企业被没收、海湾战争以及突如其来的地震、台风、海啸、旱涝等自然灾害给商务活动造成损失的例子不胜枚举。由于这些风险事先得不到预见,损失就无法避免。

二、规避风险的措施

风险管理理论告诉我们,要规避国际商务合作中可能出现的风险,通常可采取的措施有以下 4 点。

(1) 完全回避风险,即通过放弃或拒绝合作,停止业务活动来回避风险源。虽然潜在的或不确定的损失能就此避免,但与此同时,获得利益的机会也会因此而丧失殆尽。

(2) 风险损失的控制,即通过减少损失发生的机会、降低损失发生的严重性来对付风险。

(3) 转移风险,即将自身可能要承受的潜在损失以一定的方式转移给第三者,包括保险与非保险两种方式。在国际商务活动中,普遍采用保险方式就是出于转移风险的需要;而让合作方的担保人来承担有关责任风险就是一种非保险的风险转移方式。

(4) 自留风险,自留风险可以是被动的,也可以是主动的,可以是无意识的,也可以是有意识的。当风险没有被预见,因而没有进行处理风险的准备时,风险自留就是被动的或者是无计划的,这种风险自留的方式是常见的,而且在一定程度上不可避免。所谓主动的或有计划的风险自留通常是采取建立一笔专项基金的做法,以此来抵补可能遭遇的不测事件所带来的损失。在某些情况下,自留风险可能是唯一的对策,因为,有时完全回避风险是不可能或明显不利的,这时采取有计划的风险自留不失为一种规避风险的方式。

由此可见,国际商务活动中,来自政治、自然灾害的风险损失常常是我们被动、无计划自留风险的结果,因为这种风险是难以预测的。采取主动的、有计划的风险自留措施也往往只是杯水车薪之举。而对于那些根据已经观察到的事实而判断出来的政治风险和自然灾害风险,采取完全回避风险的策略显然是较好的办法。如取消对战争或动乱可能持续下去的国家或地区的投资计划,停止在洪水经常泛滥的河谷地带建厂等,这些都可称得上是明智的选择。

在国际保险业日益发达的今天,通过保险来转移自然风险所造成的损失已成为一种普遍的选择。同时,对政治风险的保险也已成为一种现实,只是这种保险业务的内容被严格地限制在一定的范围之内。风险越不容易被预见,就越难以得到控制;反之,风险一经被识别和衡量,相应的对策和措施就会较容易地被找到。

对于非人员风险中的市场风险,包括汇率风险、利率风险、价格风险,我们可以通过加强预防措施来达到减少风险的目的。例如,在寻找设备供应商时,选择单一伙伴往往会因其面临设备性能或价格难以符合目标要求、资信状况不佳,而有可能导致供货不及时等风险,由此应该详细地考察该供应商各方面的合作条件,对合同中的违约责任予以细致明确的规定,若有必要还可以通过联系多家供应商,形成竞争局面,从中选择最有利的合作伙伴,以此减少或消除损失发生的机会,这就是风险损失控制策略的体现。

再如对汇率风险,当我们能够通过对历史资料的分析及今后国际外汇市场走势的预测,确信某种外币对本国货币将升值，我们就可采取远期交易的方式以现汇汇率或约定汇率来买入未来某个时刻的外币，这样的外币价格就被锁定，如若日后该种外汇汇率果真上升，不仅损失能得以避免，而且相对而言等于有了一笔额外收益。同时，在国际商务谈判中积极地采取其他一些风险转移策略：或让合作伙伴分担风险，或向国际保险商投保，都不失为对付市场风险的一种有效途径。

案例 11-5

2001 年 5 月，北京某集团海外部在刚兴建广播电视大楼，建设期间刚果发生了叛军骚乱，最终工程直到 2009 年 2 月才竣工，同样是该企业承建的刚果外交部办公大楼、礼堂和机场工程亦历经 4 年多才竣工。叛军骚乱发生后，该国经济援助贷款无法正常到位，又恰逢国际原油价格大幅下跌，在此情况下，该集团海外部在刚方政府不拨付工程款时开始放慢了施工进度，并通过使馆与刚果政府进行接洽和沟通。

当刚果长期无法拨款时，该公司果断选择了停工，调整部分中国员工回国休假，此举有效缓解了当时企业资金紧张的困境，并最终转嫁了风险——刚果政府由于未能及时支付工程款，已经违约，决定不再追究工期。最终，该工程历时 8 年而竣工，企业不但实现了盈利，竣工仪式上该国总统还亲自出席，一个看起来要赔钱的项目，因对风险的成功控制，最终以马拉松的方式完成了，并实现了政治与经济的双重收益。

资料来源：海外承包工程风险防范大家谈[EB/OL]. 2014-04-11[2020-07-08]. http://www.ctba.org.cn/list_show.jsp?record_id=218963.

分析：一般来看，对于政治风险、自然风险这类纯粹风险，有时采取完全回避风险的策略而终止商务活动的做法是有积极意义的，而被动的风险自留的做法往往也是迫于无奈的。但如果用完全回避风险的方式来对付汇率风险这种投机风险，则无疑是因噎废食的愚蠢举措，而即使以有计划的风险自留策略来对付它，也是一种绥靖主义的表现。

针对汇率风险隐含投机可能的特性，我们可以采用外汇的期货交易或期权交易方式，因为它不仅是一个争取套期保值的过程，同时也是一个伴随可能获利的过程，这或许是处理风险更为积极的做法。也就是说，风险规避，从广义上理解，不仅不是指消灭风险，而且要在寻求减少未来可能的损失的同时，寻求未来收益增长的机会。

第三节　规避风险的手段

在国际商务谈判中体现上述风险规避思想的具体手段，主要有以下五个方面。

一、提高谈判人员素质

国际商务合作过程中，风险可谓无处不在、无时不在。谈判主题一经明确，谈判人员一经确定，风险即已形成。因此，谈判人员的挑选应当着重依照一定的素质要求从严掌握。虽然谈判人员的素质是要在经常的谈判实践磨炼中不断提高和发展的，但是由于涉外谈判的责任重大，因此就不得不对谈判人员，特别是首席谈判代表，提出严格的要求，最终被选定的谈判人员应该以事业为重，有较强的自我控制能力，不图虚荣，敢于负责。这样，人员的素质风险就可能避免。

谈判人员应该知识面广，谦虚好学，注意求教他人，这样，有些风险就可能避免。我国某公司曾在泰国承包了一个工程项目，由于不了解施工时期是泰国的雨季，运过去的轮胎式机械在泥泞的施工场地上根本无法施展身手，只得重新再组织履带式机械。因为耽搁了采购、报关、运输时间，以至于延误了工期，于是对方提出了索赔。如果当初该公司能多懂一点世界地理知识，知道泰国的气候特点或主动向专家了解一下在泰国的施工可能遇到的困难，那么后来最终蒙受的经济损失和信誉损失就会得以避免。谈判人员工作作风应该深入细致，洞察力强，信息渠道多，善于营造竞争局面，多方择优，由此可以克服伙伴选择方面的风险隐患。

谈判人员在制订谈判方案时，既要能坚持合理要求，又不要提过分条件，风险也就不复存在。谈判人员还应该对政治与经济的辩证关系有深刻而清醒的认识。从事国际商务活动者应不断努力提高对国际政治形势的分析预测能力，由此而提高对政治风险的控制能力。国际商务谈判人员要试图避免或减少由其素质条件引发的各种谈判风险，那也只有通过不断提高自身素质来规避风险。

二、充分重视专家的作用

一个商务谈判人员知识面再全，整个商务谈判班子知识结构再合理，总难免会有缺漏，特别是对于某些专业方面问题，难免会缺乏全面的把握与深刻的了解。请教专家，聘请专家作顾问常常是国际商务谈判取得成功所必不可少的条件。专家首先可以帮助谈判人员了解客观环境，就上述在泰国承包工程一例来看，若当初能预先向专家请教地理环境、气候条件等方面的情况对施工的影响，一开始就组织履带式机械施工，就能避免赔款。

在选择国外合作伙伴时，主动征询专家的意见有助于我们避免因伙伴选择不当而造成的风险损失。这种专家渠道有很多，它既可以是国内的有关专业外贸公司、同行业企业，也可以是国外特别是项目所涉及的有关国家的政府部门、行业机构，甚至还可以是国内外银行等金融机构、外国驻我国使领馆和我国驻外使领馆等。

值得一提的是，以往我们不太重视从银行渠道获得开展国际商务活动所需要的信息，实际上金融机构之间频繁的业务往来使银行成为各种商务信息的天然集散地。

政治风险、自然灾害风险主要是纯粹风险，它们难以被预测，一旦造成了危害，后果就会非常严重。对此，请教有关方面专家可能会得到有价值的信息与启发。

如到海外投资，一定要请国际政治问题专家帮助考证当地政治环境是否稳定，与周边国家和地区关系的状况如何等；与国外大公司、金融财团合作，一定要设法搞清楚他们与该国政府、议会之间的关系；为国外客商发射通信卫星，一定要请气象专家精确推算计划发射时间内的气象变化趋势，请他们参与发射方案的制定。专家不能保证完全消除这些风险，但总要比外行更了解这些风险，而这正是商务谈判人员所需要的。

三、审时度势果断决策

一个谈判人员是否能审时度势，当机立断，很大程度上要归结于心理素质的优劣，谈判的准备是否充分。然而实际情况是纷繁复杂的，要进行反复比较，做出最佳选择往往是非常困难的。

国际商务谈判既不可急于求成，也不可当断不断。有些外商利用自己的优势的心理，在谈判中提出苛刻的合作条件，如果谈判人员急于求成，就要承受价格不合理的风险。相反，在谈判中表现出过多的犹豫，想把方方面面的情况条件包括各种细微之处都考虑周全再做决策，那就得承受失去合作机会的风险。

案例 11-6

上海地铁项目谈判中法国的失利

法国是世界上地铁技术最先进的国家之一，上海考察地铁的第一站就是这个地铁大国。法国先后派了四位部长访问中国，还没有开标，就花费了 700 万美元。法国总统和法国最大的地铁公司毫不怠慢，一次不落地参加上海组织的询价报价。法国的贸易部和外交部分别通过驻华大使馆和驻上海总领事馆掌握项目进展的程度和中方的动态。

一切都顺理成章、按部就班地进行着。其中，有一个关键人物，就是法国商务参赞梅纳博士。他提供的信息将是法国政府决策的直接依据。梅纳博士坐镇北京有恃无恐。他了解中国的事，这么大的工程，照惯例是中央部委做主。经贸部没有发话，离最后的拍板还早着呢！

尽管梅纳博士曾经为上海地铁的事专程“四下江南”，尽管上海方面每次都直言相告：你们的设备是好的，技术是强的，但价格太高；政府贷款的意向也没有最后明确，利率也不是最优惠的。梅纳先生第四次来上海时，上海方面最后一次告诉他：请你转告你们的贸易部，上海地铁的评估已经是最后的确认阶段，贵国政府贷款的“盘子”不要再捏在手里不亮出来了，错过了时机，你们会后悔的。但梅纳先生仍不以为然。他的思维还停留在“谁说了算”的老地方，仍然以为上海不过是放放探空气球罢了。这最关键的一次上海之行，他依然是轻描淡写地在一天中匆匆来去，当天下午就乘飞机赶回北京，静候认为最确切的消息。梅纳先生的错觉使他犯了一个无法挽回的错误。

最早进入上海地铁项目，也是最具实力的法国，最终在这场竞争中失利。法国方面为了争取地铁项目，前后已经耗费了数百万美元，最重要的是失去了一次进军中国地铁市场的机会。总统在众议院气得拍了桌子，内阁像开了锅，提出要反省外贸体制：为什么如此迟钝，如此官僚！

资料来源：张璐晶. 亲历上海地铁谈判：中国人第一次敲开国际资本市场大门[EB/OL]. 2013-10-14[2020-07-08]. http://www.ceweekly.cn/2013/1014/65881.shtml.

分析：决策理论告诉我们，现实生活中很少存在对某一事务进行处置的绝对最佳方案，或者说，即使人们花了大量时间、精力、钱财，经反复研究、演算、论证找到了这样一个理想的方案，似乎据此便可以做出最优决策，但事实上极可能由于决策成本过高，或者由于贻误时机，使这种决策最终丧失了其优化的特性，甚至变得一文不值。

当然，要想彻底消灭风险，那也就彻底消灭了收益的机会，而对于投机风险是不应该简单地、消极地运用完全回避风险的策略的，而应该以积极、主动的态度去对待它。在国际商务谈判中，有些具体方面必须相当谨慎细致地反复推敲权衡，但在总体上，不能过于计较细节，一旦条件基本成熟，就应当当机立断。对于大项目谈判尤其是如此。

四、运用规避风险的技术手段

对于市场风险中所涉及的汇率风险、利率风险、价格风险，是可以通过一定的财务手段予以调节和转化的。

（一）期货期权交易手段

由于国际政治、经济等因素的影响，未来供求关系将不断变化，由此而引起的价格波动，对买方或卖方均会产生不利影响。为减少这种风险，交易者通过在期货期权市场公开竞争，以其认为最适当的价格随时转售或补进商品，与现货交易对冲，从而将价格波动的风险转移给第三者，达到保值的目的。

与此同时，利用价格的时间差、地区差，从事买空卖空、牟取利润的投机商也伴随着这样一个交易过程而产生。因此，期货交易价格反映了市场参与者对三个月、六个月或一年以后乃至更长的时间里供求关系、价格走势的综合判断。

随着世界期货期权交易的蓬勃发展，交易商品也日趋多样化，目前已发展为四大类：一是商品期货交易，如谷物、棉花、橡胶及金属等；二是黄金期货交易；三是金融工具期货交易，如债券、股票指数、利率等；四是外汇期货交易。

虽然诸如远期买卖、期货买卖、期权买卖这些调节和改变市场风险的手段的运用本身就隐含着风险，但是在专家建议与指导下，这种操作会显出合乎理性的轨迹，况且汇率、利率、价格的波动总是相互关联的，其波动的频率范围多大，连锁波动的次序与时滞效应如何，今后变化趋势怎样，这些问题由金融、财务专家来回答是最为妥当的。

当今国际金融界已有越来越多的专业人士把期货、期权市场看作是避免市场风险的最理想的场所，我国要大踏步地进入国际市场，发展国际商务合作，不仅要在确定利率形式、价格形式、选择借贷成结算币种方面求教于专家，而且应该在专家指导下，大胆地尝试利用期货期权交易手段规避市场风险。

（二）保险市场和信贷担保工具

在国际商务活动中，向保险商投保已成为一种相当普遍的转移风险方式。与价格浮动、汇率风险这种投机风险不同，保险一般仅适用于纯粹风险。然而不管怎样，是否要就项目中存在的纯粹风险投保、向哪家保险公司投保、承包事项如何确定、选择什么档次的保险费、如何与合作方分担保险费，面对这样一些问题，谈判人员还应虚心求教保险专家的意见。

国际商务活动中，信贷担保不仅是一种支付手段，而且在某种意义上也具有规避风险的作用。在大型工程项目中，为了预防承包商出现差错，延误工程进度，业主为了保护自己的利益，可以要求承包商或供应商在签订答应合同时提供银行担保。通常这类担保必须由银行做出，这类担保分为以下三种。

1. 投标保证书

为了防止投标者在中标后不依照投标报价签订合同，要求投标者在投标同时提供银行的投标保证书。开标后如投标者未中标，或已正式签订合同，银行的担保责任即告解除。

2. 履约保证书

为了防止供应商或承包商不履行合同，业主可以要求供应商等提供银行担保，一旦发生不履约情况，业主就可以得到补偿。

3. 预付款担保

在业主向供应商等按合同支付预付款的时候，可向供应商等索取银行担保，以保证自身利益。

五、坚持公平负担原则

在项目合作过程中，风险的承担并不是非此即彼般简单，常常合作双方要共同面对一些风险。因此，如何分担这些风险成了谈判的一个重要内容。不测事件发生后，如何处置共同的风险损失，构成了合作双方需要磋商的内容。在这样的谈判过程中，坚持公平负担原则是能带来合理结局的唯一出路。

分担国际市场的风险是合作双方经常讨论的问题。如 A 方要求 B 方在结算时支付美元，而 B 方则只愿支付英镑，焦点的背后隐藏着双方共同的认识：美元在未来一段时间内会日趋坚挺，而英镑会日趋疲软，双方谁都不愿意承担外汇风险。

于是一个合理的解决方案是 A、B 双方共同到外汇市场上去做套期保值，或双方自行约定一个用于结算的英镑对美元的汇率，这样无论日方最终向 A 方支付英镑还是美元，对双方都是公平的。

对大型项目的一些后期供应的设备，选择了浮动价格形式，这既考虑了若干年限内原材料、工资等价格上涨因素，又避免供应商片面夸大这些不确定因素而使用户承受过高固定价格的风险。对于交易双方来讲，这样彼此都合理承担了各自应负的风险责任。

国际商务谈判中需要研究的风险既包括商务活动进行过程中存在的风险，也包括由谈判活动所带来的风险。对此，必须搞清在国际商务谈判中一定的作为或不作为所可能造成的直接和间接的经济损失的原因与程度，以及在谈判中可以采取怎样的对策来避免和减少这种损失。

商务活动中的风险对于谈判双方来讲都是同样存在的，只是有些风险是需要双方共同对付的，有些则可能是在双方之间相互转换的，而有些仅是一方所独有的。国际商务活动中，谈判双方存在共同的利益是合作的基础，但在某些方面双方又存在利害冲突，这也是不需要回避的事实。

因此，我们要在这种既有一致性又有矛盾性的利益关系中努力“把蛋糕做大”，寻求增加双方共同收益、共同减少风险的途径；同时又要虚心学习，谨慎从事，尽可能避免由于国际经济合作经验不足、国内机制不够完善等问题所带来的风险，再则，要提高警惕，提倡公平合理地分担风险，增强防范某些外商趁机转嫁风险的意识。

课后案例

套期保值

2003 年 1 月 15 日，A 公司以 1 亿欧元的价格向 B 公司出售设备。为了促成交易，A 公司同意借给 B 公司 8000 万欧元，5 年后收回本金，B 公司按季支付利息。与此同时，由于业务发展，A 公司在 C 银行有一笔 6000 万英镑贷款，需要按季向 C 银行支付利息。

风险提示：在这一过程中，A 公司面临较大的货币风险。A 公司担心，在此后的 5 年中，由于每次必须将从 B 公司收到的欧元利息换成英镑支付给 C 银行，汇率必定波动，因此公司永远不能确定每次其收到的欧元利息能换得多少英镑。如果欧元贬值,那么A公司将蒙受巨大的损失。

解决方案:A公司与C银行协商后,决定使用货币互换合约对自己的货币进行套期保值。

(1) A公司与C银行同意在2008年1月15日,用8000万欧元交换6000万英镑。A公司支付欧元,收到英镑。固定汇率为0.75英镑/欧元,这一数值是根据银行的买价按照舍入原则得到的最接近的"大数"。

(2) A公司每季度向C银行支付本金为8000万欧元的利息,固定年利率是4.36%,以欧元标价。

(3) C银行每季度向A公司支付本金为6000万英镑的利息,固定年利率是5.78%,以英镑标价。

货币互换合约为A公司的货币风险提供了一个完美的对冲。A公司不必将从B公司得到的欧元换成英镑,不用担心欧元贬值带来损失。B公司定期向A公司支付利息,A公司可将这部分利息直接付给C银行。另一方面,C银行向A公司支付本金为6000万英镑的利息,这正是B公司所获得的贷款现值。事实上,这相当于C银行直接收受了B公司支付的利息。

资料来源:锁定汇率风险[EB/OL].[2020-07-08]. http://www.wendangku.net/doc/230b097987c24028915fc3d7.html.

讨论:

(1) 分析本次谈判风险所在?

(2) A公司采用的是哪一种规避风险的策略?

(3) 从这次规避风险的操作中,你学到了什么?

课后作业

一、单项选择题

1. 风险的规避源于风险的(　　)特性。

A. 风险存在的客观性　　B. 风险存在的普遍性

C. 风险存在的可测性　　D. 风险的可变性

2. 商务谈判过程中人员风险主要来源于(　　)。

A. 技术风险　　B. 价格风险　　C. 素质风险　　D. 市场风险

3. 对于那些根据已经观察到的事实而判断出来的政治风险和自然灾害风险应该采取(　　)规避策略。

A. 风险损失的控制　　B. 完全回避

C. 自留风险　　D. 转移风险

二、多项选择题

1. 非人员风险主要有(　　)。

A. 政治风险　　B. 市场风险　　C. 价格风险　　D. 技术风险

2. 价格形式包括(　　)。

A. 固定价格　　B. 浮动价格　　C. 期货价格　　D. 股票价格

3. 规避风险的技术手段有(　　)。

A. 期货期权交易手段　　B. 保险市场

C. 信贷担保工具　　D. 专项基金

三、简答题

1. 在国际商务谈判中,需要警惕哪些政治风险?

2. 自留风险的策略一般运用在什么情况下?

3. 规避风险的手段有哪些,该如何运用?

实践课堂

20 世纪 70 年代末,在许多拉美国家严格限制和审查外国直接投资时,然而秘鲁政府却采取了对外开放的政策,通过放宽对外商的限制来吸引投资。为促进在石油勘探和开采领域的投资,秘鲁政府在 1980 年通过了一部新的石油法(232331 号法律),该法的亮点是为石油企业利润再投资提供税收优惠。在这一法律背景下,包括美国 Belco 石油公司在内的三家外资石油公司积极响应,宣布将增加 6 亿美元投资用于秘鲁的石油勘探和开发,并得到了相应的税收优惠。

然而,当秘鲁新任总统加西亚上台后,单方面终止了税收优惠政策,并在当年声称,"外国石油公司滥用前任政府给予的税收优惠政策,现任政府要求享受该政策的外资石油公司补缴减免的税款,同时将税率由原来的 41%提高到 68%;还要求外国石油公司增加在石油勘探领域的投资,取消与三家最大外国石油公司(包括 Belco)签订的产品分成合同,并要求就合同内容进行为期 90 天的重新谈判。"

经过谈判,有两家公司与秘政府达成了新的协议,而 Belco 石油公司却拒绝按照秘政府要求增加投资、拒绝补缴税款、拒绝接受新的税率。随后,该公司在秘鲁的全部资产被征收,由秘鲁国家石油公司接管。

Belco 石油公司曾在美国投保了美国国际集团(AIG)的政治风险保险,在资产被征收后,该公司向 AIG 提出 2.3 亿美元的索赔,这是当时金额最大的一笔政治风险索赔案件。

在对 Belco 石油公司进行赔偿后,AIG 开始了长达八年的对秘鲁政府索赔金的追偿。最终,秘鲁政府与 AIG 签订了总额为 1847 亿美元的赔偿协议。一个月后,AIG 获得了秘鲁政府 3000 万美元的第一笔赔偿款。

问题:此案例中出现的风险的规避是否得当?此种风险是否可以通过别的手段进行规避?

要求:

(1) 组织甲乙两个小组,对此次风险规避进行评价。并提出自己规避风险的方案,由对方小组对方案进行评估。

(2) 评估完成后,分析讨论最有效的规避政治风险的手段。

参考文献

[1] 朱凤仙．商务谈判[M]．北京：清华大学出版社，2006.
[2] 李昆益．商务谈判技巧[M]．北京：对外贸易大学出版社，2007.
[3] 罗杰·道森．优势谈判[M]．刘祥亚，译．重庆：重庆出版社，2008.
[4] 盛安之．谈判的60个博弈策略[M]．北京：企业管理出版社，2008.
[5] 赵立民．外贸谈判策略与技巧[M]．北京：中国海关出版社，2009.
[6] 马哈拉，巴泽曼．哈佛经典谈判术[M]．吴奕俊，译．北京：中国人民大学出版社，2009.
[7] 方其．商务谈判——理论、技巧、案例[M]．北京：中国人民大学出版社，2010.
[8] 邢桂平．谈判就这么简单[M]．北京：北京工业大学出版社，2010.
[9] 刘必荣．中国式商务谈判[M]．北京：北京大学出版社，2011.
[10] 李维．谈判中的心理学[M]．北京：清华大学出版社，2011.
[11] 阿兰，奥雷利安．谈判的艺术[M]．张怡，邢铁英，译．北京：北京大学出版社，2012.
[12] 李炎炎．国际商务沟通与谈判[M]．北京：中国铁道出版社，2012.
[13] 张迺英．推销与谈判[M]．上海：同济大学出版社，2012.
[14] 夏美英，徐珊珊．商务谈判实训[M]．北京：北京大学出版社，2013.
[15] 孙肖莉，王晓．现代商务谈判[M]．北京：高等教育出版社，2013.
[16] 蒋小龙，余少杰，袁媛．商务谈判与推销技巧[M]．北京：化学工业出版社，2015.
[17] 李建民．国际商务案例集[M]．北京：经济科学出版社，2016.
[18] 费湘军．商务谈判理论与实务[M]．西安：西安电子科技大学出版社，2017.
[19] 张国良．国际商务谈判[M]．北京：清华大学出版社，2017.
[20] 张强，钟峥．商务谈判[M]．3版．北京：中国人民大学出版社，2018.
[21] 马歇尔．非暴力沟通[M]．阮胤华，译．北京：华夏出版社，2018.
[22] 克尔德．高难度谈判[M]．戴莎，译．北京：中国友谊出版公司，2018.
[23] 龚荒．商务谈判与沟通：理论、技巧、案例：视频指导[M]．2版．北京：人民邮电出版社，2018.
[24] 白远．国际商务谈判：理论、案例分析与实践[M]．北京：中国人民大学出版社，2019.
[25] 徐斌．商务谈判实务[M]．2版．北京：中国人民大学出版社，2019.
[26] 刘向丽．国际商务谈判[M]．北京：机械工业出版社，2020.
[27] 詹姆斯，尼古拉斯，罗伯特．基辛格谈判法则[M]．龚昊，译．长沙：湖南文艺出版，2020.
[28] 柳荣．采购谈判实战编[M]．北京：人民邮电出版社，2020.
[29] 杨群祥．商务谈判[M]．6版．大连：东北财经大学出版社，2020.

推荐网站：

[1] 中国商务部网站．http://www.mofcom.gov.cn/.
[2] 世界经理人网站．http://www.ceconline.com/.
[3] 中国新闻网．http://www.chinanews.com/.

[4] 艾瑞咨询. http://www.iresearch.com.cn/.
[5] 网易财经. http://money.163.com/.
[6] 环球网. http://www.huanqiu.com/.
[7] 中国国际公共关系协会. http://www.cipra.org.cn/.
[8] 百度文库. https://wenku.baidu.com/.
[9] 教育资源网. http://www.chinesejy.com/.
[10] 中国公共关系协会. http://www.cpra.org.cn/.